女性労働研究
The Bulletin of the Society for the Study of Working Women

第62号

「職業としての介護」を問う

―― グローバル化の陥穽 ――

女性労働問題研究会 編

すいれん舎

女性労働研究

第62号

目次

巻頭

ローマで働くフィリピン人男性移住家事・介護労働者の職業観とジェンダー

――移動する家族の物語から考える――

小ヶ谷　千穂（フェリス女学院大学文学部教員・会員）

はじめに

「最初はこんな、〝女の仕事〟、とてもできないと思ったよ」

ローマ中心部、線路近くのアパートメントの二階で、フィリピン人男性のMさんはこう振り返った。彼は一九九〇年代後半に、先に移住家事労働者として働いていた母親に呼び寄せられて一七歳の時にローマにやってきた。ローマで就いた仕事は母親と同じ家事労働職。それは当時一七歳で、現在は三五歳になる彼にとっての初めての「仕事」だった。

世界中で働くフィリピン人のなかでも、イタリアのローマは家事労働者・介護労働者がインフォーマルに家庭内で雇われている主要な渡航先である。一九七〇年代から非合法入国でのフィリピン人の就労が増え、いわゆる「女性先行型移民」［ジョージ＝伊藤　二〇一一］としての国際移動がスタートした。その後、何度かの合法化を経て、多くの女性たちが夫を、そして子どもたちをイタリアに呼び寄せた(1)。そしてその娘たちはもちろん、夫たち、息子たちの多くも、妻や母親と同じように家庭内での通いの家事労働や介護労働に従事している。妻や母親がローマに家事・介護労働者として移動した後に呼びよせられた夫や息子たちが、妻・母と同じ家事や介護労働に従事し、そこで、いわゆる「女性職」としての家事や介護労働をどのように受け止め、またマスキュリニティと職業の間でどのような交渉を実践しているのか。本稿では、フィリピン人男性移住家事・介護労働者の語りから、それらの点にせまってみたい。

一、「国際移動とジェンダー」研究とマスキュリニティ

一九八〇年代半ばから、「女性は男性の移動に同伴される家族であるだけでなく、移動する主体である」とのテーゼのもとに、「女性移住者」の経験に着目する形で国際移動とジェンダー研究は蓄積をみるようになった。日本においても、まだまだ研究の浅い分野ではあるものの、「国際移動とジェンダー」という問題意識のなかにおいて、もちろんそれが「女性をめぐる状況」だけにフォーカスするものではない、としながらも主要な研究対象は女性移住者を中心に行われてきたことは否定できないであろう。実際、男性労働者のジェンダー、あるいはマスキュリニティと国際移動の関係について、正面から議論されることは最近まで必ずしも多くはなかった。[2] しかし、再生産労働のグローバル化のなかで女性移住労働者たちが、「いつもホームにある」［パレーニャス 二〇〇七］といわれるようにそのジェンダー役割やフェミニニティを前提とされた「女性職」としての家事・介護労働へと移動するのに対して、男性が再生産労働職に流入するという流れが、その女性の移動に実際には牽引されるかたちで生まれてきている。そのなかで、ある意味では男性性と対極にある女性職としての再生産労働に、男性が国際移動を通して従事する際にどのようなマスキュリニティの変容が起こり、どのようにジェンダー関係が交渉されていくのか、という問いは、とりわけ「男性移住者による家事・介護労働」が可視化しつつあるヨーロッパにおいて関心を集めつつある。

たとえば、Shinozaki［2015］は、ドイツの非正規滞在フィリピン人労働者を対象として migrant citizenship という新しいシティズンシップ論を展開しているが、その根拠となる多くの事例が、男性家事労働者の語りである。また、「国際移動とジェンダー」分野において広く読まれているパレーニャスの *Servants of Globalization* の second edition においても、男性家事労働者についての言及がみられるようになった（1st edition では言及はない）。

このような、「国際移動とジェンダー」分析において男性移住者のマスキュリニティを直接的に取り上げる、という比較的新しい問題関心について、Gallo と Scrinzi は、家事・介護サービスは、時間や空間を横断して人種化されサバルタン化されてきたマスキュリニティズの構築にとって、重要な場であるとし［Gallo and Scrinzi 2016:15］、移住男性が、女性や男性の雇用主、自分の家族メンバーである女性たちとの間の社会関係ネットワークを構築し、それらがどのように彼らの個人として、そして世帯構成員としての経験やエージェンシーに影響を及ぼしているのか、という関係性的なジェンダー・パースペクティヴが必要だ、と述べている［Gallo and Scrinzi 2016:17］。

また、国際移動研究においてこうした移動の形を扱う意味については、Galloらは次の点も指摘している。これまで「家族再結合 family reunion」の議論においては、ステレオタイプ的に、男性が労働移民として先行移動し、その後女性や子どもたちを家族として呼びよせ、家族再結合が成し遂げられる、という図式が描かれてきた。しかし、本稿で取り上げるイタリア・ローマや Shinozaki［2015］の扱ったドイツのように、女性移住家事労働者が先行移動し、その後男性労働者が「家族呼び寄せ」として移動するパターンは、既存の「家族再結合」の概念を相対化するものでもある［Gallo and Scrinzi 2016:41］。このように「女性先行型」移動が、世帯内のジェンダー役割にさまざまなインパクトをもたらすことは、インドからアメリカに移住した女性看護師とその夫についてのジョージ［二〇一二］の研究がすでに明らかにしている。しかし、「家族」として呼び寄せられたのちに従事する仕事が、女性家族員と同じで、かつ「女性職」とされてきた家事・介護労働である場合に、男性たちの職業観は、世帯内ジェンダー関係とも絡み合いながら、さらに複雑な様相をみせるのではないか、というのが本稿にかかわる調査においてたてられた緩やかな仮説である。また、本稿が取り上げるイタリアは、非正規滞在の女性移住家事労働者が、合法化を経て家族呼び寄せを実現できており、そのなかで家事・介護労働に就く男性比率が増加している、という点において、世界的にみられる家事労働の「男性化(3)」を考察するうえで最も重要なケースである、とも Gallo らは述べている［Gallo and Scrinzi 2016:19］。

こうした問題意識の下、本稿では親族の女性によって呼び寄せられる形でローマで家事・介護労働職に就くフィリピン人男性の語りから、国際移動とマスキュリニティ、という新たな研究課題に取り組む端緒を探ってみたい。また、こうした男性たちが、階級的には再生産職に固定されながらも家族形成が可能であり、世代間上昇に期待を託すような自らの家族形成を移動先で実現できている、という現実を考えるなかで、現在技能実習にまで「介護」分野を拡大した日本の将来と課題についても考えていきたい。

なお、本稿での議論は二〇一〇～一六年にかけて筆者が行ってきた在ローマ・フィリピン人男女家事・介護労働者へのインタビュー調査に基づいている(4)。

二、フィリピンからイタリアへの家事労働者の移動

海外フィリピン人委員会（Commission on Filipino Overseas:CFO）の統計によれば、二〇一二年末現在で、イタリアには一七万二一四八人のフィリピン人が在住している。内訳は、永住（permanent）が五万三八一九人、一時滞在（Temporary）が八万三五〇九人、非正規滞在（Irregular）が三万四八二〇人である（CFO statistics as of the end of 2012）。イタリア側の統計に基づく別な研究では、二〇〇九年時点で在伊フィリピン人人口は一四万五〇〇〇人に上る、というものもある［Baggio 2010］。実際、筆者が在ローマ・フィリピン大使館労働担当官に対して行った聞き取り調査では、約二〇万人のフィリピン人がイタリアに在住して

いるとされており（二〇一〇年九月）、非正規滞在者数も含めて正確な把握は難しいものの、この数字はCFOの統計をみる限りでは増加傾向をみせている。なお、イタリア労働社会政策省資料では、二〇一三年一月一日現在でイタリアに在住するフィリピン人は一五万八三〇八人、と報告されている。

ヨーロッパでのフィリピン人家事労働者の流入において、イタリアは現在最大規模であり、かつその流入時期を考えても、パイオニア的な存在になっている。一九七七年のフィリピン―イタリアの家事労働者の受け入れに関する二国間協定によって、フィリピン人労働者のイタリアへの入国が開始されたといわれているが、実際にはカトリック教会の主導により、それ以前からも家事労働者の入国がみられたといわれている。筆者らがインタビューしたCaritasのスタッフは、「フィリピンやケープヴェルデへの女性家事労働者の移動が始まった歴史は、〝困難な女性の支援〟であった」と話しており、カトリック教会の国際的な慈善事業とフィリピン人家事労働者の流入とが密接に結びついていたことがうかがえる。

Baggioら［2010］によれば、一九九〇年代までのイタリアのフィリピン人コミュニティは女性中心であった。その後、男性が増え、現在高齢者が一定の集団を形成している。また、こうした人口構成上の特徴に加えて、フィリピン人コミュニティにおいては、イタリアにおけるほかの移民集団に比べて、自営業率が低いこと、また全体的にイタリアでの滞在歴が長い割には、イタリアに帰化する人が少ないことも指摘されている。この点はイタリアにおけるフィリピン人移住者の職業が、職業移動が相対的に困難な家事・介護労働職に集中しており、「いつかはフィリピンに帰国する」という意図が依然として大きいことに起因しているととらえられる。近年旧東欧圏からの家事・介護労働者の流入が増加するなかでもフィリピン人が相対的な高賃金で再生産労働職種にとどまっていることに関して長坂［二〇〇九］は、イタリアにおける移住者間の「エスニック・ハイアラーキー」のなかでフィリピン人が優位性を獲得した、と分析している。また同時に、イタリアでの家事労働者雇用のリクルート形態が、斡旋業者を通すのではなく、基本的に口コミのネットワークによるものが主要であることも、地縁や血縁のネットワークの果たす役割が大きいフィリピン人コミュニティに適合的であることとして指摘している［長坂　二〇〇九］。

こうした点に加えて、同じく家事労働者の移動が多い中東やシンガポール、香港などと比較すると、雇用主からの虐待事例などの報告が少ないとの指摘もある［Pe-pua 2003］。実際、前出のフィリピン大使館労働担当官によれば、「全般的に、イタリアはフィリピン人労働者にとって働きやすい場所で、雇用機会もあり、賃金は他国と比較して高」く、「イタリア人やほかの移住労働者たちと同じように、ベネフィットや福祉の機会が与えられている」という[5]。

以上の点から、ローマにおけるフィリピン人労働者の状況は相対的に安定していると考えられ、労働者の側からの満足度も総じて高い、ということがいえそうだ[6]。そこにはもちろん、一九八〇年代、一九九〇年代、二〇〇〇年代と連続して行われてきた非正規滞在者の正規化によって、非正規滞在から正規滞在への道が開かれていること、またそれに伴って家族呼び寄せ（手続き的、実質的双方の意味で）が可能になっているというイタリアの移民政策が大きくかかわっている。

ローマにおいて筆者がインタビューした計二二人のフィリピン人家事・介護労働者は、一九七〇年代に政府の仲介による直接雇用で渡航した一人を除いて全員が渡航前にすでに親族がローマで就労していた。インタビューのなかで得られた情報を総合すると、イタリアで、特に一九八〇年代、九〇年代においてみられた非正規での入国（のちに合法化）の場合は、渡航そのものの具体的な手続きは代理店が支えるが、その代理店の選定やその後のローマでの職業紹介などは先に移動している親族ネットワークがそれを支える、といった構図がみられている。この点は、長坂［二〇〇九］が指摘するように、香港やシンガポール、中東へ向かう契約労働者、あるいはかつての日本へのエンターティナーの渡航が、渡航から職業斡旋まで一貫して民間の斡旋業者に依存している状況が多いことと比べて、イタリアへの移動が親族ネットワーク、しかも「女性先行移動」型のネットワークに支えられていることを示している。

三、女性先行型移住ネットワークにおける男性家事・介護労働者
―男性たちの語りから―

1　夫の場合：雇用主との「喧嘩ができる対等な関係」

移動手段や資金、そして移動後の雇用先の情報も提供する「女性先行型」の移住ネットワークのなかで呼び寄せられた夫たちは、妻やそのほかの親族女性たちと同じように、ローマにおいて家事・介護職に参入していった。彼らは家事・介護労働職という仕事を、どのようにとらえているのだろうか。

ここではまず、フィリピン・ルソン島南部バタンガス州出身で二〇一一年時点で六〇歳の男性Tさんの事例をみてみたい。彼は一九九三年に妻の呼び寄せでイタリアに入国し、その後一八年間在宅介護の仕事を通いでしている。現在は娘二人と妻と同居しているが、家族四人全員の仕事が「バダンテ（badante　イタリア語で在宅の介護労働者）」である。Tさんの雇用主は六三歳のイタリア人男性で、寝たきりではないが身体障害を持っている。雇用主とTさん一家とは同じアパートの別なフロアに住んでいる。Tさんは通いで、日曜日を除く毎日、雇用主宅で朝七時半から夜二一時まで就労している。この男性雇用主は自宅でビジネスをやっているため、Tさんはその仕事の手伝いも行っている。そのため、食事の世話と入浴介助のほかに、銀行へのお使いや来客への対応などビジネスにかかわる仕事のサポートもTさんの仕事に含まれている。Tさんは一九九〇年の「正規化」によって合法化された労働者である妻の呼び寄せで入国しており、妻から夫へという配偶者間で家事・介護職が継承されているケースである。しかし、「女性職」である家事・介護職に就いていることに関して、Tさんの語りは微妙に、「自分は通常のバダンテとは違う」、という線引きを行っていた。

上記の雇用主のもとで月額一〇〇〇～一二五〇ユーロを稼ぐというTさんは、自分と雇用主との関係について、次のように語った。

「雇い主は、僕のことを〝仕事上での右腕だ〟と言うんだ。もし僕がフィリピンに帰ってしまったら、死んじゃうって、泣くんだよ。時々、（雇用主の）態度が悪くて僕が怒って、〝もうフィリピンに帰る！〟と言うとね……。」

「僕の仕事は、バダンテというよりは、信頼できるアシスタント、というところかな。その証拠に、雇用主とはよく喧嘩（言い争い）をするんだよ」

フィリピンでは農業を営んでいたTさんは、身体介助や食事介助よりも、雇用主のビジネスの手伝いをしていることを自分の仕事の中身として強調し、また、雇用主と「言い争える関係にある」ことによって、自らがある程度雇用主との対等な関係を築いている、と筆者に語った。同様の男性家事・介護労働者の語りは、筆者がパリでインタビューしたフィリピン人男性ベビーシッターにもみられた。裕福なシングルマザー家庭の子どもの世話を通いでしている彼は元々は船員であったが、雇用主家庭における自分の役割を次のように語った。

「雇用主とは頻繁に口げんかをし、時には自分が雇用主の家を飛び出していくこともある。でも結局は雇用主のほうが折れて、戻ってくるように頼んでくるんだ。僕は雇用主の家では、子どものしつけ係でもあるし、父親代わりでもある。彼女はシングルマザーだからね。それに、雇用主の難しい性格を、僕はマネージできる。だからこそ、対等に喧嘩をするんだ」

こうした語り、とくに「雇用主と対等に喧嘩をする仲である」ことの強調は、Shinozaki［2015］がインタビューしたドイツのフィリピン人男性家事労働者の語りのなかにもみられており、「女性職」とされる介護や家事、ベビーシッティングにおいても、男性役割・父親役割を保持し、雇用主との関係においても対等でかつ、「マネージできる」と、一種パターナリスティックな態度を示すことを通して、彼らがマスキュリニティを維持している様子がみて取れる。こうした語りは、女性労働者のインタビューではほとんどみられることがなく、むしろ雇用主との関係に話が及ぶ時には、「優しくしてくれる」「ボーナスやプレゼントをくれる」といった、雇用主側の温情主義的な態度が自分の職場環境のよさとして語られることと、きわめて対照的である。

ではこうした夫たちは、先に同じ家事労働職に就いていた妻たちに呼び寄せられる形でローマにやってきたことを、妻との関係においてどのように認識しているのであろうか。ローマでフィリピン人が多く集まるカトリック教会で筆者が行ったフォーカス・グループ・ディスカッションでは、妻の呼び寄せでやってきた男性家事・介護労働者たちはみな、「妻の稼ぎだけでは足りないから、自分もここに来た」と語っていた。妻がいたからローマに来ることができた、という観点よりも、経済的な主体として家計を支える役割を十全に果たすため、という形で説明がされる、という意味では、ここでも先行移動し移住ネットワークを開拓した妻たちに決して従属するような立場ではなく「対等」であることを強調する側面がみられる(7)。

2　息子の場合：初職としての家事・介護労働、そして次世代への思い

それでは、同じく「女性先行型」移住ネットワークを通して、息子として呼び寄せられた男性たちは、移住先ローマでの家事・介護労働職をどのようにとらえているのだろうか。ここでは、冒頭で紹介したMさんの事例からみていきたい。

Mさんは、フィリピン・ルソン島南部バタンガス州の出身で、母親を含めた女性親族の多くが一九八〇年代からローマで家事労働者として働いていた。母親によって呼び寄せられた当時一七歳だったMさんは、家事労働者や高齢者の介護労働、そしてオフィスの清掃などの仕事などに従事してきた。「自分の仕事は〝女の仕事〟。ほかの国では工場労働などがあるのに、ここでは家事労働ばかり」と話すMさんは、ローマに着いた当初は「泣いてばかりいた」という。

「高齢者の世話も、フィリピンではまったく経験がなかったし。すごく適応しなければならないことが多かった。女性にとっては普通の仕事でも、自分にとっては違う。ほんとに涙ばかり出て、お金を貯めてフィリピンに帰ろうと思っていたんだ」

ローマに来るまでは学生で、本人曰く「バスケットボールしかしていなかった」というMさんにとって、母

親の働くローマに来るということは、必ずしも自分自身が家事・介護職に従事するということを、当時は意味してはいなかったという。

「ローマに来た当時は、特になりたい職業とかがあったわけじゃなくて。ただ、（ここに）来てみたい、という感じ。だって、母親が送ってくるローマの写真を見たりしたら、きっと生活は楽しいんだろうな、と思ってた。でも着いてみたら、すごく大変だった……」

それまで母親の海外出稼ぎによって比較的恵まれたなかで育っていたMさんをどうして母親が呼び寄せることに決めたのかについては、はっきりとはわからない。しかし、母親が到着後すぐに息子を働かせたことからは、ローマでともに家計を営むメンバーとして息子のことを考えていたことが推測される。しかし、Mさんの語りではほとんど「家計を助ける」といった言葉は出てこず、いかに「職業」としての家事・介護労働に対して最初に困難を抱えたか、という話に終始した。しかし、滞在が長くなり家事・介護労働者としての経験が長くなるにつれ、仕事に対するMさんの考え方も変化するようになる。

「最初はすぐにフィリピンに帰国しようと思ってた。でもそのうち、帰った後にフィリピンで使えるお金も貯めようと思うようになったよね。そのうち、滞在が長くなって、ここでの仕事で稼げるお金の価値を理解するようになったんだ。フィリピンでは大学出ていても大変。ここではパートタイムでも、大学の学位を持っているフィリピン人と同じだけ稼げるからね。」

「今はずっと同じ仕事をしているので、（仕事自体が）ゲームのような感覚になっているけれど、最初は本当に大変だった。気持ちが重かった。ベストを尽くしたのに文句を言われたりすると特に。それに、世話をしていた高齢者が亡くなった時なんかは、本当にすごく落ち込んだよ。でも、それももう慣れたな……」

初職としての家事・介護労働職において、精神的にも困難を抱えたMさんだったが、一八年間続けていくなかで、家事労働のスキルも上がっていったという。

「今は経験が長くなったから、ここをきれいにしろ、と言われれば、何を使ってどうすればいいのかすぐにわかってすぐに仕事ができるよ。でも以前は、全部教えてもらわないといけなかったからね。四時間オフィスにいても、きれいに掃除できなかった。でも今は一時間あれば、すごく広い台所もきれいにできるよ。一七年間ここで掃除の仕事をしてきて、一番大きく変わったことが、これ（笑）」

そして、初めは「女の仕事」とみなしていた家事労働についても、いまはこんな風に考えるようになった。

「正直に言うと、家事の仕事は男性のほうがうまいと思うよ。この仕事は女のほうが慣れている、とみんな思うかもしれないけど、男性のほうが力は強い。重いものも運べるし。カーペットをはがしたり、重い家具を動かしたり、カーテンをとりかえたり、といった仕事は、男のほうが得意なんだよ、本当は」

こうした「男性のほうが家事がうまい」というディスコースは、Parreñas［2015］の調査のなかでも指摘されている。とくに男性の「体力」や身体性が、家事のなかでも重いものを動かす、高いところに届く、といった仕事において有利である、という言説は、上述したフォーカス・グループ・ディスカッションでも聞かれた。「女の仕事」であり、かつ慣れない仕事ということで最初はつらいものであった家事・介護職を続けていくなかで、「男性のほうが〝本当は〟家事労働がうまい」といった認識に変化していくプロセスには、職業移動がままならないローマにおいてその仕事を唯一の収入源として受け入れていくしかない若年男性Mさんなりのマスキュリニティとの交渉があったのだと考えられる。しかしこの点は、前節で紹介した、すでにフィリピンで別な仕事での職業経験のある既婚男性たちが、家事労働のなかでの「男性役割」を強調したり、「普通のバダンテとは違う」といった点を強調していた点とはやや異なっている。Mさんにとっては、家事・介護職が初職でありかつ現在まで続く唯一の職業経験であるため、その職業そのものにおいて男性性が有利に働く、という解釈をしているとも考えられる。

Mさんは現在三人の子どもと同郷の妻と一緒に、親戚が多く住むアパートで生活をしている。妻は、三人の子どもの世話をするために仕事はしておらず、その理由は「妻が外で働いても、子どもたちの面倒を見るために誰かを雇うほどのお金は稼げない」からだという。そのため、Mさんは一家の唯一の稼ぎ手である。現在四件の家庭での家事・介護労働を掛け持ちしているMさんは、フィリピンに住む親族に月々の送金をする、というようなことはなく、クリスマスなど特別な時に送るだけで、現在はローマでの生活を維持しながら貯金をし、将来は貯めたお金をフィリピンに投資する、ということを目標にしている。そういうMさんは、自分の長男の将来については、以下のように考えている。

「息子には、今の自分と同じ仕事には就いてほしくないと思ってる。別に自分の仕事がひどいものだ、というわけじゃない。でも息子には、学業を終えてほしいんだ。自分と同じようにはなってほしくない。もっといい仕事に就いてほしい……」

家族呼び寄せによってローマで暮らすMさんは、自らの家族をローマでつくることができている。ローマ生まれでローマ育ち、フィリピン語よりもイタリア語を好んで話す子どもたちには、Mさんはイタリアでの「よりよい」職業に就くことを期待している。「男のほうが家事がうまい」として、家事・介護労働職における自分のスキルを強調し、「決して自分の仕事の地位が低い、と言っているわけではない」と再三繰り返しながら、それでも次世代にはこの仕事を引き継がせたくはない、と語るMさん。家事労働職を、「自分の代で終わらせたい」とする点はフィリピン人移住女性労働者にも共通しているが、「女の仕事で辛かった」という経験から、そのスキルを強調するまでになったMさんにあっても、家事労働職がイタリア国内において次世代に引き継がれることには抵抗を示していることがわかる。

Shinozaki［2015］は、ドイツの非正規滞在のフィリピン人男性移住家事労働者たちが、職場での雇用主との具体的なやりとりを通じて、「周辺化されたマスキュリニティ marginalized masculinity」をより高次のものへと高めようとしていく様子を描いた。本稿で取り上げたローマのフィリピン人男性移住家事労働者たちも、「女性職」における男性性の優位性や利点をさまざまな形で強調し、そして自らの仕事を「普通の女性職」とは差異化しながら、女性である筆者とのインタビューのなかで自分の職業について語っていた。こうした彼らの語りを、「国際移動とジェンダー」という研究領域において、さらにどのように理論化していけるのかは筆者の今後の課題であるが、少なくとも、女性労働者中心に取り組まれてきた「国際移動とジェンダー」研究を、日本においてもマスキュリニティを含めた議論まで拡張していく必要性や、「移動の女性化 feminization of migration」のあとにやってくるであろう――もちろん、そこには受け入れ国の移民政策が大きくかかわるが――「女性先行型移動」という現象への関心の喚起についても、指摘しておきたい。(8)

四、日本へのインプリケーション
――誰が誰をケアするのか、という問いの未来

ここまで、ローマで働く男性移住家事・介護労働者の語りから、再生産労働のグローバル化という現象が進展するなかでの、国際移動を通したマスキュリニティのあり方について考察してきた。翻って、日本の状況に目を移してみたい。二〇〇〇年代に入って、ＥＰＡ（経済連携協定）での介護福祉士・看護師「候補生」の受け入れが議論され実際に政策が推進され、また最近では国家戦略特区での「家事支援人材」の就労が始まり、さらには二〇一七年一一月には技能実習制度に「介護」分野が追加された。こうした、日本における再生産労働のグローバル化の具体的な現れともいえる諸政策に共通しているのは、ＥＰＡで来日した後に国家試験に合格した人を除けば、その在留期間が基本的には三年から五年に限定されていることである。そこには、日本社会に極力こうした移住労働者を定着させず、いわば「使い捨て」的な考えのもとでその労働力を利用していこう、という発想があからさまにみて取れる。イタリアにおいて、非正規滞在の「正規化」施策の結果としての家族呼び寄せによって、本稿で取り上げたような新たな「男性」移住家事・介護労働者が出現し、冒頭で述べたようにイタリア社会にとって比較的安定的にその存在が受け入れられ、認められていることとは、きわめて対照的である。もちろん、職業移動が依然として困難であること、もっといえばフィリピン人がイタリア国内において「再生産労働職」に男女問わず固定化される傾向があることは、クリティカルに考える必要があるだ

ろう。しかし、社会保障の充実が滞在のメリットであるとされ、「社会的にも受け入れられている」と移住労働者自身が感じ、実際に次世代を養育することが可能なイタリアの状況に比べて、日本の状況はあまりにも移住家事・介護労働者と、受け入れ社会との断絶が大きいのではないだろうか。ＥＰＡでの「候補生」や技能実習生の「労働者性」の曖昧さは指摘するまでもないが、現在のような受け入れ姿勢のままでのぞんでいては、結果的に日本社会における再生産労働の担い手を国外に求める、ということは困難であり、むしろ彼女ら・彼らの短期での帰国をより一層促してしまうと考えられる。

最後に、イタリア社会において自らの家族を持ちながら、イタリアの高齢者をケアしていく、というリアリティについて実感させられた、調査中の一幕を紹介して本稿を閉じたいと思う。

Ｍさんのインタビューを終えた数時間後、筆者は同じアパートの斜め下にあたる彼の親族のアパートの部屋の中庭にいた。その部屋の持ち主こそが、筆者が「バタンガス・ネットワーク」[9]と呼ぶところの、バタンガス州のある村からローマへの移動をスタートさせた起点となるような家族（パイオニアは母親のＹさん）である。Ｙさんの夫のＬさんは、通いのバダンテである。

Ｙさんは、三〇年以上ローマで、ある家族の家事労働者として働き、現在は自分が小さいころから面倒をみてきた雇用主の子どもが、自らの子どものベビーシッターとしてＹさんを雇用している。いわば、世代を超えて一つの家族のケアを担っている存在だ。Ｙさんの後を追って夫のＬさんもその後ローマに移り、二人は駅近くのこのアパートを手に入れ、親戚たちが同じアパートに次々と移り住んできた。娘や息子たちも独立したＹさんは、最近新たなエクストラジョブを得たという。それは、やはり同じアパートに単身で暮らすイタリア人高齢者、マリアのケアである。高齢者ケアと言っても、マリアは身づくろいや入浴、食事の準備などは自分でできるため、一種の「見守り」と掃除、家事の補助といったところがＹさんの仕事だ。筆者が訪ねた日、マリアは機嫌が悪く、何度もＹさんのことを窓越しに呼んでいた。Ｙさんが一階上のマリアの様子をみにいく時に筆者も同行させてもらうことにした。こざっぱりとした身なりのマリアは、別な場所で暮らしている一人息子が土曜日なのに訪ねてこない、と立腹していた。Yさんは、息子が恋人と旅行に出ていることはすでに聞いており、マリアにも話していたのだけれど、そのことはマリアの記憶からは抜けていたのだ。Yさんは、息子の自宅に電話する、というマリアの姿を自分のスマートフォンで録画し始めた。そして、その動画を息子にその場で送信した。息子からの返信はなかったが、息子に会いたがる母親の姿を、Yさんはしばしばこうして動画や静止画におさめて、マリアの息子に送っているのだという。しばらくなだめられて状況を理解したマリアは、今度は着替えて階下のYさんのところで一緒に食事をする、と言い出した。突如として着替えはじめ、アクセサリーをつけ、赤いパンプスに履き替えたマリアは、Yさんと筆者に手をとられて階下におり、Yさんの夫が準備したパスタとチキン、赤ワインの食卓を中庭で囲んだ。和やかに食事が進むなかで、マリアは「新顔」の筆者にこう話してきた。

「私、若いころは水泳が得意だったの。そして、歌も」

そして、イタリア語の歌をマリアは歌い始めた。Yさんも夫のLさんも筆者も、その歌は知らなかったのだが、特徴的なフレーズにすぐ全員が声をそろえはじめた。

気持ちのよい九月のローマの夕暮れに、イタリア人高齢者とその隣人であり、かつ「見守り役」として雇われているフィリピン人夫婦（そして、ふらっと日本からやってきた友人の筆者）とが、同じ歌を口ずさみながら食卓を囲む――その歌の相手はそれぞれに違っているのだろうけれど――そこに生まれた不思議な人間関係は、もしかするとグローバル化のなかで、誰が誰をケアするのか、という問いの先にある日常を映し出しているのかもしれない、と筆者には感じられた。斜め上の部屋に暮らす、「人生の半分を」ローマで家事・介護労働者として過ごしてきたMさんとその家族の未来に思いを馳せながら。

［注］

（1）フィリピン・イロコス地方の村からローマへの家事労働者としての移動と家族呼び寄せの詳細については［長坂　二〇〇

九」に詳しい。

（2）Glenn Nakano［1986］はHouseboyとしての日本人男性の存在について取り上げている。

（3）Galloらは、もともと家事労働が男性職でもあった歴史的事実をふまえre-masculinization（再男性化）とも述べている。

（4）具体的には、以下の研究助成の研究成果の一部である。科学研究費基盤A（二〇〇九―二〇一一）「仏伊独における移住家事・介護労働者―就労実態、制度、地位をめぐる交渉―」（研究代表者伊藤るり）、科学研究費基盤A（二〇一一―二〇一四）「EU統合下の移住女性とケアの政治―仏独伊の事例を手がかりに―」（研究代表者伊藤るり）、科学研究費挑戦的萌芽研究（二〇一四―二〇一六）「男性移住家事労働者の男性性の変容と再編―イタリアのフィリピン人の事例―」（研究代表者長坂格）。

（5）二〇一〇年一二月のインタビュー後に筆者に送られてきたメールより。

（6）正規化が実施されたのは一九七九年、一九八二年、一九八六年、一九九〇年、一九九六年、一九九八年、二〇〇二年、二〇一二年である［淀川　二〇〇六、宮崎　二〇一四］。

（7）Shinozaki［2015］がインタビューした女性先行型移住でドイツにやってきた男性家事労働者は、「妻との関係を再構築するため」にドイツにやってきたと語っており、Shinozakiはこうした行為を、労働移動を目的とするだけではないmigrant citizenshipの実践、と解釈している。

（8）たとえば、二年間の住み込みの家事・介護労働プログラム（Live-in Caregiver Program）後に家族呼び寄せが可能となるカナダにおいても、同様の「女性先行型」移民がもたらす男性の国際移動へのインパクト、といった研究課題が成り立つだろう。

（9）「バタンガス・ネットワーク」の詳細については、小ヶ谷［二〇一二］を参照されたい。

［参考文献］

Baggio Fabio ed. 2010 *BRICK by BRICK; Building Cooperation between the Philippines and Migrants.* Associations in Italy and Spain, Manila; Scalabrini Migration Center.

Gallo, Ester and Francesca Scrinzi 2016 *Migration, Masculinities and Reproductive Labour; Men of the Home*, Plagrave Macmillan.

Glenn, Evelyn Nakano 1986 *Iseei, Nisei, War Bride; Three Generations of Japanese American Women in Domestic*

Services. Temple University Press.
ジョージ、シバ・マリヤム（伊藤るり監訳）二〇一一年『女が先に移り住む時—在米インド人看護師のトランスナショナルな生活世界—』有信堂
宮崎理枝　二〇一四年「イタリア」労働政策研究・研修機構『欧州諸国における介護分野に従事する外国人労働者—ドイツ、イタリア、スウェーデン、イギリス、フランス五カ国調査—』ＪＬＰＴ資料シリーズ No.139
長坂格　二〇〇九年『国境を越えるフィリピン村人の民族誌—トランスナショナリズムの人類学—』明石書店
小ヶ谷千穂　二〇一二年「滞在地位と家族のポリティクス—ローマのフィリピン人家事・介護労働者の事例から—」国際移民とジェンダー（ＩＭＡＧＥ）研究会編『ワークショップ仏伊独における移住家事・介護労働者—就労実態、制度、地位をめぐる交渉』記録集』一橋大学大学院社会学研究科国際社会学研究室
パレーニャス、ラセル、サルザール（小ヶ谷千穂訳）二〇〇七年「女はいつもホームにある—グローバリゼーションにおけるフィリピン女性家事労働者の国際移動」伊豫谷登士翁編『移動から場所を問う—現代移民研究の課題—』有信堂
Parreñas, Rachel Salazar 2015 *Servants of Globalization; Migration and Domestic Work*, Second Edition, Stanford University Press.
Pe-Pua, Rogelia 2003 "Wife, Mother, and Maid: The Triple Role of Filipino Domestic Workers in Spain and Italy," in Nicola Piper and Mina Roces eds., *Wife or Worker? Asian Women and Migration*. Oxford: Rowman& Littlefield Publishers.
Sarti Raffaella and Francesca Scrinzi, 2010 "Introduction to the Special Issue: Men in a Woman's Job, Male Domestic Workers. International Migration and the Globalization of Care," *Men and Masculinities*, vol. 13, Issue 1, pp.4-15.
Shinozaki, Kyoko 2015 *Migrant Citizenship from Below; Family, Domestic Work and Social Activism in Irregular Migration*. Palgrave Macmillan.
淀川京子　二〇〇六年「イタリアにおける外国人労働者受入れ制度と社会統合」労働政策研究・研修機構『欧州における外国人労働者受入れ制度と社会統合—独・仏・英・伊・蘭五ヵ国比較調査—』労働政策研究報告書 No.59

（おがや　ちほ）

1

フィンランドのケアワーカー〝ラヒホイタヤ〟養成の理念とスキル
―日本への示唆―

笹谷　春美（北海道教育大学名誉教授）

はじめに

ラヒホイタヤ（lähihoitaja）という聞き慣れない言葉をご存じだろうか。これは、フィンランドにおける社会・保健医療サービス部門における唯一の基礎資格として一九九五年から公認された資格名である。現在は、高齢者ケアの現場では、施設であろうと在宅であろうと、介護職のほとんどがラヒホイタヤの資格保有者である。この資格はとてもユニークなことで知られている。というのは、それまで中等職業訓練校（中学卒業レベル）で別々に養成されていた保健医療分野の七資格と社会サービス分野の三資格の一〇の資格を統合し、従来別人がそれぞれ行っていた職種を一人の人間が行うことができるようにしたのである。これはまた、准看護師などの介護系の教育とホームヘルパーに代表される社会サービス系の教育の統合でもあり、それは、「おむつ交換も家事も投薬も注射もできる」オールアラウンドの専門職の創出を意味している。このようなラヒホイタヤの出現は、介護現場にさまざまな影響をもたらした。それは、ラヒホイタヤ資格保有者（以下、ラヒホイタヤ）本人の労働や職業人生のみならず、サービス利用者の日常的ケアやサービス提供者である自治体のコストパフォーマンスにも及んだ。

このようなケアの人材育成に関するユニークな発想はどこから生み出されたのだろうか。そしてその養成教育はどのように展開されてきたのであろうか。また、今日、ラヒホイタヤはフィンランドの高齢社会を支える確固たる基盤を築き、社会的信頼を得ているが、この資格と養成システムやラヒホイタヤの労働世界は今後も持続可能なのであろうか。

本稿はこれらの点を明らかにするものである。

翻って、今日の日本におけるケアの危機、ケアリングの危機は待ったなしの状況である。介護殺人や心中、虐待は介護保険がスタートした以降も増え続けている。この危機構造の主要因の一つにケア人材の質的・量的不足問題が存在しているが、準市場型介護保険の制度設計や根強い介護のジェンダー・家族規範に規定され、根本的解決の方向は見えていない。筆者はフィンランドのラヒホイタヤの創出のプロセスは、深刻な介護の人手不足に悩む日本にいくつかのすぐれたヒントをもたらすのではないかと考える。

さて、その際に二つの留意点を指摘したい。一つは、このケア人材養成教育の大転換は、高齢人口の増加に伴って増加する多様なケアニーズに対応するための単なる数合わせではなく、フィンランド政府が、九〇年代初めに直面した世界的不況のなかで、北欧型福祉国家の原則を維持するための国家的戦略の一環として行われたことである。国民の一人ひとりが安全で安心な老後を送ることを国是とする福祉システムのなかでの人材養成の理念とスキルであることを把握することが重要である。第二に、いずれの福祉国家においてもケアワークは「女性職」であり、フィンランドにおいても、ラヒホイタヤの約九割は女性である。つまり、ケアワーク・ケアワーカーの問題はジェンダー問題である点である［笹谷　二〇〇五］。いずれの国においても、女性職であるケアワーカーの社会的評価は低く、過酷な仕事に比して賃金も相対的に低い。そのために若い人々に介護職は敬遠され、介護職の再生産の危機も今日の社会的課題となっている。日本はその典型である。そのなかで、フィンランドのラヒホイタヤの地位は、OECD諸国でも、フルタイムが多いこと、教育レベルが高いことで知られ［OECD

2002]、北欧五カ国の比較研究においてもこの点がフィンランドの特色として挙げられている（ツエベへリ[Szebehely eds. 2005]）。本稿では、ラヒホイタヤの創出が、伝統的なケアワーク職にどのようなプラスの変化を生み出したのか、そのメカニズムを女性労働の観点からも指摘したい。

I　北欧型福祉国家の揺らぎと再編

フィンランドは北欧型福祉レジュームを追求する国家の一つである[1]。

フィンランドの福祉政策研究の第一人者であるアントネンは、「北欧型福祉レジーム」の基本原則はユニバーサリズム（普遍主義）にあるとする。それは①すべての人を包摂する（社会的統合）、②すべての人が給付を受けるために負担する（課税）、③市民を基礎とした社会的権利（国内法）が中核原理であるが、さらに、④ケアサービスを提供する公的システムの存在、⑤サービスは専門的なケア労働者が提供する、⑥サービスは無料か自治体や中央政府の多額な補助金で提供される、⑦自治体がサービスの責任を負う、⑧そのシステムは女性の利益にも応えるものである、という点をあげている[Anttonen 2010]。そして、これらの原則は国是である。つまり、国家と国民の約束であり、政権が変わっても継続されるべきものと考えられている。

ジェンダー視点からは⑦と⑧が重要である。⑦はサービス提供の第一義的責任は国家・自治体にあり、個人や家族ではない、ということを社会サービス法（一九八二年）に明文化していることである。これにより女性たちは無償の介護責任を免れることになる。それは⑧と重なる。五〇年代からスタートしたこれらの国々の福祉国家の創出は公的福祉サービス市場への女性の進出と軌を一にしているからである。女性を中心とした公的ケアラーによって高齢者や子ども、障害者・児のケアは支えられ、それによって女性たちは無償の私的ケアから解放され、有償労働者として経済的にも自立し、男女平等の促進にもつながったのである。多くの国が戦後の福祉国家の構築に踏み出した五〇年代のスタート地点で、日本における「日本型福祉社会」（家族親族の介護責任を強調）と北欧型レジームへの分岐は、今日の、女性労働者やケアワーカーの状況に大きな差異をもたらしている。

さて、先進福祉国家は八〇年代後半から九〇年代前半の世界的経済不況に直面する。それまで順調に展開してきた北欧の福祉国家も例外ではない。同時に高齢化の進展とそれに伴うケアニーズの増加がこれらの国々に追い打ちをかけた。財源問題、サービス供給構造、ケアワーカーの確保などの解決のために各国は福祉国家の再編に踏み切った。それは、国家や自治体の責任を縮小し自己責任を強調する「小さな政府」への方向と「大きな政府」を貫く方向に大きく分かれた。前者は英国のサッチャリズム、米国のレーガノミックス、日本の「日本型福祉社会論」などであり、後者は北欧の国々である。北欧型福祉レジームの原則を国是とする国々は、中核理念であるユニバーサリズムの旗を掲げ続けることを要求される。そのなかで、財源抑制の必要と一方での高齢化進展によるケアニーズの増加と多様化、という矛盾する政策課題をどう乗り切ろうとしたのだろうか。

以下、フィンランドのチャレンジを概観する。その過程でラヒホイタヤ資格の養成教育が提起されたのである。

Ⅱ　フィンランドの社会・保健医療サービス構造改革とケアワーカー養成教育の大転換

フィンランドの社会・保健医療サービスの構造改革は九〇年代から本格的に始まり現在にも至っている。その主たる改革は、以下の五領域である。①施設から在宅へ、②自治体直営のサービスから「民営化[2]」へ、③ラヒホイタヤの資格創設（一九九三年〜）、④親族介護支援法の成立と施行（二〇〇六年）⑤介護予防政策（介護サービスの利用開始を五年延ばす）である。

各領域の改革は個別的に企図されるのではなく、各省庁間にプロジェクトチームをつくり連携を取りながら合意形成まで議論が行われる。この結果、現在のような包括的でシームレスな高齢者ケアのシステムがつくられたのである［笹谷　二〇一三］。

ここでは③のラヒホイタヤの資格創設に焦点をしぼり、社会保健省と教育省等の資料から、その短期的・長期的展望に基づいたマンパワー計画を読み取ってゆくこととする。

社会保健省は一九九二年に、二〇〇〇年を目標とした『サービス構造に関する作業部会の報告書』を発表した。フィンランドでは二〇〇〇年から高齢者人口が急増するという予測のもと、それに伴うサービス需要の増加への対応の長期展望が述べられている。その主要な提言は以下の通りである。①コスト面から施設ケアから在宅ケアへの大きな転換が打ち出され、②二〇〇〇年では、七五歳以上の九〇%以上が在宅で、独立して、あるいは社会・保健医療サービスによって、あるいは親族や近隣のサポートによって生活していけること、という明確な目標が立てられ（二〇一六年段階では施設六%、在宅九四%が目標値）、③そのための在宅サービスの拡充、④それを可能にする住宅政策、⑤在宅と施設の中間的住宅の建設（現在のシェルターハウスやグループホーム）などである。同時に、これらの施策が自治体によって差異が出ないよう、つまり、ユニバーサリズムの原則の観点から、単独自治体、自治体連合や、より広域なつながりで行っているサービス供給の徹底した見直しと高齢者にとって適正なサービスの創出を自治体に求めるものである。他方で、臨床部門や長期療養病棟のベッド数の削減も明確に打ち出している。

このようなサービス構造の大転換において、マンパワーの調整はどのように提案されたのだろうか。

先の報告書では「多職種人材資源の持つ能力の利用を新しい形で行うことも改革の骨子である。こうして現在の人材資源によっても、施策やサービス構造を改革することで、質の高いサービスを提供することが出来るものと考える。よく計画され、指導された施策であれば、現在のマンパワー規模によってもなるべく長い期間、例えばこれから一〇年間にわたっても増大するサービス需要に対処できるはずである」「施設の収容数を一〇年間に段階的に削減し、代替の『オープンケア』[3]をその減少に応じて行うことにした。試算ではマンパワーの総数については増加も減少も無いものとし、施設ケアで減少するマンパワーや公務をオープンケアに移すものとした」と述べている。

施設ケアから在宅ケアへの政策転換という、大掛かりなサービス構造の変化にもかかわらず、マンパワーの総量は変えずに、一人ひとりのケアワーカーの能力（competence）を高めながら構造変化に応じた合理的なマンパワーの配置を行おうという驚くべき発想である。

そのため、同時並行的に社会・保健医療分野の職業教育領域できわめて大胆な改革が行われた。この改革の対象は、ホームヘルパー、施設ワーカー、看護師、医者、救急救命助手、リハビリ助手など、あらゆる社会サービス領域および保健医療サービス領域にまたがる広範な職種である。それはまず中等職業訓練教育（中学卒業レベル）の抜本的改革から始まり、その後も高等職業訓練教育の改革に進んだ。

　中等職業訓練教育改革の主な点は、一つは二年間から三年間への教育期間の延長である。これはケアワーカーの技能の目標値が広範に設置されることに伴う措置であり、専門性の拡大を意味する。二つには、従来、個別に行われていた一〇種類のケアワーカーの教育を統合し、あらゆる基礎レベルでのケアワーカーに共通する新しい資格「ラヒホイタヤ」（英語ではpractical nurseと表記される）を創出したことである。いわゆる先の社会保健省の報告による「多職種人材資源の持つ能力」の開発である。「ラヒホイタヤ」の資格のもとでケアワーカーは国内の多様なケアワーク間を柔軟に移動できるようになった。つまりケアワーカーは社会の情勢に合わせて柔軟な職業人生を歩むことが可能となったのである。次に、ラヒホイタヤの資格概要、教育課程について述べる。

Ⅲ　世界が注目するラヒホイタヤの資格創設と養成教育の展開

1　ラヒホイタヤとは

ラヒホイタヤは、それまで個別に付与されていた中卒レベルの社会・保健医療サービス部門の一〇の資格を統合した新しい資格であり、フィンランドにおける社会・保健医療サービス部門における唯一の基礎資格である。統合された資格は表1のように、保健医療部門の七つと社会サービス部門の三つである。一九九三年から養成カリキュラムがスタートした。最初は旧資格の教育と並存していたが、一九九五年に旧教育は廃止された。

　ラヒホイタヤの語源のlahihoitoという言葉は「日常のケア」に相当する広い意味をもっているが、ラヒホイタヤの資格もその言葉どおり、「柔軟で広範」な、「分野横断的」な資格である。表1にみるように、資格そのものが、〝社会サービスと保健医療サービスの機能の統合〟をめざすものであり、それはすなわちケア領域における〝看護と介護の統合〟、そして〝施設ケアサービスと在宅ケアサービスの統合〟をめざすものである。したがっ

表１　ラヒホイタヤに統合された10の資格

保健医療サービス分野（７つ）	准看護師　perushoitaja　ペルスホイタヤ
	精神障害看護助手　mielenterveyshoitaja
	保母／保育士（児童保育士）　lastenhoitaja
	歯科助手　hammashoitaja
	ペディケア士　jalkojenhoitaja
	リハビリ助手　kuntohoitaja
	救急救命士－救急運転手　lääkintävahtimestari-sairaankuljettaja
社会サービス分野（３つ）	知的障害福祉士　kehitysvammaistenhoitaja
	ホームヘルパー　kodinhoitaja
	日中保育士　päivähoitaja

て、ラヒホイタヤが就労する職場は、児童の日中保育、利用者の在宅サービス、各種のオープンケアの職場、ヘルスセンター、各種の病院、ケアつき住宅、リハビリホーム、ナーシングホーム、その他の社会・保健医療サービスに関する機関等、広範で多様である。また、この基礎資格保有者はこれらの多様な異なる職務を遂行でき、他の職場への移動も基本的に可能である。たとえば高齢者ケアの専門課程で学び高齢者施設に就職した場合でも、他の専門課程、たとえば障害者ケアやリハビリ、児童・青少年ケアなどにかかわる職場に移ることが可能である。その登録資格はＥＵ国内でも通用する。また、政府の「民営化」政策のもと、サービス供給の起業も推奨されている。

　その結果、ラヒホイタヤは産業構造の変動や景気の動向に対応しながらケア労働市場に長く留まることができるようになった。実際、「フィンランド就業者統計　二〇〇五年」によれば、ラヒホイタヤ資格所有者の八五％が就業しており、失業者は六・四％、労働市場外の八・四％は看護師等の上級資格を取るための進学が多かった。日本で問題とされている、いわゆる〝潜在労働者〟はいない。また、離職率も低い。

2　ラヒホイタヤ資格の導入経過

このような〝社会サービスと保健医療サービスの機能

の統合〟というラヒホイタヤ資格のアイディアは九〇年代の初めにサービス供給の主体である自治体レベルで議論され実際にいくつかの自治体ではモデル事業が行われていた。すでに在宅ケアにおける訪問看護とホームヘルパーの仕事の協同や一体化の要求があったのである。これを受けて政府・教育省は、一連のサービス構造改革のなかの一環としてケアワーカーの養成教育の大転換を行ったのである。

表2　ラヒホイタヤ資格の導入経過

1990年代初頭	自治体中央連合の発案で，政府の作業委員会が準備
1993年	資格教育の開始（2.5年間）（社会・保健医療分野の既存の基礎資格教育の終了）
1999年	専門課程の拡大（半年→１年間），教育期間の延長（３年間120単位） 現場実習の最低単位として29単位を設定
2000年	学習指導要領の改定による資格の基準，教育プログラムの明確化 （→2001年　改訂版学習指導要領の実施）
2006年	実技披露システムの導入
2008年	カリキュラム変更の作業委員会（教育庁，教育委員会や研究者，その他関係団体）
2010年春	学習指導要領の再改定（→2010年８月再改定版学習指導要領の実施）

表2にみるように、一九九三年秋から全国のいくつかの職業訓練校で二・五年のラヒホイタヤ養成教育がスタートし、その後何回かの改訂を行っている。

その背景には、労働界、とりわけ医療分野と教育界の摩擦があったといわれている。一九九五年には一回目の卒業生を送り出すが、彼らに対する評価は低いものであった。とりわけ医療現場からは、広汎で柔軟な資格は、専門性が低く、表面を舐めるだけだ、というクレームが出た。それは、実習の不足や深みのない専門課程の学習に向けられた。

しかし、社会保健省・教育省側は、この分野横断的な基礎教育が行われるラヒホイタヤ資格の優位性を主張して譲らなかった。

「たとえこの資格の問題点が実習の不足と専門職としての深みの不足にあるとされても、この資格の持つ広範な性格を放棄することが意図されることはなかった。それこそがこの資格の特別な強さであり、今後ともそうであると信じられている。資格の中心に位置を占めるのは、社会・保健医療サービス分野にとって共通したものと考えられている、養育、看護、介護における基礎的技能である。これらに加えて、二〇〇一年の全国共通の学習指導要綱は特に、人間関係・社会的相互作用能力の向上、多職種性や多文化性あるいは利用者ベースのサービスなどへの対応性を強調している」［フィンランド社会保健省ほか　二〇〇五］。

低い社会的評価を改善し、ラヒホイタヤの資格の優位性を確保するために、カリキュラムの充実が試みられた。一九九五年には、全国共通の学習指導要領が改正され、ラヒホイタヤの資格名称がフィンランドにおける唯一の「社会・保健医療基礎資格」として登録された。また一九九九年には、クレーム対象であった専門教育課程を〇・五年増加し、教育期間が三年間（一二〇単位）に延長された。二〇〇〇年には、資格の基準、教育プログラムの明確化がはかられ、二〇〇一年には全国学習指導要領が改訂された。二〇〇六年には職業訓練教育の新たな視点として実技披露システムが導入された。これは、必要単位取得後、現場に近い状況で実技披露し、それを、学生本人、学校担当者、実務現場（多くは実習先）の担当者で評価するものである。これにパスしなければ資格は付与されない。さらに二〇〇八年には、三年間一二〇単位という現行制度は変えずに、部分的にカリキュラムを変えるため労働側、教育側、当事者他による作業委員会が発足し、二〇一〇年の学習指導要領の改訂にいたった。改訂のポイントと背景については後述する。

Ⅳ　カリキュラム（二〇一〇年改訂版）

1　カリキュラム構成

現行のカリキュラムの土台は二〇〇一年の学習指導要領の改訂からしばらく定着していたが、二〇一〇年に大枠の三年間一二〇単位は変えずに部分的改訂が行われた。ラヒホイタヤのカリキュラム構成と二〇一〇年の改訂のポイントをみてゆく。

表3は資格取得に必要なカリキュラム構成である。一単位は四〇時間で、全部で四八〇〇時間である。

一年目と二年目で、一般教養科目（二〇単位）と選択科目（一〇単位）、およびラヒホイタヤとして必須の共通職業的基礎学習（五〇単位）の計八〇単位を修得する。なお高卒以上の学生にはこれが省かれることもある。さらに、異なる五カ所での実習（保育園、在宅ケア、施設ケア、病院〔救急およびリハビリ部門〕）などを通して、自分の興味を持つ分野をみつけ、試験をパスした後、三学年に進む。ここでは、専修コースのどれか一つを選択し、より専門的な学習を行う。各専門課程は三〇単位でありそのなかに一四単位の実習が含まれる。二〇一〇年改訂では一〇単位の完全自由選択科目が新規に導入され、三年生では一年間で四〇単位の学習となる。一六〇〇時間（講義・演習一〇四〇時間、実習五六〇時間）である。それぞれの科目の目的と授業内容はきわめて緻密に構成されている[4]。専門課程の学科と実技披露試験にパスした学生は、保健医療安全センター（TEO）に届け出ると、修了証明書が発行される。さらに、フィンランドでは、資格者全員にEU参加国でも通用する追加証明書を発行している。まさに国内外でも「つぶし」の利く資格なのである。

　卒業要件の実技披露試験は二〇〇六年から必修となり、全国レベルでの「実技披露試験」で審査を受ける。そのため、一―三年間の「実習」はきわめて大事である。一―二年の実習先は各地域のケア施設である。現場には実習の責任者を置くことが規則で決められており、学校側は大体二週間に一回、見回って点検を行う。最終的に実技の成績をつけるのは現場の責任者と教員である。

2　二〇一〇年改訂のポイントとその背景

　一つは、一・二学年の共通基礎学習内部の授業時間の変更である。リハビリ援助が一二単位から一五単位に増加し、その代わり介護と看護は二二から二〇単位へ、成長への指導と援助も一六から一五単位に減少した。実習単位もリハビリは五から六単位に増加、介護と成長は六単位から四単位に減少した。つまり、リハビリ教育の強化である。これは、高齢者の介護サービスの利用開始を五年遅くするという政府の介護予防政策に沿ったものである。

　二つ目は、実習の重視である。基礎教育課程では改訂前が一四単位であった実習が一八単位に増加した。実習の目的について、学校側は、学生のメリットとして確実に技能を身につけることであると同時に、さまざまな人や仕事に接し、自分の就職先を見つけるチャンスであると評価している。学生には「自分の名刺を持ってゆくようなもの」と言っている（タンペレの職業訓練校の教員へのインタビュー、二〇一一年五月）。実習先は学校の紹介もあるが、自分で選ぶこともできる。海外でも可能である。学生は実習計画を自分で作成し教員の許可を得なければならない。その評価の観点は「計画性、実行力、評

表3　ラヒホイタヤ（practical nurse）カリキュラム（2010年改訂版）

3年生　専門職業資格教育のプログラム（各30単位）		
オプショナル学習プログラム：以下より1つ選択（それぞれ実習　14単位）		
1．児童・青少年ケア教育専門課程		
2．顧客サービス・情報管理専門課程		
3．高齢者ケア専門課程		
4．障害者ケア専門課程		
5．口腔・歯科衛生専門課程		
6．精神衛生，依存性中毒ケア専門課程		
7．救急ケア専門課程		
8．リハビリケア専門課程		
9．看護・介護専門課程		
★（追加）10．ペディケア専門課程		
★（新規）完全自由選択（10単位）		

↑　↑　↑

1・2年生　○共通職業基礎資格のための学習（50単位）		
1．成長への指導と援助	（15単位）	：講義と実習（6単位）
2．介護と看護	（20単位）	：講義と実習（6単位）
3．リハビリ援助	（15単位）	：講義と実習（6単位）
○一般教養（20単位）		
数学，化学，フィンランド語，スウェーデン語，コンピューター・ITなど		
○選択科目（10単位）		

価力」の三点が中心である。実習後、卒業要件である実技披露試験がある。現在ではペーパーテストより重視されている。その評価は学生本人、実習先担当者、学校側担当者で行う。最終責任は学校側にある。実習の記録は試験の評価とともに記録として残り、採用側の資料となる。これは雇用側のメリットである。

三点目は、完全自由選択科目（一〇単位）が新規につくられたことである。この使い道はまったくフリーであり、介護や看護にかかわらない自治会の活動等に関するレポートの作成でもよいことになっている。ただし、そこで評価される項目は、学生のもつ計画性、実行力、評価力である。これは、実習においても求められていた点である。また、学生はこの単位を利用して、卒業後のオプションであった特別資格や追加資格を、在学中に取得することも可能にした。このことにより、学生には卒業後の継続教育や補充教育をめざすことが容易になるメリットがある。

四点目は、「起業性」の重視である。ここでいう「起業性」とは、小規模企業を立ち上げるための実務的能力や知識の取得のみならず、創造的・内面的な起業性に支えられた個人、という新たな人間像を強調するために使われている概念である。この起業家精神の増大という課題は、すでに二〇〇一年の学習指導要領のなかで「職業教育全体の共通の重点と全分野に共通な中心的能力」の一つとしてあげられていた。今回の改訂では、すべてのカリキュラムに導入することが強調されている。フィンランドでは、他の北欧型福祉国家に比べ、「民営化」が進んでいることを述べた。しかしこの民営化とは利潤追求の外国資本の導入というよりは、たとえば政府の在宅ケア政策において、自治体施設に代わる二四時間介護サービス付き住宅やグループホームなどの経営に看護師やラヒホイタヤ経験者が積極的にたずさわったり、家事サービスや配食、移動サービスなどの生活支援サービスを彼・彼女たちに積極的に委託していることと関連している。つまり、自治体直営のサービスから民間に委託する際の良質な受け皿としてラヒホイタヤの資格が期待されている。

このように、ラヒホイタヤ教育の内容は、雇用者側、教育側そして自治体の当事者たちの要請に対応して部分的な変更を遂げてきた。今回の改訂の背景には、九〇年代初めのサービス構造再編に踏み切った時よりも厳しい状況がある。第一は、社会・保健医療サービスのトータルコスト拡大のもと現場では経費節減や生産性の向上が求められている。第二に、二〇一五年の大量のケアワーカーの定年退職による人員確保の問題である。これについては後で述べるが、ケア市場の課題解決の一つの方向性は、広範で多様な職場で即戦力となる能力の高い優秀な人材の養成であった。今回の改訂内容はそれに応えるものではあるが、ラヒホイタヤにとっては人手が変わらず仕事内容がより緻密になり負担が増えるという矛盾も抱えることになる。

V　職業訓練システムのなかのラヒホイタヤ教育

ラヒホイタヤの資格はおおまかに以下の三つのルートで取得できる。

① 基礎教育訓練校（学校ベース）一六―一九歳：中卒後訓練校に進学。基礎資格（三年間：二年間職業共通教育、三年目専門教育）プラス実技披露テスト（現場で行う）。取得資格はEU内で使用可。さらに特別職

業資格と追加的職業資格の取得可。ポリテクに進学可。高卒の場合は、教養科目は免除される。

② 成人教育センター（同）社会人二〇—六〇歳：他職種で就労していたが、新たな資格取得の希望者、失業者、移民等。基礎資格、特別職業資格と追加的職業資格の取得希望者。

③ 継続教育センター（職場ベース）：同じ領域の仕事に就労しているが、キャリアアップのため、職場で訓練を受けながら、理論的学習の時だけ学校へ行く。ペーパーテストはなく実技披露試験(competence-based test）のみ。費用は無料で、職場から賃金が出る。

これらのルートは、ラヒホイタヤに限らず中等職業訓練校で付与されるすべての資格取得に共通のルートである。フィンランドの中等職業訓練校では九九の資格と一九三の追加資格、一三〇の特別資格が得られるが、ラヒホイタヤはその一つである［笹谷 二〇一三］。フィンランドでは義務教育（中学まで）卒業後の進路は高校進学が六割、職業訓練校へは三・五割といわれている。職業訓練教育は巨大な組織を構成し、フィンランド社会の基礎を支える人材養成に重要な役割を果たしている。フィンランドは学歴社会ではなく資格社会であり、生涯教育社会といわれる所以である。

そしてこれらのルートは誰にでも開かれている。しかも授業料はほぼ無料である。社会人が新たな資格取得のために②に入学することも、逆に①に入ってから、途中で高校進学することも可能であり、また戻ることもできる。人々が多様な資格を持ち、職業人生をうまく乗り切ることを政府は応援している。従って、訓練校の設置も計画的であり、教員もそのフィールドで実務三年以上の経験者であり教員免許を持っていなければならない。

学生も授業料のみではなくさまざまな恩恵を得、恵まれた環境のなかで教育を受けることができる。多くの養成校は定員を充足しているが、ラヒホイタヤのとりわけ高齢者ケアコースの人気が低く若い学生が集まらない、という現状にあることも聞いた［笹谷 二〇一三］。

Ⅵ ラヒホイタヤ資格の創設の背景と評価

以上みてきたように「ラヒホイタヤ」の資格はきわめてユニークで適用範囲が広いものであるが、この資格がフィンランドで創出された背景をいま一度押さえておきたい。そこには、身体的介護と家事支援について前者を専門化し後者を非専門化するような、ケアワーカーを階層的分離する方向性とは逆の考え方が出発点にあった。

それは、第一には現場の要求であった。たとえば、ラヒホイタヤの創出以前は、在宅ケアの場合、一人の高齢者の家に、訪問看護師が注射に、ヘルパーがオムツ交換や料理に、リハビリ助手がリハビリに、と複数のケアワーカーが入れ代わり立ち代わり訪問するシステムであった。なおかつ、訪問看護やリハビリのような医療系は県の管轄であり、ホームヘルパーは自治体の管轄であった。このような状態は、ケアを受ける高齢者にとって安心できるものではない。また派遣プランを作成する自治体担当者にとっても、このシステムは、労力とコストのムダではないかという指摘が出た。モデル事業を行った自治体では、訪問看護も自治体の管轄とし、現場では看護師（准看資格者）とホームヘルパーが協力することにより成果をだしていた［笹谷二〇〇五、二〇一三］。

同時に、第二には、他国と同様、高齢化の進行とともに高齢者のケアニーズが広範となり、従来の養成のレベルでは知識や技能の不足を訴える声もあがった。つまり、現場では〝料理もおむつ交換も投薬も注射もできる専門家〟が要求された。〝介護も看護も〟一人のケアワーカーによってカバーできる養成教育が求められたのである。具体的には、従来、施設ケアの担い手であった准看と在宅ケアの担い手であったホームヘルパーの教育の統合であり、かつ専門性をアップするための教育内容の改善が行われた。このことによって、これまで准看とホームヘルパーの間にあった専門性や賃金の格差は解消されることになった。これは同時に従来の伝統的な「女性職」であるホームヘルパー職全体の専門性アップと労働条件のアップにもつながる。また、自治体にとっては、従来別人が行っていた仕事を一人が担当することになり、人件費の節約に大いに貢献するものであった。

第三に、社会・保健医療分野の職業間の業務委譲の課題があった。ラヒホイタヤの資格創出の背景にも、従来看護師の職務であった注射や投薬の一部の准看への委譲、さらには准看の職務のホームヘルパーへの委譲があった。今日、業務委譲は医師と看護師間でも課題となっている。当初、業務委譲には医療側の激しい抵抗があったといわれているが、これも少なくなり、高等職業訓練教育における看護師への医師の業務の委譲を盛り込んだカリキュラムを検討中ということであった。その他の具体的成果として、フィンランド社会保健省は二〇〇六年に医療的ケアの委譲における全国的なルールとして「安全な薬事ケアガイド」を作成した。薬事ケアとは、薬の発注や調剤、配薬、種々の注射などである。旧ホームヘルパーの時代から、配薬や皮下注射などは上級の看護師や医師の許可のもとで行われていたが、それは個々の組織・職場単位でのみ認められたものであり全国ルールがなかった。この薬事ケアガイドによって、保健師・看護師、ラヒホイタヤ、社会サービス専門スタッフ、家事補助員などが、それぞれに受けた教育内容に対応した薬事ケアの参加許可のルールが全国的に定められたのである［森川　二〇〇九、二〇一二］。

　このような動きにみるように、社会の要請を先取りしながら構築された養成教育によって、ラヒホイタヤの社会的認知も高まり、フィンランドのケアを支える中核的存在となっている。

Ⅶ　ラヒホイタヤは不足していないのか――人材確保の新たな戦略

これまでみたように、広範なケアサービスに対応できるラヒホイタヤという資格の創出自体が、今後一層の高齢化が進むフィンランドのケア提供のひっ迫に対するケアワーカー確保の一つの戦略であった。しかも定年退職まで就業継続をする割合が高いので筆者が聞き取り調査を行った二〇〇三年から二〇一六年までは人員不足の問題はそれほど深刻に語られなかった。しかし、都市部においては看護師と臨時の介護職員（正規のラヒホイタヤの休暇や育休の代替）の不足は深刻化していた。それに対し、二、三の自治体は、隣国エストニアにある大規模な人材派遣業を利用している。その場合多くは短期的雇用であるが、労働の質や安定化という点や賃金が高額であることから、このような動きに対する根強い抵抗があるようである。

　また、以前から、大量のラヒホイタヤがいっせいに定年退職する二〇一五年問題や団塊の世代が七五歳以上になる二〇二五年問題への対応が議論されてきた。教育省・社会保健省・欧州社会基金・フィンランド自治連合のプロジェクト報告『社会分野の技能者　二〇一五』［二〇〇六］では次のような多角的視点からの提案をしている。

①教育システムから労働市場へスムーズな移行のため

のサポート、しかしそれのみではなく、②学生をいかにこの分野へリクルートするか、③教育期間中の中退その他への対処、④卒業生やこの職業にすでに就いている者を職に留まるようにすること、⑤ラヒホイタヤの給与水準の上昇が平均的給与水準の上昇に遅れないようにすること、⑥生産性の上昇や労働密度の高まりへの対応、などである。

一方、訓練校側の戦略は以下のようである。ラヒホイタヤ全体の定員は充足しているが、高齢者ケアのコースは、とくに若者には人気がない。それゆえ、①若者向けのホームページを立ち上げ、広報・宣伝活動を行うと同時にラヒホイタヤはモダンで魅力的なキャリアであることをアピールしている。一方、②他分野からの学生の確保に力を入れている。とりわけ、中年女性や男性の成人コースへの入学である。これらの人々は、製造業や他のサービス業から、高齢者ケアなどの人間的関わりを持つ仕事への移動を求めており、中途退学者も若者に比べ少ない。二〇一二年のインタビューでは、教育庁の担当者は、「若者は高齢者ケアの仕事にはなじまないのではないか？　なぜなら年齢も離れ、人生経験も短い。若いうちはいろいろな資格を持ち他領域で働いていても中年になったら戻って（高齢者ケアの仕事に）就いてほしい」と述べている。その間は、中年の成人コースの学生が担ってくれることを期待しているのである。とりわけ女性には、長期間働くことができ、就職率が高いことをアピールしている。また、③失業者（男性が多い）は自治体の失業対策の一環としていつでも受け入れている。④移民は相対的に数が少ないので労働力としてはあまり活用されていないが、社会的包摂という観点から、就職率の高さをアピールし、高齢者ケアの教育訓練を受けるよう勧めている。

リクルート面だけではなく、二〇一〇年のカリキュラム改訂の特色でみたように、ラヒホイタヤの新たな職務能力の開発も質のよいケアワーカーの確保政策である。さらに、人材養成だけではなく、高齢者のケアサービス利用を五年間遅らせることをめざす介護予防政策、インフォーマルな家族のケアを行う親族介護者の社会的権利を保障する親族介護支援法の制定など[5]、ありとあらゆる側面から公的ケアワーカーの不足を生じさせない工夫が国を挙げて行われている。このような工夫は、高齢者のサービスの切り捨てやケアワーカーの労働環境を脅かすものではあってはならない、という前提のもとで行われている。また日本のように親族介護者に丸投げするということではない。あくまでも、高齢者ケアサービスの責任は国家・自治体にあるという北欧型福祉国家の原則を持続するのが前提である。

最後に――日本への示唆

これまでみてきたように、ラヒホイタヤとその資格教育は、スタートからの紆余曲折を経ながらも有効に機能し、その確固たる評価を築いてきた。言い換えるとフィンランドのケアワーカーは社会的に重要な人材として大切に教育されているのである。ラヒホイタヤはいまも「女性職」に変わりはないが、その「広範かつ専門的」能力を育てる職業教育によって、多様な職場経験を通して自立した職業人生を、その仕事に誇りを持って歩むことが可能となった。彼女たちの存在は、多職種の男女労働者が安心して働けることを可能にした。

翻ってみると、日本では、介護福祉士とホームヘルパーでは、その養成期間・内容、働く場所、労働条件等において大きな格差があり、施設ケアと在宅ケアの行き来は少ない。非効率的な養成システムであるとともに、ホームヘルパー・在宅介護者を下位におく階層的システムである。しかも、日本の「女性職」としてのケアワーカーの労働条件は介護保険制度の「改正」のたびに、より悪化している。質の向上をめざしてすべてのケアワーカーが将来介護福祉士の資格を得ることを課す案も浮上したが、その資格取得の時間と費用がすべて自己責任ではインセンティブは湧かないであろう。日本では、ケアワーカーは大切にされていないし、人権も保障されていない。その結果であるケアワーカーの不足の解消は喫緊の課題である。このことは、介護の質の低下につながり、要介護者とのケアリング関係にも影響を及ぼすことになりかねない。

本稿で取り上げたラヒホイタヤは、北欧型福祉国家のレジームのなかでつくられた資格とケアワーカーであり、介護保健制度下における日本のシステムと異なるのは当然であり、その有効性が日本では即通用するとは限らない。しかも、ケアに関するジェンダー規範や家族規範も異なっている。しかし、日本が直面しているケアの危機は抜本的解決を求められている。

ライホイタヤ養成ですぐれた効果を上げている点とのかかわりで、日本において検討を期待するものをいくつか列挙したい。

Ⓐケアワーカーの視点から

①人材養成のシステムの見直し。介護福祉士とホームヘルパーの階層的養成ルートではなくヘルパーのキャリアアップにつながる教育の統合と資格の一本化。日本版ラヒホイタヤによる合理的人材活用。そのための研修や受験の費用の助成を国や自治体が行う。②公務労働であること、正規雇用であること、賃金は生活給であることの重要性。③労働組合や職能団体の強化し、労働条件や職場環境の是正により働きやすい環境をつくる。また、ケアワーカーは「安上がりの女性労働者」ではなく、日本のケアを支える「社会的なケア労働者」であることを政策担当者に認識させる。

Ⓑケアワークの視点から

①要介護認定に基づくプランの下でケアを行うにしても時間に縛られた細切れ労働ではよいケアはできない。②現場での主体的判断による柔軟なサービス提供の可能性（人材養成システムの見直しで可能ではなかろうか）。③利用者やチーム内あるいは多職種人材とのコミュニケーション力や多様な価値観、人権感覚をベースにしたケアを行うことができる。④社会の変化に応じたケアとは何か、その具体化を学ぶことができる養成教育。④ＩＴ化に伴うケアの変化の対応。⑤よりよい介護を実現するための工夫―職場内の対等な話し合いが可能であること。

国際的な視野をもって他国の先進事例を学び、よい点は積極的に取り組んでいく姿勢をもつことが重要である。

（注記）本稿は、以下の既出の刊行物をベースに、その後行ったインタビュー調査の結果などを加味し整理したものである。

① 二〇〇五年　科学研究費補助金報告書「ケアワーカーの養成過程におけるジェンダー課題―伝統的女性労働と「専門性」確保―」（研究代表者笹谷春美）

② 二〇〇八年　厚生労働省科学研究費補助金政策科学総合研究事業報告書「介護者の確保育成政策に関する国際比較研究」（研究代表松本勝明）第二章フィンランドにおける介護者の確保育成策（笹谷担当）

③ 二〇〇九年　厚生労働省科学研究費補助金政策科学総合研究事業報告書「介護者の確保育成政策に関する国際比較研究」（研究代表松本勝明）第一章フィンランドにおける介護者の確保育成策（笹谷担当）

④ 二〇一三年　笹谷春美『フィンランドの高齢者ケア―

介護者支援・人材養成の理念とスキル―』明石書店

［注］

（1）北欧型福祉国家モデルの典型は、スウェーデン、フィンランド、ノルウェー、アイスランド、デンマークである。これらの国家モデルは一九五〇年代の社会民主党政権でスタートし、七〇年代にピークを迎え、九〇年代に再編成を迎えている。また、本文で示したような、社会的原理を共有している。

（2）フィンランドにおける「民営化」とは、営利目的の企業ではなく、NPOや第三セクターなどによるサービス提供を示す。自治体はそれらのサービスを購入して利用者に無料あるいは安く提供する。利用者にとってはいずれのサービスを利用しても同料金である。それでも自治体にとっては直轄で行うよりも低コストであり、財源抑制につながる。具体的には、小規模な二四時間ケア付き住宅やグループホーム、オープンケア、生活支援サービスである。運営は自らの希望するケアを求める元看護師やラヒホイタヤが多い。しかし、外国資本との提携や自由価格のサービスを提供する事業体も現れているようである。いずれにしてもそのスタッフは自治体ワーカーに準じる待遇が保障されることが協約で決められている。

（3）オープンケアとは、施設から在宅へ政策転換のもとで、施設と在宅の中間に位置するケアつき住宅やグループホーム、通所型ケアのことをさす。大規模施設に代わってこれらの小規模施設は〝特別な在宅〟といわれている。九〇年代から増加しているが、その運営は注2で述べたように志あるケアワーカー経験者が担っている。開設の際には自治体から場所などの提供のサポートが得られる。

（4）ラヒホイタヤの教育目標や詳しいカリキュラム、授業内容については、笹谷［二〇〇五、二〇〇八、二〇一三］を参照のこと。特別資格や追加資格の種類についても紹介している［笹谷二〇一三］。

（5）親族介護支援法（二〇〇六年）の成立過程、法律内容、実態については、笹谷［二〇一三］に詳しい。

［参考文献］

笹谷春美　二〇〇五年　科学研究費補助金報告書「ケアワーカーの養成過程におけるジェンダー課題―伝統的女性労働と「専門性」確保―」
笹谷春美　二〇〇八年「フィンランドにおける介護者の確保育成政策」厚生労働省科学研究費補助金政策科学総合研究事業報告書「介護者の確保育成政策に関する国際比較研究」（研究代表松本勝明）第二章
笹谷春美　二〇〇九年「フィンランドにおける介護者の確保育成策」厚生労働省科学研究費補助金政策科学総合研

究事業報告書「介護者の確保育成政策に関する国際比較研究」（研究代表松本勝明） 第一章
笹谷春美 二〇一三年『フィンランドの高齢者ケア—介護者支援・人材養成の理念とスキル—』明石書店
森川美絵 二〇〇九年「フィンランドにおける看護・医療行為の職務分担・許可のルール化—スタッフの資格教育との関連で—」厚生労働省科学研究費補助金政策科学総合研究事業報告書「介護者の確保育成政策に関する国際比較研究」（研究代表松本勝明）
森川美絵・笹谷春美・山口麻衣・永田志津子・斉藤暁子・山井理恵ほか、二〇一一年「フィンランドにおける専門介護人材の養成教育の展開」（前編）（後編）『地域ケアリング』一三（一二）—（一四）
森川美絵 二〇一三年「地域包括ケアを担うケアワーカー再編の可能性—フィンランドの社会・保健医療ケア共通基礎資格ラヒホイタヤからの示唆—」ケアリング研究会編『『地域に生きる』を支える高齢者ケア～その現状と可能性」科学研究費補助金報告書（研究代表永田志律子）
Anneli Anttonen 2011,（口頭発表）"The New Welfare Mix,"フィンランド—日本合同セミナー、タンペレ大学 二〇一一年五月一八日
Szebehely, M eds. 2005 *Aldreomsorgsforsking i Norden: En Kunsukapsoverisikt*, Nordic Council（第五章 北欧諸国における高齢者介護職員の労働条件：研究の概要）
OECD 1998 *The Future of Female-Dominated Occupations* 内海彰子訳 二〇〇二『女性優位職業の将来—OECD加盟国の現状—』カネカリサーチアソシエイツ
Finish National Board Education 2011 *Requirements vocational education and training:vocational qualification in social and health care, practical nurse 2010.* http://www.oph.fi/download/140436_vocational_qualification_in_social_and_healthcare_2010.pdf
フィンランド社会保健省 一九九二年『サービス構造に関する作業部会の報告書』（河田瞬二訳
フィンランド社会保健省・教育省・欧州社会基金 二〇〇五年『社会分野の技能、労働力および教育の必要性に関する予測プロジェクト—中間報告—』（河田瞬二訳）
フィンランド社会保健省・教育省・欧州社会基金・フィンランド自治体連合 二〇〇六年『社会分野の技能者 二〇一五』（河田瞬二訳）

（ささたに はるみ）

特集1

介護における女性労働の行方—グローバル化と揺らぐ準市場

女性労働問題としての介護保険制度の評価
—日本型準市場の批判的検討—

山根 純佳（実践女子大学人間社会学部教員・会員）

I 女性非正規に依存する介護現場

介護の社会化をうたって開始された介護保険制度開始から一七年がたった。深刻化する介護労働力不足を前に、政府は労働条件の根本的な改善に取り組むことなく、外国人技能実習生の導入など低賃金労働の補填によって乗り切ろうとしている。

ジェンダー視点からの介護保険制度の評価は、「介護の社会化」が家族介護に与えた影響や「再家族化」への懸念にその関心が注がれてきた。一方介護保険制度開始による「福祉の民営化」が、担い手である女性介護労働力に与えたインパクトについては十分な検討がなされていない。介護労働力人口は、介護保険制度開始時二〇〇〇年の五四・九万人から二〇一五年には一八三万人に達しているが、女性労働者割合は訪問介護員で九割、介護職員で八割に達している［国勢調査 二〇一五］。非正規雇用の割合は、訪問介護分野では八割、施設介護職員でも四割であり、いずれも八〜九割を女性が占めている。

〔介護労働安定センター　二〇一六〕。介護保険制度は、家庭内の介護を賃労働化したと同時に、女性の非正規労働を拡大したといえる。

労働市場における介護労働の変遷をおった希少な研究として、在宅介護労働の制度化過程および介護保険制度の成立過程の公的言説における介護観を分析した森川の研究がある〔森川　二〇一五〕。森川は、介護保険制度がもたらした「経済的評価」について、「『主婦の家事労働』との概念的な結びつきのうえで制度化」〔森川　二〇一五　七九頁〕された一九七〇年代から八〇年代の在宅介護の延長にあり、担い手の社会的市民権を無視した低評価を再生産させたとする。

では、なぜ介護保険制度は、低い経済的評価を再生産するかたちでしか展開されえなかったのか。また在宅介護労働と「主婦の家事労働」との結びつきは必然なのだろうか。介護労働の低い社会的評価をめぐって、介護保険制度そのものに内在する要因についてはメスが入れられていない。本論では在宅介護労働に焦点をあて、ジェンダー視点から日本の介護保険制度の評価を試みたい。

Ⅱ　「ケアワークの女性化 feminization of care work」とその説明

まず、女性の介護労働力に焦点をあて介護保険制度を評価するという視座の意義について確認してみたい。

労働市場における保育、介護労働は、家庭内の家内労働 domestic labour と区別して、「ケアワーク care work」と呼ばれてきた。労働市場においても子育て、介護といった労働を女性が担いつづけるケアワークの女性化 feminization of care work は、移住の女性化を伴って、グローバルな性別分業として拡大している。

なぜ、ケアワークは労働市場においても女性の仕事として拡大していくのか。この問いを解くには、女性の雇用機会の少なさに加え、歴史的に形成されてきたケアと「女性性」の結びつきを理解する必要がある。家庭の性別分業を前提に構築されてきた「女性はケアに適している」という言説は、女性が社会的に承認され、雇用機会を得るための資源となる〔山根　二〇一〇　一六三頁〕。

ただし、ケアワークが女性のなかの誰に適した労働となるのか（主婦、若年女性、移民なのか）、どのような

「女性性」と結びくのかは、賃金構造や職務内容によって変わってくる。アメリカやカナダなどの自由主義レジームの国のように、福祉国家による給付がなく市場で介護サービスを購入せざるをえない場合、サービス価格は購入者の機会費用よりも低くなるため、ケアは低賃金労働となりやすい。アメリカでは、在宅介護ホームヘルパーにあたるダイレクトケアワーカーの賃金は、女性労働者の平均賃金の半分の水準にとどまっている。担い手は九割が女性、また五割が黒人、ヒスパニック、アジア系のエスニック・マイノリティによって占められている[Smith and Baughman 2007]。一方で、普遍主義的な福祉政策を展開してきた北欧諸国でも在宅介護は女性職であるが、生活を維持できる賃金水準が維持されている。フィンランドでは、ラヒホイタヤという准看護・保育・介護の共通資格のなかに位置づけられ、比較的若い層も担い手となっている［笹谷 二〇一三］。またスウェーデンでは利用者の選択の自由をスローガンに供給の多元化・民営化がすすみつつあるが、同一労働同一賃金の連帯賃金制度が歯止めとなり、民間と公務員の賃金格差は生じていない［斎藤 二〇一四 三九八頁］。

一方日本の状況をみると、介護保険制度下の訪問介護では、八割が時間給で働く登録型の雇用で（時間給職員を含む）、非正規の平均月収は一〇万円にとどまっている。施設介護では男性職員の割合が三割まで達しているのに対し、訪問介護では女性が九割以上を占めている。さらに世代別では、五五歳以上が五割を占めている。男性が参入しても他業種に移動していかざるをえない賃金水準のもとで、中高年女性が担い手として残っていく［山根 二〇一〇］。訪問介護が「極度にジェンダー化された労働」である背景には、施設介護と比べた賃金水準や雇用形態の違いといった制度的要因が働いている。

このようにひと口に「ケアワークの女性化」といっても国家の福祉政策、労働政策等によってその具体的な展開の仕方は多様であり、「女性性」の規範だけがその説明要因となるわけではない。その意味で「ケアワークの女性化」は「なぜ女性が選択するのか」という供給要因からではなく、「なぜ女性にしか選択されえないのか」という需要側の要因から解明されなければならない[Acker 1998, Palmer and Eveline 2012]。以下では、中高年の女性にしか選択されえない雇用として在宅介護を位置づけた需要要因として、介護保険制度の批判的検討をおこなっていきたい。

Ⅲ　日本型準市場における介護労働

介護保険制度下の労働は、介護報酬という公的価格の規制のもとで、多様な事業主体に参入させた「準市場」のなかに位置づけられる。まず、準市場メカニズムとそのなかでの「労働」の特徴を確認したい。

教育、医療、福祉サービスにおける「準市場」の概念を広げたのは、イギリスの経済学者ルグランとバートレットによる以下の定義である［Le Grand and Bartlett 1993］。

（一）「供給サイド」については民間事業者が参入し競争がおこなわれていること。

（二）「需要サイド」については、購買力が金銭的な意味で表現されず、バウチャーや使途が限定された予算によっておこなわれ、購入は第三者がおこなうこと。

以上は、公的介入のもとでの民間事業者への供給の開放による「財政と供給の分離」と、政府による支出のもとで消費者の購入を可能にする「支出と購入の分離」と表現される。

ルグランらは従来の行政直営方式との比較から、準市場の利点として以下の四点をあげている。第一に最小のコストで一定の質量のサービスを提供しうる「効率性」、第二に、利用者にニーズと欲求に応答的なサービスを供給しうること（応答性）、第三に利用者によるサービスと提供者の「選択」を保障することで、サービスの質が向上すること（選択）、第四に支払い能力や民族、性別に関係なく公平にニーズに対応してサービスの利用を可能にすること（公平性）である[1]。準市場が適切に機能すれば、公的な予算のもとで利用者がサービスを購入でき、さらに利用者の選択をとおした事業者間の競争によって効率的な資源配分の達成が実現するとされる。準市場メカニズムにおいて利用者は質のよいサービスを選択できる「消費者」として、事業者は利己的な動機をもつ「市場のアクター」として再定義される［Le Grand 1997］。こうした準市場論は、一九九〇年代のイギリスのコミュニティ・ケア改革をはじめとする公共サービスの市場化・分権化を支える理論的支柱となってきた。

では日本において準市場はどのように展開したのか。日本の福祉サービス市場では八〇年代から九〇年代に営利や非営利部門の供給が拡大、進展した。「財政と供給の分離」がすすんだこの時期を準市場の拡大時期ととらえる研究もある［李　二〇一五］。一方、利用者による「選択」と供給者間の「競争」の原理を導入したのは、二〇〇〇年の社会福祉基礎構造改革と介護保険制度である。利用者の視点からみれば、措置制度のもとでの行政処分としてサービスを受けるのではなく、「利用者の選択により、多様な主体から保健医療サービス・福祉サービスを総合的に受け」る福祉サービスの利用権が明確にされた。また事業者の多元化という点では、訪問介護を含む第二種社会福祉事業への営利企業の参入が認められた。その意味で「財政と供給の分離」がおこなわれた八〇年代から九〇年代を準市場への移行期間として、介護保険制度の導入を準市場への移行の完了としてとらえるのが妥当であろう。

　介護保険制度導入前後の準市場をめぐる研究においては、介護保険制度は、「公平性」を悪化させずに「効率性」を改善しうるメカニズムとして高い評価を得てきた［駒村　一九九九］。当時の専門家の評価においては、介護保険制度は措置制度と比較してより少ない資源の投入で同じ「質」「量」の財・サービスの提供を実現できる点で「効率的」であり、要介護認定によって同一レベルの介護ニーズをもつ者に同一レベルのサービスを供給しうる点で「公平性」を担保している［平岡　一九九八］。また「選択」については、自治体が民間のサービスを購入するイギリスの「サービス購入型」に対し、反対給付として一割の応益負担で利用者がサービスを利用できる日本の「利用者補助型」では、利用者の選択の自由がより広まると評価されてきた［平岡　二〇〇〇］。行政直営方式としての措置制度との比較から、介護保険制度に高い期待が集まっていたといえよう。

　こうした、「政府」「供給（事業者）」「利用者」の三者間の効率的な資源配分を目的とした準市場のメリットへの期待の裏で見落とされてきたのが、このメカニズムが労働に与えるインパクトである。第一に、「供給＝事業主」から「労働者」への資源の移動をめぐる論点がある。ルグランらは準市場における労働をめぐって、（国家による）「独占的な雇用は労働者の搾取をうむが、事業者間の競争で賃金はあがる」［Le Grand and Bartlett 1993: 22］とするが、事業者が利潤追求の動機をもつ営利事業所の場合、ケアワーカーを低賃金で雇うことによって、経営効率をあげるという選択や、株主に利潤を分配するために従業員の賃金を下げるインセンティブももちうる［佐橋　二〇〇八］[2]。換言すれば事業者にとっては、質のよいサービスを低賃金で提供する労働者を獲得することが最も利潤獲得への近道となる。

　第二に、政府による資源配分の「効率化」が労働に与える影響である。日本の介護保険制度において「効率化」の主な手段となっているのが介護報酬による資源のコントロールである。介護報酬は「介護をめぐる内外の状況にあわせて」三年に一度調整される。労働者の賃金は、この三年ごとの介護報酬の改定によって変動する可能性がある。措置制度の下では、施設介護職や公務員ヘルパーの賃金は、国家公務員の行政職の俸給表に準じて支払われていた点をみれば、介護保険制度の導入は労働を不安定化させたといえる。介護労働力全体の非正規割合は、二〇〇〇年の三五％から二〇一六年には四四％に増加しており、介護保険制度以後も雇用の不安定化が進んでいる。また市場との比較からみれば、一般の労働市場と違い、準市場の公定価格の下では賃金による労働力の需給調整がおきないため、人手不足がおきても賃金があがらないという状況がうみだされる。実際に、介護職が含まれる医療・福祉産業では二〇一〇年から二〇一五年の間に求人の増加が大きいにもかかわらず実質賃金が低下し、人手不足に拍車をかけている［近藤　二〇一七］。さらに介護保険制度では、利用者側がサービスの担い手の人手不足によって不利益をこうむっても、介護報酬をあげるという形での価格決定への参加が見込めない設計となっている［足立　二〇〇七　一六三頁］。

　このように準市場メカニズムにおいて、「事業者―労働者」間の資源配分のあり方はブラックボックスであり、労働者の賃金を抑えることが資源配分の効率化の手段となりうる。換言すれば「質のよいサービス」を低賃金で提供する労働者として「女性」を活用できれば、準市場はその利点を発揮することができる。また介護職を「主婦の家事労働」と結びついた「職務」にとどめることは、低賃金を正当化するための恰好の論理ともいえる。その点で、介護保険制度は、女性の低賃金労働を再生産しただけでなく、より劣悪なものにしたとも考えられる。次節以降では「準市場化」の具体的なインパクトを介護保険制度以前の在宅介護政策の変遷から検討したい。なお利用者宅を訪問して介護を提供する労働の呼称は、「ホームヘルプ労働」「訪問介護」など変化してきたが、以下では総称して在宅介護労働として表記する。

Ⅳ　介護保険制度以前の在宅介護労働の位置づけ

以下では、日本の在宅介護労働の源流とされる家庭奉仕員制度から、介護保険制度開始までの在宅介護労働の雇用形態と職務内容の変化を、主に「老人家庭奉仕員派遣事業運営要綱」の改訂（以下、運営要綱）をとおしてみてみたい。

家庭奉仕員制度成立当初

周知のとおり日本の在宅介護労働は、長野県下の市町村ではじまった家庭養護婦制度が全国に広がり、国庫事業の家庭奉仕員として制度化された。上田市の家庭養護婦制度が、「奉仕と女性職が緊密に結びつき職業形成されていった」［山田　二〇〇五　一八五頁］とされるように、困窮世帯への生活支援と、母子家庭の女性の職の創出と生活保障という政策的意図をもっていた。制度開始当初の特徴として、第一に、補助金によって一人当たりの人件費を支払う方式であったこと、第二に派遣対象は困窮した独居高齢者に限定され、派遣時間は長時間にわたるものであったこと、第三にその職務内容は、「家事援助」といった限定されたものではなく、生活条件の改善、相談業務、他機関との連携など多岐にわたるもので、対人援助の困難さが認識されていたことがあげられる［渋谷　二〇一四］。

一九六二年に老人家庭奉仕員派遣制度として国庫補助対象事業となった際には、「事業の実施主体は、市町村」「勤務形態は、原則として常勤の職員とする」（「運営要綱」）との規定のもと自治体直営の事業となった。賃金は当時の全産業平均の六割程度であり、身分も非常勤嘱託の地位にとどまっていたが、自治体によっては公務員ヘルパーの「正規職員化闘争」によって待遇の改善がはかられた［渋谷　二〇一一、二〇一四］。東京都では非常勤嘱託の地位にあった家庭奉仕員が、都の職員労働組合とともに待遇改善と常勤化を訴え都と団体交渉をおこない、六八年に正規職員化を決定させている。その後、大都市で正規職員化にむけた運動が広がり、七二年に川崎市、七四年に名古屋市、七五年に京都で正規職員化が実現している。この時期、家庭奉仕員たちは身分が安定したことで独自の研修を充実させ、専門性への志向を高めていったと指摘される［須加　一九九六］[3]。

一九六九年の「運営要綱改訂」では原則「常勤」から、「やむを得ない事情がある場合は非常勤とすることができる」との規定が加わる。ただし賃金の支払いは、「週二回、半日程度」のサービスに対し、月額三千二〇〇円の手当といった形で月額の支払いであり、現在のような「時間給」は採用されていない［『毎日新聞』一九六九年四月一七日、中嶌二〇一六 六七二頁］。

このように制度開始当初の家庭奉仕員は、奉仕の理念が強調されながらも、常勤の職として位置づけられ、また家庭奉仕員が自治体に所属することにより、労働条件や職務内容について自治体に対する交渉力をもちえた。職務内容についても、女性に適したものとされたが、「家事労働」に限定されない「相談への対応」「他業種との連携」等の職務を含む対人援助として位置づけられていた。

一九八〇年代の「財政と供給の分離」のもとでの非正規化

一方、一九八〇年代は臨調「行革」「民活」路線のなかでの直営方式の縮小と、パートタイム化が促進される。八二年の運営要綱改訂では「勤務形態は原則常勤とする」という文言が削除され「恒常的、臨時的介護需要等を総合的に判断」と臨時雇用、パート勤務・時間給制への道が開かれる。また派遣回数も週二回以上、半日単位から、「一日四時間、上限週六日」に変更され、国庫補助の単価に「時間単位」が導入される。既婚女性のパート労働が拡大したこの時期に、家庭奉仕員においてもパート労働力による供給拡大がはかられている[4]。ただし、一九八四年の『家庭奉仕員派遣事業実態調査報告書』によれば、時間給で雇用される職員はわずか九％、「正規」が三四・八％、「雇用に期限のある職員」が三二・五％を占めている。「非常勤・パート」の拡大がはかられてもなお、介護保険制度移行後のような時間給のヘルパー主流にはいたっていない。

つづいて、八六年の運営要綱改訂では現在のホームヘルパーの大部分を占める「登録」方式が導入され、運営主体の変化では、直営から社会福祉協議会（以下、社協）への委託方式が進み、八六年の社協への委託は四六・八％となっている。委託先である社協のヘルパーへの賃金の支払いについては、常勤ヘルパーには「月額」、非常勤ヘルパーは「活動日数」、登録ヘルパーには「活動時間数」において補助金が交付されることとなった。常勤の補助金は、八八年の段階では「家事型」「介護型」の区別なく月額一二万八二三〇円（日額単価五三八〇円、時間給単価六七〇円）となっている。またこの改正で常勤ヘルパーは「主任ヘルパー」という身分に格上げされ、その他のヘルパーは非常勤と登録型の低賃金の女性労働として位置づけられていく。「財政と供給の分離」は、パート労働の担い手となる「主婦層」の活用という形で促進されていく。

介護保険制度開始前：サービスの細切れ化と民間委託

八九年の「老人ホームヘルプ事業運営要綱」改訂では、①委託先の拡大、②事業委託基準の新設、③家事と介護の単価の設置がおこなわれる。まず①委託先については、社協に加え、社会福祉法人、福祉公社や民間のシルバー・ビジネス、家政婦紹介所にまで拡大された。九二年の段階で、外部委託をしている自治体は七二・五%、全ヘルパーのうち委託事業における従事者が七三・三%に達している［河合　一九九四　三五頁］。

②国からのヘルパーへの補助については、派遣一回ごとの出来高払いである事業委託補助単価が設定された（表1）。この改訂以降に委託された団体では「事業委託基準単価」が採用されるため、新たに委託を受ける団体では、年間の業務委託料金額をあらかじめ確定することができず、常勤ヘルパーを置くことは困難になった［武田　二〇〇六　一〇四頁］。

③また「一般基準」の人件費補助単価では、「家事援助中心業務」（月額一三万一二五〇円）と「身体介護中心業務」（月額一九万六八七〇円）に分けられ、家事が低い水準にとどめられる。八七年の介護福祉士資格創設に伴いメディカル・ケアを基軸において専門性が評価される流れがつくりだされる。また「一般基準」「事業委託基準単価」どちらにおいても、補助対象業務は「介護」と「家事」と指定され、「相談・助言に関すること」は対象から外されていく。以後、包括的な対人援助から「家事」「身体介護」といった業務への限定化がすすんでいくこととなる。

一九九〇年の「高齢者保健福祉整備一〇カ年計画」（ゴールドプラン）では名称が家庭奉仕員から「ホームヘルパー」へと変更、ホームヘルパー一〇万人という数値目標がだされ、一九九一年にはホームヘルパー一～三級の資格が制度化される。ただしこのホームヘルパーの量の拡大路線は、担い手の賃金の低下に直結したわけで

表1　在宅福祉事業費補助金の国庫補助額（単位：円）

	一般基準（市町村が直接実施する）						事業委託基準単価（派遣1件当たり）	
年	月額単価		日額単価		時間単価			
1988	128,230		5380		670			
	介護型	家事型	介護型	家事型	介護型	家事型	介護型	家事型
1989	196,870	131,250	8,650	5,770	1,080	720	4,400	2,000
1990	203,000	135,330	8,920	5,950	1,120	740	4,550	2,040
1991	210,450	140,300	9,940	6,630	1,240	830	5,670	2,550
1992	265,210		10,320	6,880	1,290	860	5,890	2,650
1993	270,430		10,640	7,040	1,330	880	6,060	2,730
1994	275,620		10,880	7,200	1,360	900	6,180	2,780
1995	284,050		11,040	7,280	1,380	910	D.N	D.N

注　「介護型」は「身体介護中心業務」，「家事型」は「家事援助中心業務」の略。
出典　厚生事務次官通知「在宅福祉事業費補助金の国家補助について」の別紙「在宅福祉事業費補助金交付要綱」各年より。
「一般基準」ではこのほかに「主任ヘルパー手当」が支払われた。

はない。一九九二年度予算では国庫補助金におけるホームヘルパー一人当たりの手当は、従来より一〇〇万円以上アップの三一八万円まで増額され、民間の常勤ヘルパーに対する退職手当導入などの改善がおこなわれた。一方の自治体正規ヘルパーの予算を名古屋市を例にみると、一九九一年度で六〇八万円となっている［武田 二〇〇六］。またこの時期、現場のヘルパーの要望から常勤ヘルパーの「家事型、介護型」が一本化されている。

このように介護保険制度前の九〇年代は「財源と供給の分離」としての民間委託による供給拡大と、女性のパートタイム労働力活用が進む一方、委託先の常勤ヘルパーへの賃金の改善がはかられた。賃金は、自治体直営の公務員ヘルパー（そのなかでの正規職員、非常勤職員、パート職員）、国庫補助による委託先のヘルパー、さらに後者のうち「一般基準」「事業委託基準」に該当するかで、それぞれで待遇は異なり、労働条件が複層化していくことになる。

さらに一九九七年には介護保険制度に向けた転換として、「一般基準」のうち「人件費補助方式」に加え、「事業費補助方式」が導入される。市町村は「人件費」「事業費」補助方式のどちらかを選択することとなった。事業費補助方式では、「常勤」という概念はなくなり、サービス内容、時間、回数によって支払われる「出来高払い」方式となる。本制度の導入について厚生省（当時）は、「サービスを効率的に提供する体制を整備するため介護保険制度への移行を展望し」たものと説明している。(5)

またこの時期に介護サービスコストの官民比較が論じられるようになり、シルバー・ビジネスの時間給と、市町村・社協の常勤時間給とをコスト面で比較して、前者が五分の二の公費負担でまかなえるという試算が出されている。(6)すなわち、民間委託の基準として事後的に導入された「事業委託基準」に合わせて、従来の「一般基準」の給与を下げることが、効率性の観点から求められたといえる。ただし上述したとおり供給の民営化は、時間給のパート労働の担い手となる既婚女性労働力によって支えられてきた。その意味で官民比較におけるコストは、女性の家計補助的役割を担わせるジェンダー構造を前提にしたものといえる。

以上、家庭奉仕員制度から介護保険制度施行までの在宅介護労働政策の変化をみてきた。在宅介護は、常に「女性職」であったが、人件費支払い方式のもとで公務員化、常勤化、また専門職としての評価をめざすベクトルも存在していた。ところが八〇年代の量的拡大とサービスの短時間化のもとで非正規雇用が主流となり、介護保険制度導入を前に国庫補助は「時間単位」「出来高払い」へと移行していった。上述したように、自治体直営事業から民間委託、常勤から非正規の「登録」方式への雇用形態の移行、「常勤」に対する人件費から「時間単位」のサービスへの支払い方式の転換による「効率化」が介護保険制度の核心だとすれば、それは女性の低賃金労働の拡大というジェンダー構造の強化を必然的に孕んだ制度設計であったといえる。また職務内容については、生活全体を支える「援助」から、「身体介護」と「家事援助」に分けられ、後者が「主婦の家事労働」との結びつくかたちで低賃金化されていった。最後に介護保険制度開始以後の運営主体、賃金、職務内容の変化をみてみたい。

V　介護保険制度下の在宅介護労働の変化

介護保険制度下では訪問介護を含む第二種社会福祉事業への営利企業の参入が認められ、居宅サービス部門での民営化が進んでいく。居宅介護サービスにおける経営主体別事業所割合では、地方公共団体の割合は二〇〇〇年の六・六%から二〇一五年には〇・三%まで低下し、営利法人は三〇%から六四・三%まで増加している（厚生労働省「介護サービス事業所調査」各年）。介護サービス全体でみた経営主体別正規職の割合は、医療法人で七割と最も高く、社会福祉法人六二・六%、地方自治体五七・四%、民間企業では四五・九%となっている（施設介護職も含む）。

また制度開始から、訪問系従事者数は一八万人（二〇〇〇年）から五二・八万人（二〇一五年）と増大しているが、九割以上が女性を占める状況は変わっていない。「訪問介護員」の主な生計維持者は、「自分以外」が五〇・八%と、賃金を家計補助的なものと位置づける労働者が半数をしめているが、「自分」（三五・七%）、「折半」（一〇・四%）とする者も一定程度いる。婚姻形態は「既婚」五八・九%に対し、「離死別」一七・三%、「未婚」一六・五%である［介護労働安定センター 二〇一六］。

職務内容では、介護保険制度においても「家事援助」と「身体介護」のサービス内容区分が引き継がれ、家事援助は「利用者が単身、家族が障害・疾病などのため、本人や家族が家事を行うことが困難な場合に行われるものをいう」[7]と家事の代行と規定される。一方、介護保険制度では「相談や話し相手」は、主要な職務から姿を消し、介護支援専門員（ケアマネジャー）の設置により専門化された[8]。介護保険サービスに従事するホームヘルパーにも資格取得が義務づけられたが、講習の修了によって獲得できる認定資格にとどめられた。資格取得のハードルを低くすることで既婚女性の「ケア能力資本」を利用した参入を容易にしたといえる［山根 二〇一〇］。

制度開始当初から、介護報酬は「身体介護」四〇二単位に対し「家事援助」一五三単位と、家事援助の価格は低く位置づけられた。二〇〇三年には介護業界側からの要求もあり、自立支援、在宅生活支援の観点から「家事援助」が「生活援助」に変更され、生活援助の単価は二〇八単位まで上げられるが、その後も「身体介護」よりも低い単価設定がつづくこととなる（表2）。

この間、サービスの短時間化がすすめられてきた生活援助のサービス時間をみると、制度開始当初は「一時間以上」の場合の加算が設けられており、二時間のサービスが可能であったのが、二〇〇六年には一時間三〇分を

表2　居宅サービス，サービス単価の改定（1単位の単価　地域やサービスにより10円～11.4円）

年	30分未満		30分以上1時間未満		1時間以上		30分超過	
	身体介護中心	生活援助中心	身体介護中心	生活援助中心	身体介護中心	生活援助中心	身体介護中心	生活援助中心
2000～2002	231	設定なし	402	153	584	222	219単位加算	83単位加算
2003～2005	231	設定なし	402	208	584	291	83単位加算	83単位加算
2006～2008	231	設定なし	402	208	584	291	83単位加算	廃止
2009～2011	254	設定なし	402	229	584	291	83単位加算	設定なし

年	20分未満		30分未満	45分未満	1時間未満		以降，30分超過	
	身体介護中心	生活援助中心	身体介護中心	生活援助中心	身体介護中心	生活援助中心	身体介護中心	生活援助中心
2012～2015	170	設定なし	254	190	402	235	83単位加算	設定なし
2015～	165	設定なし	245	183	388	225	80単位加算	設定なし

出典　厚生労働省告示「指定居宅サービスに要する費用の額の算定に関する基準」をもとに作成。

超えた部分の加算が削除されている。さらに二〇一二年の介護報酬の改正によって生活援助は一時間から四五分に短縮されている。短時間化は、満たされない利用者のニーズを増大させるばかりでなく、事業所の収入と介護労働者の賃金の減少にもつながる。二〇一二年七月に堺市南区訪問介護事業者連絡会が実施したアンケートでは、制度の改正によるサービス内容の変化として、「利用者の話や相談を聞く時間が減少」九一・九%、「掃除の範囲や内容などの見直し」八七・一%となっている。また全労連（全国労働組合総連合）［二〇一四］によると、「時間内に仕事が終わらない」との回答が五割、サービス時間が短くなったことで「収入が減った」と「サービス残業が増えた」がそれぞれ四割となっている。このように介護報酬の改定をとおした資源配分の効率化は、短時間の「スポット的ケア」と労働強化を進めている。その意味で介護労働は、女性たちが家庭でおこなってきたケアとは別物の、業務化された労働として再編されているといえる［山根　二〇一四］。

介護労働安定センターのデータでは、二〇一六年の非正規労働者の週当たりの平均労働時間は二三時間、一日当たりにすると平均四・五四時間である。四・五四時間という数字だけみるならば、非正規労働者は都合のよい時間に片手間に働いているという解釈がされるかもしれない。しかしこの労働時間に移動時間等をいれた実労働時間がカウントされているかはこの調査票からは明らかではない[9]。上述したサービスの短時間化のなかで三〇分から一時間のサービスを五件、その間に三〇分の移動時間を四回とすれば、移動だけで一日二時間、おおよそ七時間ほどの実労働をしていることになる[10]。

　増えるサービス需要に対する労働力不足を補おうと、政府は介護職員への処遇改善をはかってはいるが、わずかな介護報酬の増額と、人やサービスに対する「加算」にとどまっている。二〇〇九年には三％のプラス改訂で「処遇改善交付金」、二〇一二年度からは、「介護職員処遇改善加算」として職位や職責の要件や賃金体系の制度化といった「キャリアパス要件」を満たした事業所には一人一万五千円が加算される制度が開始された。二〇一五年度にはさらに一万二千円の処遇改善加算を追加しているが、同時に二・二七％のマイナス改訂が実施されている。加算のための事務作業の時間が増大しその分の人件費がかかる、労働者の賃金に反映されていない、処遇改善加算がとれない事業所ではマイナス改訂の影響だけを受けるなどの問題が生じている。介護職を対象にした全労連の調査では、二〇〇九年から二〇一五年三月のあいだに三万円の賃金引き上げ効果があったかという質問に対し、月収とボーナスなどの一時金を合算して収入が増えたという回答は一六・一％にとどまっており、八割の労働者が処遇改善加算の「実感はない」と回答している［全労連　二〇一五］。訪問介護に限定して処遇改善加算がはじまる前の二〇〇八年から二〇一六年までの賃金の変化をみると、正規の平均月給（通常月の税込み月収）は一八・五万円から一九・一万円と六千円のアップにとどまり、非正規の時間給は一、一二三円から一、一六一円とほとんど変化していない（介護労働安定センター二〇〇八年、二〇一六年）。

　さらに政府は「費用の効率化」を給付対象の「重点化」によってすすめている。二〇〇五年の介護保険改正では予防重視型システムへの転換として「予防給付」（「要支援一」「要支援二」）が開始され、二〇一五年には「重点化・効率化」を名目に「要支援」向け予防サービスは、各自治体の「介護予防・日常生活支援総合事業」へと移行した。この事業では「介護予防・生活支援サービス」の担い手として、ＮＰＯや民間企業と並んでボランティアや地域住民があげられており「専門職としてのホームヘルパーと、一般市民でもできるサービスが一つの制度として体系化」［結城　二〇一四　二七九頁］されている。現在の介護保険サービスの介護報酬よりも、さらに低い報酬によって担われるサービスが登場することは、在宅介護サービス全体の賃金を下げることにもつながると懸念される。

Ⅵ　結論

以上、日本型準市場が女性を主な担い手とする介護労働にもたらした影響について考察してきた。準市場の拡大と介護保険制度導入による「効率化」は、人件費補助方式からサービスごとの給付への移行、包括的な対人サービスから「身体介護」「家事」の業務区分と後者の低価格化、低賃金の「家事」を支える女性の非正規労働力の活用によって実現した。さらに制度開始以後も、介護報酬の改正をとおした資源配分のコントロールのもとで、非正規化と労働強化が進んでいる。出来高払いの「給付」としての支払いは、事業所の収入を不安定にし、非正規依存の職場を強化している。こうした労働の担い手として既婚女性労働力が活用されてきたが、すでに労働力の再生産が困難になっている。現在と同水準もしくはさらに低賃金で働く外国人労働者の活用は、日本型準市場の効率化の必然的帰結となる。

在宅介護労働の「職務内容」については、話を聞き、精神的な安定や生きる力を与えるという対人援助から、「排せつ・食事介助」「清拭・入浴・身体整容」「掃除」「洗濯」といったタスクに切り分けられて限定化されてきた。こうした限定化は、在宅介護労働の専門性の確立を困難にしている。

今後も準市場型の福祉サービス市場を継続していくのであれば、「政府」「供給」「利用者」の三者間から、「労働者」への資源配分の仕組みを組み込んだ形での制度の転換が不可欠であろう。ひとつに、三年に一度変動する介護報酬についてはその使途を事業所の事業費と事務費にとどめ、労働者の人件費については別途税金で安定的に保障する「二階建て構想」が考えられる。既婚女性を前提とした家計補助的水準ではなく、自立して生活できる賃金を安定的に支払う仕組みをめざすべきである。ふたつめに「サービスの質」の保証について、利用者の「選択」と事業者間の「競争」に委ねるのではなく、労働者の専門性への投資と労働条件の保障による人材確保がまずめざされるべきである。メディカル・ケアを中心にした専門性の階層制のもとで、生活援助や介護予防サービスを非専門的・低賃金労働として中高年女性に担わせるのではなく、対人サービスとしての職務に見合った専門性の確立と賃金保障の実現が求められる。

[注]

（1）　競争によってサービスの質が担保されるには、市場への参入や退出が容易であり、サービス需要量を供給量が上回っていること（市場構造の転換）、利用者と事業者との情報の非対称性がないこと（情報の非対称性の防止）などいくつかの条件があげられている［Le Grand and Bartlett 1993］。ただし、高齢者介護の分野では利用者の選択をとおした質の向上は機能しておらず、市場メカニズムは「サービスの質を向上させる方向で機能していない」［平岡　二〇〇八　一三八頁］と指摘されている。特に情報の非対称性をめぐっては、介護サービスは利用してはじめて品質がわかる経験財であるということ（隠された特性）や、判断能力に制限がある場合に供給者の行動を監視できない（隠された行動）といった点から、これを乗り越えることは困難である［駒村　一九九九、佐橋　二〇〇八］。また事業者の「退出」が頻繁に起こる福祉サービス市場が利用者にとって望ましいかという問題もある。

（2）　介護保険前後の社会福祉法人の労務・人事管理の改革を考察した北垣［二〇一七］によれば、介護老人福祉施設の給与費の割合は一九九九年の七割から二〇一四年には五七・六％まで低下し、収支差率は一九九九年の三・三％から二〇〇二年には一四・六％まであがっている。北垣［二〇一七］によれば、全国社会福祉施設経営者協議会が、日経連と共同で執筆した『選ばれる福祉サービスの人事システム』では、職員の給与を抑えながらも職場の士気を高めるという「適正」な資源配分が「選ばれる人事・労務管理」としてうたわれている。

（3）　また家庭奉仕員は組合交渉において、当時派遣対象が独居老人に限定されていたのに対し、家族がいても生活の支障を抱えた高齢者も特例的処理として派遣対象に加えるよう訴えるなど、現場のニーズを職務内容に反映させてきたとされる［渋谷　二〇一四　一九〇—一九一頁］。

（4）　家庭奉仕員の数は、八二年改訂の前年の約一万三千人（八一年）から八八年には約二万七千人に倍増しているが、派遣世帯数は増えておらず、増員された奉仕員の大半が、受け持ち世帯が少ない「非常勤・パート」だったと推測される［河合　一九九一　四二頁］。また八二年一一月一九日の厚生省の通知「家庭奉仕員派遣事業について」では、シルバー人材センター、家政婦紹介所等も事業委託の対象とする見解が示され、東京都では八〇年代に家政婦協会登録ヘルパーの活用によって委託数を急激に増やしている［武田　二〇〇六　九四頁］。

(5) 厚生省老人保健福祉局「平成九年全国厚生関係部長会議資料」

(6) この試算では、ホームヘルパー一時間当たりの公費負担について市町村常勤ヘルパー四一三〇円、市町村委託の民間ビジネスヘルパー一五七六円とされている。「高齢者福祉の官民コストを比較」『旬刊福利厚生』一九九七、二一―二四頁。

(7) 厚生省老人保健福祉局老計第一〇号「訪問介護におけるサービス行為ごとの区分等について」

(8) 訪問介護における「相談援助・情報収集・提供」については、「身体介護」「家事援助」それぞれの下位区分の「サービス準備・記録等」のなかの項目として「相談援助・情報収集・提供」が位置づけられている（注7資料）。ただし実際には利用者は「会話」を求めており、またケアを提供するためにも「会話」は不可欠である［山根　二〇一四］。

(9) 「介護労働者調査票」の労働時間にかかわる項目の質問は「あなたが働く職場での通常の一週間（月曜日〜日曜日まで）に働く日数及び時間数をお伺いします（シフト勤務等で変動がある場合は、平均的な日数・時間をご記入下さい。）」であり、移動時間のカウントの仕方は明記されていない。

(10) 訪問介護労働において移動時間と記録記入時間などの付帯労働時間は三五％に達するとの推計もある［坪井　二〇一五］。

[参考文献]

Acker, J. 1998 “The future of ‘gender and organizations’: connections and boundaries.” *Gender, Work & Organization*, 5.4, pp.195–206.

足立眞理子　二〇〇七年「ケアのグローバル化―ケア労働の国際的移転と日本的状況―」『フェミニスト・ポリティクスの新展開　労働・ケア・グローバリゼーション』明石書店　一五九―一七六頁

平岡公一　一九九八年「介護保険制度の創設と福祉国家の再編　論点の整理と分析視角の提示」『社会学評論』四九巻三号　四一―五八頁

平岡公一　二〇〇〇年「社会サービスの多元化と市場化　その理論と政策をめぐる一考察」大山博・炭谷茂・武川正吾・平岡公一編『福祉国家への視座』ミネルヴァ書房　三〇―五二頁

平岡公一　二〇〇八年「ケアの市場化の可能性と限界」上野千鶴子ほか編『ケアを支えるしくみ』岩波書店　一二

五―一四二頁
介護労働安定センター「介護労働実態調査」各年
河合克義編 一九九一年『これからの在宅福祉サービス 増補改訂版：住民のためのあるべき姿を求めて』あけび書房
北垣智基 二〇一七年「社会福祉法人の人事・労務管理改革と介護労働者の給与・人材確保問題との関連性についての一考察 高齢者介護分野の歴史経過と実態を中心に」『立命館産業社会論集』五二巻四号 一一七―一三一頁
駒村康平 一九九九年「介護保険、社会福祉基礎構造改革と準市場原理」『季刊社会保障研究』三五巻三号 二七六―二八四頁
駒村康平 二〇〇八年「準市場メカニズムと新しい保育サービス制度の構築」『季刊社会保障研究』四四巻一号 四―一八頁
厚生省老人保健福祉局 一九九七年「平成九年全国厚生関係部長会議資料」
厚生省老人保健福祉局 二〇〇〇年「訪問介護におけるサービス行為ごとの区分等について」老計第一〇号 平成一二年三月一七日
厚生労働省「介護サービス事業所調査」各年
近藤絢子 二〇一七年「人手不足なのに賃金があがらない三つの理由」玄田有史編『人手不足なのになぜ賃金があがらないのか』慶應義塾大学出版会 一一―一五頁
李宣英 二〇一五年『準市場の成立はケアサービスを変えられるか 日韓の比較実証分析』ミネルヴァ書房
Le Grand, J. and W. Bartlett 1993 *Quasi-Markets and Social Policy*. London: Macmillan
Le Grand, J. 1997 "Knights, Knaves and Pawns? Human Behavior and Social Policy." *Journal of Social Policy*, 26(2).
森川美絵 二〇一五年『介護はいかにして「労働」となったのか 制度としての承認と評価のメカニズム』ミネルヴァ書房
中嶌洋 二〇一六年『現代日本の在宅介護福祉職成立過程資料集 第五巻 先進地域における萌芽の諸相』近現代資料刊行会
Palmer, Elyane and Joan Eveline, 2012 "Sustaining Low Pay in Aged Care Work." *Gender, Work and Organization*, 19(3), pp.254-275.
斉藤弥生 二〇一四年『スウェーデンにみる高齢者介護の供給と編成』大阪大学出版会
佐橋克彦 二〇〇八年「『準市場』の介護・障害者福祉サービスへの適用」『季刊社会保障研究』四四巻一号 三〇―四〇頁
笹谷春美 二〇〇〇年「『伝統的女性職』の新編成 ホームヘルプ労働の専門性」木本喜美子・深澤和子編『現代

日本の女性労働とジェンダー』ミネルヴァ書房　一七五—二一五頁

笹谷春美　二〇一三年『フィンランドの高齢者ケア　介護者支援・人材育成の理念とスキル』明石書店

渋谷光美　二〇一一年「運動によって勝ち取られた、正規職員が担うべき社会福祉としての家庭奉仕員労働」『Core Ethics』七号　一六五頁—一七六頁

渋谷光美　二〇一四年『家庭奉仕員・ホームヘルパーの現代史　社会福祉サービスとしての在宅介護労働の変遷』生活書院

Smith, Kristin and Reagan Baughman 2007 "Caring for America's aging population: Profile of the direct-care workforce." *Monthly Labour Review* (September)

総務省　二〇一五年「平成二七年国勢調査」

須加美明　一九九六年「日本のホームヘルプにおける介護福祉の形成史」『社会関係研究』二巻一号　八七—一二二頁

武田宏　二〇〇六年『高齢者福祉の財政課題増補版　分権型福祉の財源を展望する』あけび書房

地方自治経営学会　一九九七年「高齢者福祉の官民コストを比較　民間の方がコストは三〜六割安だがサービスは一長一短」『旬刊福利厚生』一五九二号　二一—二四頁

坪井良史　二〇一五年「訪問介護における付帯労働時間についての研究　愛媛県A市の調査から」『京都府立大学学術報告（公共政策）』七号　七七—九五頁

山根純佳　二〇一〇年『なぜ女性はケア労働をするのか　性別分業の再生産を超えて』勁草書房

山根純佳　二〇一四年「介護保険下におけるホームヘルプ労働の変化：業務化する個別ケアの現場」『日本労働社会学会年報』第二五号（特集論文）三—二二頁

結城康博・松下やえ子・中塚さちよ　二〇一四年『介護保険改正でホームヘルパーの生活援助はどう変わるのか』ミネルヴァ書房

全国社会福祉協議会　老人福祉開発センター編　一九八四年『家庭奉仕員派遣事業実態調査報告書』

全国労働組合総連合　二〇一四年『「介護施設で働く労働者アンケート」と「ヘルパーアンケート」報告集』

全国労働組合総連合　二〇一五年「介護報酬改定・処遇改善加算による介護労働者の賃金・処遇改善アンケート中間報告」

（やまね　すみか）

特集1

介護における女性労働の行方―グローバル化と揺らぐ準市場

日本におけるフィリピン人介護者の働き方
―結婚移民とEPAによる介護福祉士候補者を中心に―

高畑　幸（静岡県立大学教員）

本稿の目的は、日本における外国人介護者の就労実態と定着への課題を明らかにすることである。とくに、介護職への参入時期が二〇〇〇年代半ばと比較的早かった在日フィリピン人女性、そして二〇〇九年からの経済連携協定（以下、EPAと略す）に基づくフィリピン人介護福祉士候補者（以下、EPA候補者と略す）[1]に焦点を当てて考察したい。結論を先取りすれば、優秀な人材が職場へ定着するためには制度的支援が重要である。同時に、日本人職員や利用者が外国人介護者に対して理解を深め、互いに尊敬の念をもち働くための職場環境づくりが欠かせない。

Ⅰ　ケア労働者の国際移動

フィリピンからの女性労働者送出

一九八〇年代からの再生産領域のグローバル化および国際商品化の進展により、フィリピンは労働者送り出し国として、また日本は受け入れ国として、「国際移動をするケア労働者」の課題に向かい合うこととなった。アジア最大の労働者輸出国であるフィリピンは一九七〇年代から中東等へ男性労働者を送出してきたが、一九九〇年代から移民の女性化、つまり女性労働者の海外就労が本格化した。近年では、新規雇用の海外就労者の半数が女性である。この背景には、先進国での高齢化とケア労働者の需要があった。

先進事例がカナダである。カナダでは一九九二年から個人宅での住み込み型のケアギバー（介護者）を受け入れ始めた[2]。労働者は当初、単身での滞在が義務付けられるが、一定年数の就労後は家族を呼び寄せて定住することができる。また、イスラエルや台湾でも介護労働者の受け入れが増加した。こうして従来の看護師や家事労働者に続き、介護労働者はフィリピンにとって第三の海外ケア労働市場向け人材となった。その市場拡大をめざして、二〇〇〇年代半ば、フィリピン政府は「明るくホスピタリティにあふれるフィリピン人はケアに向く」と各国で営業戦略を展開した［伊藤ほか　二〇〇五］。もちろん、それは根拠のないつくられたフィリピン人像なのだが、フィリピン国内では一時、大学の看護学部や介護士養成所が乱立した。その後、二〇一〇年代からはヨーロッパ（デンマーク、オランダ、ベルギー等）でオペア（住み込みのベビーシッター）としての受け入れが始まっているが、これは労働者としてではなく「文化交流」の名目での二年間の滞在である[3]。このように、受け入れ国・地域での需要に基づき設定された枠組みにより、フィリピン人の女性労働者が世界各地へと旅立っていること、その陰には移住女性自身の家族との別離に伴う社会的コストがあることを確認しておきたい。

日本の介護現場で急増する外国人介護者

受け入れ国としての日本へ目を向けよう。日本では二〇一七年から介護に従事する外国人の受け入れがさらに拡大した。介護に従事する外国人の多様化ともいえよう。すなわち、外国人の介護従事者は大きく分けて以下の四つに類型化できる。

第一が、結婚移民である。一九九〇年代初めから二〇〇六年にかけて日比国際結婚が増加した（詳細は後述）。彼女らの在留資格は（結婚生活が継続したと仮定すれば）、入国当初は「日本人の配偶者等」（一年）、その後、同資格を更新（三年）して永住資格となるのが一般的である。就労制限がない在留資格のため、日本で各種職業に就いて転職の末、介護職に就く。

第二に、EPA候補者である。応募要件は大卒以上(専攻は問わず)で、半年の介護訓練を受け、受け入れ施設との労働契約に基づき来日する。フィリピンからは二〇〇九年から毎年、候補者が来日している。来日時の在留資格は「特定活動」(就労できる場所と業種が固定される)だが、三年間の実務経験を経て介護福祉士試験に合格すると、在留資格は「特定活動」のままだが在留期間を延長でき、就労先の変更も家族の呼び寄せも可能である。

第三に、介護福祉士をめざす留学生がいる。民間企業の仲介により、フィリピンで日本留学希望者を募集し、日本にある日本語学校や介護の専門学校が渡航費と学費を奨学金として提供し来日させる。勉学のかたわら、資格外活動が許される週二八時間、アルバイトとして介護施設で働く。二〇一〇年代半ばから増加したようである。在留資格は入国時および在学中は留学で、介護福祉士試験に合格すると「介護」の在留資格へ変更でき、その後の滞在期間延長も可能である(4)。

第四に、技能実習生である。改正入国管理法の施行により、二〇一七年一一月から受け入れが可能となった。在留資格は「技能実習」である。応募要件は、来日時はN四程度の日本語能力だが、来日から一年経過後はN三レベルが要求される(5)。技能実習制度を利用して三年間、就労が可能である。

なお、本稿では第一の結婚移民と第二のEPA候補者に焦点を当てる。この二者の比較を表に示した。

二〇〇六年にフィリピンと日本でEPAが締結された。初めての「人の移動」を伴うEPAにより外国人介護者の受け入れが始まろうとする前夜、日本では「介護現場に外国人を受け入れると、『外国人でもできる仕事』と思われて介護職の社会的評価が下がり、待遇が悪いままになってしまう」と反対の声があった。「介護の質」とは、日本語による介護者と利用者のコミュニケーションがあってこそ、と考えられていた。しかし、それから一〇年余を経た二〇一七年、「外国人でもできる仕事」は現実となっている。介護職の人手不足が続くとともに介護職員の高齢化は進み、日本では外国人の介護労働参入がさらに拡大している。今後も介護が「外国人でも働ける、低賃金労働」でありつづける懸念があると同時に、介護の現場では「外国人とともに働く」ことがより差し迫った課題となっている。このような背景から、本

表　フィリピン人結婚移民とＥＰＡによる介護福祉士候補者の比較（作成・高畑幸）

	結婚移民のヘルパー資格取得者	EPAによる介護福祉士候補者
人　数	2000人以上 (2008年時点［高畑ほか　2010］	1161人（2009年～2016年） (厚労省)
ジェンダー	女性が大半（在留外国人統計）	女性が大半
学　歴	多様。ハイスクール卒～大学中退が多い（高畑ほか，2010）	４年生大学卒以上
在留資格	日本人の配偶者等，定住者，永住者	特定活動
在留期限	なし（属性要因で更新可能）	４年（合格後は更新可能）
資格と在留資格の紐づけ	なし	あり
来住開始時期	1990年代	2009年
来住経緯	日本人との結婚により定住。自由渡航。	２国間協定による。フィリピン政府（海外雇用庁）が送り出し，日本は国際厚生事業団が受け入れ，各施設へ配属。
日本語学習	任意	来日前後に合計１年間
学習コスト負担	自己負担	自己負担なし（日本政府の予算でまかなう）
介護の資格	ホームヘルパー２級（介護職員初任者研修）または無資格。	無資格→合格後に介護福祉士

稿ではフィリピン人の結婚移民とEPA候補者という、定住経緯と人的資本が異なる二つの介護者集団を事例に、量的・質的調査に基づき、彼らの職場での定着の課題を明らかにしたい。

Ⅱ　在日フィリピン人社会の概観

まず初めに、日本におけるフィリピン人について概観しておく。二〇一六年末現在、フィリピン人は日本で第三のエスニック集団である（二四万三六六二人、女性比率七二・七％）。「永住」「日本人の配偶者等」「定住」等、属性要因で定住・永住可能な在留資格を持つ人が八割を超える。そして、年齢層は四五歳～四九歳の女性が最多である（三万三〇五二人）（二〇一六年末現在、在留外国人統計）。

なぜ、この世代の女性が突出して多いのか。それは、彼女らが特定の年齢層と時期において大量に来日し、日本人男性との結婚により定住したからである。すなわち、一九八〇年代後半から二〇〇五年、日本はフィリピン人女性興行労働者（ダンサー、ホステス等）を大量に受け入れていた。日比両国の芸能会社が仲介し、半年間の興行ビザを取得した女性たちが日本各地のフィリピンパブで働いた。その数は二〇〇四年の最多時で約八万人にのぼった。(6) 一九九三年から二〇一五年に日本人と結婚したフィリピン人（約九五％が女性）は約一五万人となった。就労先のフィリピンパブで客となった男性と結婚して定住するケースが多かったため、現在もフィリピン人は全国的に散在居住の傾向である。特に過疎地や離島の自治体においては、外国人人口に占めるフィリピン人比率が高い。彼女らはその後、家族介護の担い手ともなった。

その後、二〇〇〇年代以降はフィリピン日系人（戦前にフィリピンへ渡った日本人移民の子孫）の家族移住が本格化し、二〇〇九年から改正国籍法施行により日本国籍を取得した新日系人（主に興行労働者の女性と日本人男性との間の婚外子）とフィリピン人母の母子セットでの来日が相次いだ。彼（女）らは就労する職種に制限はないが、新日系人の母親や青年のなかには介護施設で働く場合もある。このように、日本におけるフィリピン人の定住経緯は、属性要因によるものが先行してきた。業績主義（学歴・職歴）による選別をもとにした受け入れは二〇〇九年のＥＰＡからである。以下に、結婚移民、ＥＰＡの順で具体例をみていこう。

Ⅲ　結婚移民の介護者

やりがいと社会的評価を求めて

二〇〇〇年の介護保険導入以降、日本各地の自治体、社会福祉協議会、民間企業でホームヘルパー三級あるいは二級（現・介護職員初任者研修）講座が開かれた。そこには、日本人女性に混じって受講するフィリピン人結婚移民もいた。それが増加したのが、二〇〇四年の改正派遣労働法施行であろう。この法改正では、工場内労働が解禁となり、とくに東海地方や北関東の工業都市で外国人の派遣労働が一般化した。それと同時に医療・福祉分野への派遣労働が解禁となっている。そこで介護施設での労働者需要増に伴い、派遣人材を確保したい派遣会社が外国人ヘルパー養成に乗り出した。東京、名古屋、大阪ではフィリピン人専門のスクールが開校した。地方都市でも単発でフィリピン人向けの講座が実施された［高畑　二〇〇九］。

ホームヘルパー資格は学歴・国籍不問で取得できる。

興行労働を経て結婚移民となった女性たちのなかには、貧困家庭の出身で、自分は大学を卒業せず日本で出稼ぎをして弟妹の学費を送金する立場の女性が多かった。彼女らにとって、ホームヘルパー資格は日本で初めて、あるいは人生で初めて手にする「ライセンス」であり、取得までの座学や実習のプロセスは日本語の学びなおしともなった。また、二〇〇六年に日比経済連携協定が締結されて、近い将来、フィリピンから介護労働者が新規来日することが見込まれると、在日フィリピン人は新規来日者の「先輩」として指導的立場に就くことが期待される。それをめざしての資格取得意欲の高まりもあっただろう。

在日フィリピン人介護者調査

筆者らは二〇〇八年、「在日フィリピン人介護者調査」を行った[7]。これはホームヘルパー二級を取得したフィリピン人を対象とした全国調査で、機縁法で一九〇人の回答を得た。回答者の平均像は、一九七〇年前後に生まれた元・興行労働者の女性で、結婚移民として定住した人びとである。調査結果によると、介護職への入職動機は「貢献意欲」をもつことと「社会的評価」を求めたことであった。調査実施前後のヒアリングでは、介護職に就くことで「（水商売の女性という）フィリピン人のイメージを変えたい」「自分が夜に働いていることを子どもは友だちに言えない。介護職について子どもに尊敬されたい」という声があった。回答者のなかには調査当時、フィリピンパブで働いている人もおり、転職またはダブルワークをめざしてのホームヘルパー二級取得であった。以下に、定着事例と困難事例を紹介しよう。

1　結婚移民の定着事例

定着事例1・九州地方のAさん（女性、五〇代）[8]

Aさんは一九八〇年代後半に日本人と結婚し、子育てのかたわら舅と姑を在宅で介護し見送った。子どもはすでに成人である。それまでの介護経験を生かしてホームヘルパー二級を取得し、はじめは訪問介護をしていたが介護施設に転職した（二〇〇八年）。同施設がＥＰＡ候補者を受け入れることになり（二〇一〇年）、Ａさんはその研修担当者となる。その後、三年間の実務経験を積んだ候補者は介護福祉士試験に合格（二〇一四年）。その間、Ａさんが日本生活の「先輩」となり候補者たちを支えた。その後も同施設はＥＰＡでフィリピン人を受け入れ続けている。

定着事例2・九州地方のBさん（女性、五〇代）[9]

Bさんは一九八〇年代後半に興行労働を経て日本人と結婚して過疎地に定住した。子どもはすでに成人している。フィリピンパブで働く女性向けの服飾移動販売をした後にパブの経営者となったが、パブで働くフィリピン人女性たちが介護の資格を取り始め、彼女らから勧められたのを契機として二〇一〇年にホームヘルパー二級講座を受講した。しばらく、昼間は介護、夜はパブ経営とダブルワークだったが二〇一一年から介護のみで働くようになった。取材当時は特別養護老人ホームで夜勤を含めてフルタイムで働いていた。同じ施設にフィリピン人が六人勤務しており、Bさんはリーダー格である。「フィリピン人は国を離れて暮らしているので、（周りから）認めてほしいという気持ちが大きく、がんばっている」とBさんは言う。次に、困難事例をみていこう。

2　結婚移民の困難事例

困難事例1・中国地方のCさん（女性、五〇代）[10]

Cさんは一九九〇年代に興行労働を経て日本人と結婚し、夜にスナック勤務を続けていた。しかし、昼間の仕事を求めて食品加工工場で働いた後、友人の勧めでホームヘルパー二級資格を取得（二〇〇六年）。ホームヘルパーとして在宅介護を二年経験するが、利用者の家族からの懐疑的な態度が彼女にとっては耐えられなくなった。たとえば、家事援助を自分に任せてくれず常に利用者の家族が監視している、自分が作った料理は本当に食べられるものかといぶかしがられる、等である。それによってCさんも利用者とその家族に不信感を抱くようになった。それまではスナック勤務といった「外国人」として扱われる仕事や、黙々と作業をすればよい食品会社といった仕事を経験しており、介護のようにチームケアで日本人と密に連絡をとったり協力したりする仕事の経験はなかった。その後、Cさんは介護職をやめ、英会話講師となった。

困難事例2・中国地方のDさん（女性、四〇代）[11]

Dさんは日本人男性との結婚をきっかけに一九九〇年代初めに来日し、英会話講師等で働いていた。フィリピン人女性の友人に誘われてホームヘルパー二級資格を取得し（二〇〇五年）、老人健康保健施設で働いていた。しかし、利用者から「あなたはガイジンか。色が黒い。気持ち悪い。ガングロだ」等と差別的な言葉を投げかけられた。日本での生活が長いDさんだが、日本人から面と向かって差別的な発言を受けたのはこの時が初めてだった。その後、精神的に落ち込んでしばらく仕事を休んだものの、考えた末に「乗り越えなければならない」と考え、介護職にとどまった。

小括

上記でみたように、介護はスナック勤務や工場労働より、日本人職員とともに密に連絡をとり日々の業務報告をするなど、読み書きを含めて言葉によるコミュニケーションを必要とする難しい仕事である。そして、それに伴う精神的な疲れがある。また、外国人に慣れていない同僚や利用者からの差別的態度や発言にも直面する。換言すれば、彼女らが「外国人扱いされる職場」を離れて「日本人と全く同じ仕事をする場所」へ入り込むほどの日本語能力を身に着けたからこそ、こうした継続的接触によるパーソナルな人間関係形成もあれば、いやな思いもするのである。同僚や利用者には差別的発言をしているという自覚がないかもしれない。しかし、職場の管理者には、あらかじめ職場で在日外国人に関する情報提供や研修を行う等、外国人介護者が偏見を持たれず気持ちよく働ける環境づくりを行う責任がある。

一方、過疎地において介護職は数少ない安定職であり、職場でいくつかのトラブルを乗り越えて介護職にとどまる人も多くいる。たとえば、上記の定着事例2のBさんが暮らす過疎地では、介護施設以外で女性が働ける場所は日雇いの農作業、スーパーのパート（総菜づくり等）、水商売などに限られる。そのなかで社会保険に加入できてフルタイムで働ける介護職は数少ない安定雇用の場なのである。また、とくに過疎地では三世代同居の場合も多く、それまでの結婚生活で家族介護を経験していた女性たちが介護職へ参入したという、結婚移民ならではの事情があったことも指摘したい。

Ⅳ　EPAの介護福祉士候補者

国境を越える出稼ぎ介護者

次に、EPA候補者についてみていこう。二〇〇六年、日比経済連携協定（EPA）が締結された。これは日本で初めて「人の移動」が含まれるEPAとなり話題を集めた[12]。各国に先駆けてこの年フィリピンが日本と協定を締結したものの、その後の実務的調整に手間どり、実際に候補者らが来日するのは二〇〇九年にずれ込んだ。それに先んじて、二〇〇八年にインドネシアからEPA候補者が来日し、彼（女）らが日本初の候補者受け入れとなった。その後、二〇一四年からはベトナム人の候補者が来日しており、二〇一七年一〇月現在、日本におけるEPA候補者（看護・介護）は上述の三か国で、受け入れ累計数は二七七七人である。EPAは二国間協定のため、送出と受け入れあっせんの窓口は各国で一本化され、フィリピンの場合は労働雇用省・海外雇用庁、日本は厚労省管轄の国際厚生事業団である。

　フィリピンの場合、介護枠でのEPA候補者の応募要件は四年制大学卒（専攻は問わず）およびフィリピン労働雇用省・技術教育技能教育庁の認定校で半年の介護研修を修了することである。候補者の受け入れを希望する法人は国際厚生事業団から指定された日にマニラへ行き、現地で合同説明会を行ったうえで応募者と採用者が相互に希望を出してマッチングを行う。候補者にとってのEPAの魅力は、渡航・学習費用の本人負担がないこと、政府間協定に基づく就労なので民間あっせん業者による騙《だま》し（あっせん料詐取）や搾取の心配がないことである。二〇〇九年入国者の場合、来日後は半年間の日本語研修[13]を経て施設で三年間の実務経験を積み、介護福祉士試験の受験資格を得る。この間、就労先の移動はできない。その後、介護福祉士試験に合格すれば滞在延長可能で、家族を呼び寄せることもできる。

EPA候補者一期生四九人の追跡調査

　二〇〇九年五月、フィリピン人介護福祉士候補者第一期生（一九〇人）が来日した。この年の日本語研修は、東日本の施設へ配属される人びとは東京、西日本の場合は広島で行われた。四九人が受講した広島の日本語研修会場は筆者の当時の勤務先に近かったため、日常的な訪問に加えて研修中のフィリピン人候補者四九人と学生との交流を企画するなど、筆者は候補者たちと頻繁に接触があった。そして半年間の研修修了後、彼（女）らが各地の施設に赴任した後も連絡を取り続けた。

　こうして二〇〇九年から二〇一三年、EPA候補者の一期生四九人の追跡調査を実施することができた［高畑、二〇一四］。日本語研修修了後、各地の施設へ赴任した彼（女）らを追って、二〇余の施設を訪ねた。精神的に落ち込んだ候補者と施設の担当者との間で通訳をしたこともある。そして彼（女）らにとって最初で最後の受験機会となる介護福祉士試験は二〇一三年一月に行われ、その合格発表は同年三月であった。試験の前後にも四九人と密に連絡をとり、二〇一三年九月時点で四九人の行方を取りまとめたところ、四九人中二一人が受験前に中途帰国していたことがわかった。そのうち九人がアメリカやカナダ、フランス等へ移住している。看護師や介護士としての就労のほか、結婚移民として各地へ渡った元・候補者もいた。そして受験した二八人のうち九人が介護福祉士試験に合格、五人が不合格で帰国（再受験を希望しない）、一四人が日本に残り再受験となった[14]。その後、二〇一七年七月にまた彼（女）らの消息を取りまとめたところ、さらに海外移住者が増加している。以下に、定着した事例と困難事例をみていこう。

EPAの定着事例

定着事例・九州地方のEさん（二〇代、女性[15]）

来日前、Eさんは看護大学を卒業したばかりであった。将来は看護師となり海外で働くことを考えていた。しかし、二〇〇八年当時は介護労働者としての海外就労がブームになっており、早く海外へ行ける仕事を選んで介護福祉士枠でEPA候補者となるべく応募した。看護師枠で応募するためには看護師として三年の職歴が必要だが、新卒のEさんにはそれがなかったからである[16]。九州の施設とマッチングが成立したEさんは二〇〇九年五月に来日した。大学のクラスメイトだった婚約者（フィリピン人男性）はサイパンへ二年間の出稼ぎに向かった。半年間の日本語研修を経て、Eさんは九州の地方都市にある施設に着任した。その施設はインドネシア人とフィリピン人の候補者を複数受け入れており、候補者の日本語および介護福祉士試験対策に力を入れる施設であった。すなわち、勤務時間のうち数時間を学習時間にあてることができ、指導者とともに勉強することができた[17]。その甲斐あって、二〇一三年三月、Eさんは介護福祉士試験に見事合格した。その後、彼女は婚約者とフィリピンで結婚し、同年一〇月に夫を九州へ呼び寄せて夫婦ふたりで暮らしながら、当初着任した施設で働き続けている。次に困難事例をみていこう。

EPAの困難事例

困難事例1・四国地方のFさん（二〇代、女性）

来日前、Fさんはマニラにある化学メーカーで事務職をしていた。まったく介護の経験はなかったが、当時、介護職ならば海外へ行きやすいといわれており、親の勧めもあって介護研修を受けた。その後、ＥＰＡの候補者に応募し、四国の施設とマッチングが成立して二〇〇九年五月に来日した。初めての海外生活で、日本語学習も介護の仕事も初めてである。同年一一月、過疎地の施設に着任するが、自分が育った大都会・マニラとはあまりにも違う環境で、さらには当時、日本ではまだ無線のインターネット（Wi-Fi）が普及していなかった。フィリピンでは日本よりも早くWi-Fiが普及していたのである。ネット生活に慣れていたFさんは自己負担で寮に有線のネット回線を引き、孤独感からインターネットの世界に引きこもるようになる。それが続き、翌二〇一〇年七月、ついに耐えられず中途帰国となった。帰国前のFさんに筆者が会って話を聞いたところ、「（日本語の習得が思うように進まず）自分の無力さが情けない。それから、予想していたよりも手取りの給料が安く、あまり家族に送金できない。同じ苦労をするならフィリピンで家族と一緒に暮らして苦労したい」と言っていた。その後、彼女はフィリピンに戻り、婚約者とともにカナダへ渡った。日本という「踏み石」を経て、カナダへ渡るという多段階移動［カルロス、二〇一二］[18]は、彼女だけではなく、複数の候補者がたどった道である。

困難事例2・関東地方のGさん（二〇代、女性）[19]

Gさんは二〇一〇年五月、ＥＰＡ候補者二期生として来日し、着任した施設（特別養護老人ホーム）を運営する社会福祉法人Hで嫌がらせを受けた。法人の幹部は、応募時にGさんが提出した卒業証書は偽造だとしてホームページにGさんが経歴詐称をした等と非難する内容を掲載したのである。その後、彼女は二〇一三年三月に退職した。すると社会福祉法人Hは、経歴詐称により得た給与を不当利得だとして簡易裁判所でGさんを提訴した（不当利得返還等請求）。Gさんは弁護士を雇い、反訴して損害賠償請求を申し立てた（二〇一三年一一月）。その後、地裁判決を経て高裁へ控訴し、二〇一七年三月六日、東京高裁は社会福祉法人Hの違法行為を一部認定し、法人に対して二〇万円の賠償命令を下した。Gさんは勝訴した。この間、ＥＰＡ候補者の支援団体がGさんの他施設への転職と裁判を支援していた。

小括

ＥＰＡ候補者が来日後に直面する問題の背景にあるのは、第一に、制度上の制約の多さである。原則として、いちどマッチングが成立すると来日後に就労先の変更ができない。Gさんが働いていた社会福祉法人Hのように問題が多い法人であっても、現在まで候補者を受け入れ続けているのが現状だ。EPAの日本側のあっせん団体は国際厚生事業団で、そこには英語、インドネシア語、ベトナム語による電話相談窓口がある。Gさんもおそらく当初はここへ相談したのだろうが、受け入れ施設に対して強制力を持って改善命令を出す権限が国際厚生事業団にはない。結果的に、ごく小規模な支援団体（二〇一三年設立）が介入して彼女の転職が可能となった。前述のように、EPA候補者の場合は介護福祉士資格の取得を条件に来日から四年目以降の在留期間延長が可能となる。つまり、国家資格取得と在留資格が紐づけされているのである。たまたまGさんはよい支援者を得て他の施設へ移ることができたが、むしろ例外的なことである。施設での労働条件の悪さや意思疎通の不足、極度のホームシック等で国家試験を受ける前に中途帰国した人は多い。筆者が相談を受けて帰国前に面談しただけでも四人はいた。

　第二に、候補者となる人びとの人的資本と施設で求める人材のミスマッチである。中途帰国や多段階移動の事例でみたように、EPA候補者は大卒で英語の運用能力が十分にある人がほとんどである。したがって、彼（女）らは日本よりも英語圏で働くほうが言葉の壁がないぶん負担が少ない。筆者が追跡調査をしていた四九人のなかには、来日前に複数国（たとえば、日本、イタリア、カナダ、アメリカ）の仲介業者に就労あっせんを依頼していた人がいた。そのなかで最初にビザが出たのは日本だったため来日したという。とくに二〇〇九年入国の一期生は、応募時に日本のEPAに関する情報が少なく、募集から選抜までの時間も短かった。日本語で国家試験を受けるためのプログラムだと理解していない人もいただろう。そのため、実際に来日するまで日本語という言葉の壁を甘く見ており、国家試験受験前に中途帰国をした人が多発したと筆者は考えている。なかには、日本で就労中にカナダのビザが出たので中途帰国した後にカナダへ旅立つという人が複数いた。かたや、日本の受け入れ施設で働く介護職員の多くは海外で暮らした経験がない。フィリピン人の多段階移動など想像がつかないだろう。「郷に入っては郷に従え」と日本語習得を急かす施設の研修担当者と、英語圏の先進国への移住をねらう候補者とは、まさに同床異夢である。

　第三に、過疎地での外国人支援団体や個人の少なさである。筆者が追跡調査をしていた四九人のほとんどが、過疎地の施設に赴任した。そこに人材の需要があったのだろう。職場で出会う研修担当者や同僚のほとんどは地元で育った人である。英語を話せる人材は極めて少ない。筆者が訪ねたある施設では、研修担当者の日本人女性は日本語（方言）しか話さず、EPA候補者たちはその理解が追い付かない。すると研修担当者は、私たちの目前で候補者たちに対して日本語でどなり続けるのである。まるで、どなれば通じるかとでもいうように。互いにストレスがたまるばかりである。大都市ならば外国語を話したり在住外国人の支援活動に参加したりする日本人も多いが、過疎地ではそもそも若い日本人が少ないうえ、外国語を話す人がきわめて少ない。言葉の壁は思いのほか高く、彼（女）らの孤独に共感できる支援者はごく少なく、孤独は深まり、その先に中途帰国がある。

V　まとめと今後の課題

以上にみてきたように、同じフィリピン人でも結婚移民とEPA候補者は来日前の学歴、日本での職歴や日本語学習状況（日常生活の言語として、くだけた会話中心の日本語を使うか、語学として日本語の読み書きや丁寧な表現方法を身に着けているか）等、かなりの相違点がある。そして、彼（女）らがいかに介護職へ「縛られる」かも違ってくる。

結婚移民は属性要因で在留資格（日本人の配偶者等、永住者など）を取得しており、就労する業種に制限がない。したがって、何らかの経緯で介護職に就いたとしても、つねにその労働条件を他業種と比較しながら働いている。関東地方においては、二〇一一年の東日本大震災以降、首都圏で働いていたネイティブの英会話講師が放射能を恐れて大量に帰国した。その穴を埋めるため、一時的に在日フィリピン人が英会話講師や小中学校のALT（英語指導助手）として大量に雇われたことがあった。ホームヘルパー二級資格を取るための日本語能力を身に着けた人びとは、少し訓練をすれば初級の英会話教師にもなれる。そこで、介護職を離れて英会話講師へと転身した人も多かった。また、二〇一三年のアベノミクス以降は製造業の工場労働の賃金が上がっている。たとえば、静岡県内では自動車部品工場で派遣労働をすると時給一二〇〇円である。介護職は財源が介護保険であるため賃金に市場原理が働きにくく労働者の時給には上限がある。現状では、工場労働のほうが介護よりも低い日本語能力で働けるうえに時給も高い。この状況では、とくに工業都市で介護職に人が集まらない。かたや、過疎地や農村では大規模工場がないので相対的に介護職が安定的に働ける場として魅力をもつ。

　ＥＰＡには上記に挙げたような問題があるものの、二〇〇八年のインドネシア人候補者の来日から九年を経た現在、制度としては安定してきた感がある。国際厚生事業団が新規に候補者を受け入れる施設に対して行う説明会で配布される資料は年々充実している。来日前の事前研修も改善され、受け入れ施設も候補者の対応に慣れてきた。逆に、一期生や二期生を受け入れた結果、対応に苦慮したり中途帰国者が出たりした施設の多くはそれ以降の受け入れをしていない。

　結婚移民とＥＰＡ候補者のなかには介護福祉士資格を取得し、介護職として定着した人びとも多くいる。能力と技術があり、安定した収入を得られる移民の定住は促進すべきである。今後は資格取得者向けのインセンティブ付与が望ましいだろう。職場での資格手当のみならず、ＥＰＡ候補者からの資格取得者には短期間での永住権付与をするとともに、結婚移民・ＥＰＡ候補者ともに

上級資格へのスキルアップ研修があるとよい。彼（女）らが地道に学び続けた結果が介護福祉士資格取得である。このような優良人材を逃す手はない。

　今後にも目を向けよう。ＥＰＡは来日前後の研修および就労中の学習支援に多額の税金を必要とするため、毎年の受け入れには人数制限がある。それに代わって、二〇一七年一一月からは技能実習生として介護職員が来日する。いわば、これまで「官」がやっていた介護労働者の受け入れと就労あっせんを「民」に開放した形である。ＥＰＡでは比較的大規模な施設のみが候補者を受け入れることが可能だったが、技能実習になるとさらに小さな事業所でも受け入れられる。また、ＥＰＡでは受け入れ施設名および受け入れ人数が公開されていたが、「民」が扱う技能実習となれば、そのようなデータは非公開となり、さまざまな労働問題が不可視化されるのではないかと危惧される。今後の研究課題としたい。

［注］

（1）彼（女）らを「候補者」と呼ぶのは、制度上、来日時は無資格で、日本で三年間の実務経験を経て介護福祉士の国家試験を受け介護福祉士となることをめざす人びとだからである。

(2) カナダ政府ウェブサイト（二〇一七年九月一七日アクセス） http://www.cic.gc.ca/english/work/caregiver/index.asp

(3) フィリピン外務省・在外フィリピン人委員会ウェブサイト（二〇一七年九月一七日アクセス） http://www.cfo.gov.ph/program-and-services/pdos/filipinos-leaving-the-country-with-au-pair-visa.html

(4) 二〇一七年九月の改正入管法施行により在留資格「介護」が新設された。

(5) 『朝日新聞』二〇一七年九月三〇日。二〇一七年九月二九日、厚生労働省が正式に日本語能力基準を定めた。ただし、来日後の日本語学習支援体制は受け入れ施設によりばらつきがあるため、今後「来日一年後にN四」は弾力的に運用される可能性もある。

(6) 二〇〇五年、米国務省の人身取引報告書で日本の興行ビザが人身取引の温床と指摘され、日本の法務省令が変更されたのに伴い興行ビザの発給要件が厳格化された。そのため、翌二〇〇六年から興行ビザによる入国者は激減する。

(7) データの詳細は高畑ほか［二〇一〇］、高畑［二〇一〇］も参照。

(8) 二〇〇八年八月、二〇一〇月六月、訪問・インタビュー。

(9) 二〇一六年八月、訪問・インタビュー。

(10) 二〇〇八年七月、訪問・インタビュー。

(11) 二〇〇八年九月、訪問・インタビュー。

(12) 経済連携協定による介護福祉士は、二〇〇八年にインドネシア、二〇〇九年にフィリピン、二〇一四年にベトナムからの受け入れが始まった。二〇一六年までの合計受け入れ数は、インドネシア一一九九人、フィリピン一一六一人、ベトナム四一七人で、介護福祉士試験の平均合格率は五三・四％である。ただし外国人向けには試験時間延長（一・五倍）、漢字のルビふり、病名の英語併記といった配慮がある（厚生労働省ウェブサイト、二〇一七年九月一八日アクセス） http://www.mhlw.go.jp/stf/seisakunitsuite/bunya/koyou_roudou/koyou/gaikokujin/other22/index.html

(13) 二〇一一年以降の入国者には、日本語研修が来日前に半年、来日後に半年の合計一年間に変更された。

(14) 当初、受験機会は一度だけといわれていたが、二〇〇九年と二〇一〇年の入国者は来日後の日本語学習支援体制が乏しかったため特例で二回の受験が可能となった。

(15) 二〇〇九年五月〜二〇一五年三月に合計三回、訪問・インタビュー。

(16) EPAの看護師枠での応募要件は看護師の職歴三年以上である。そのため、看護学部新卒者や経験の浅い看護師が介護福祉士候補者となった事例も多い。高畑［二〇一四］も参照。

(17) ＥＰＡ候補者は基本的に労働者であり、勤務時間内（たとえば午後一時から三時）を学習時間に充てさせるのは、あくまでも施設側の厚意となっている。施設によっては勤務時間内に学習をさせず、帰宅後に自習を求めるところもある。後者の施設では、試験合格と滞在延長の見込みなしと判断して中途帰国する候補者もいた。

(18)「多段階移動」とは、フィリピン人のケア労働者（とくに看護師）が、フィリピンを出発して中東で働き、その後、英国や米国で働くといった複数国での就労を連鎖的に行う働き方である。詳細は、カルロス［二〇一二］を参照。

(19)『神奈川新聞』二〇一七年三月七日。本件は、ＥＰＡ看護師介護福祉士ネットワーク代表・平井辰也さんから情報提供を受けた。

［引用文献］

伊藤るり、小ヶ谷千穂、ブレンダ・テネグラ、稲葉奈々子　二〇〇五年「いかにして『ケア上手なフィリピン人』は作られるか?—ケアギバーと再生産労働の『国際商品』化—」『F-Gens Journal』三号　二六九—二七八頁

カルロス、マリア・レイナルース・Ｄ　二〇一二年「フィリピン人労働者の多段階的移動の文化から見た介護士の日本への定着の課題」『日本国際文化学会年報』一〇号　一二七—一三五頁

高畑幸　二〇〇九年「在日フィリピン人の介護人材育成—教育を担う人材派遣会社—」『現代社会学』一〇号　八五—一〇〇頁

高畑幸　二〇一〇年「在日フィリピン人の介護労働参入—資格取得の動機と職場での人間関係を中心に」『フォーラム現代社会学』九号　二〇—三〇頁

高畑幸　二〇一四年「過疎地・地方都市で働く外国人介護者—経済連携協定によるフィリピン人介護福祉士候補者四九人の追跡調査から—」『日本都市社会学会年報』三二号　一三三—一四八頁

高畑幸、中井久子、マリアルース・Ｄ・カルロス、後藤由美子、鈴木伸枝　二〇一〇年『二〇〇八在日フィリピン人介護者調査報告書』在日フィリピン人介護者研究会（ＰＤＦ版は https://goo.gl/27CqW2）

（付記）本稿は、以下の研究助成による成果の一部である。①科研費（基盤Ｃ）二〇一一—二〇一四年度「地方都市・過疎地域における外国人介護者定着促進のための学際的研究」、②科研費（挑戦的萌芽）二〇〇七—二〇〇九年度「在日フィリピン人の介護人材育成」。いずれも代表者は筆者。

（たかはた　さち）

特集1

介護における女性労働の行方—グローバル化と揺らぐ準市場

介護労働の実態
—人間らしい働き方の実現に向けて—

米沢 哲（日本医療労働組合連合会）

はじめに

介護保険制度がスタートして一七年が経過した。介護保険制度は、それまで行政による措置として実施されていた介護を契約に転換する制度で、これにより利用者が自由にサービス事業所と契約してサービスを利用できるようになった。同時に、株式会社などの民間企業が介護事業所としてサービスを提供できるようになり、高齢化と相まって、サービスの利用者は爆発的に増加した。

利用者・サービス事業所の増加に伴って、介護労働者も大幅に増加した。当初、約五五万人だった介護労働者は二〇一五年時点で一七〇万人を超えているが、サービスの需要に人材確保が追いつかず、介護現場では深刻な人材不足となっている。人が集まらない原因の一つは、介護労働者の労働環境にある。介護労働者の低賃金・過重労働の実態は介護保険制度が始まった当初からの問題であるが、依然として改善されていない。厚生労働省は、二〇二五年までに介護労働者が約三八万人不足するとの推計を立てており、介護労働者の労働環境の改善は重要な課題となっている。

本稿では、国や労働組合が実施した調査結果等を通して介護労働者の労働実態を明らかにするとともに、そうした実態がなぜ生じるのか、改善のためにどのような施策が必要かについて、介護保険制度上の問題にもふれながら検証する。

Ⅰ　介護労働者の賃金実態

1　処遇の状況と改善策の経過

介護労働者の低賃金は、介護保険制度がスタートした当初から問題視されており、労働組合の主要な要求課題にもなっていた。介護現場では、男性職員が結婚と同時に転職する「寿退社」という現象が起きるほどで、二〇〇七年に介護労働安定センターが実施した介護労働実態調査では、介護労働者の離職率は二一・六％に達している。介護労働者の人材不足は政府も看過できない事態に発展し、二〇〇八年の通常国会で「介護従事者等の人材確保のための介護従事者等の処遇改善に関する法律」が成立し、翌年四月の介護報酬の改定では、「介護従事者の処遇改善のための緊急特別対策」としてプラス三％の改定率となった。さらに、同じ年の一〇月には介護職員処遇改善交付金制度が施行され、「介護職員一人当たり月額平均一・五万円」の処遇改善策が国庫負担で実施された。同交付金制度は、次期介護報酬改定までの二・五年の時限措置として実施されたが、二〇一二年四月に実施された介護報酬の改定では、新たに介護職員処遇改善加算が創設された。財源は、国庫負担から介護保険財政による負担に変わったものの、交付金制度と同規模の処遇改善策として引き継いだ。

それ以降も、二〇一五年度には「月額平均一・二万円」、二〇一七年度には「月額平均一万円」相当の改善をはかるとして、介護職員処遇改善加算の拡充が実施された。こうした改善策により、政府は「月額四万円以上の賃金の引き上げを行ってきた」と述べている。

2　正規職員でも低賃金の実態

介護労働者の低賃金は、介護保険制度がスタートした当初から指摘されていた問題だが、依然として解決をみていない。処遇改善＝総費用の増大という介護保険制度の根本問題が、抜本的な処遇改善の実現を妨げている。その陰で、多くの介護労働者が低賃金のもとで自分の生活を犠牲にして働いている。正規職員でも、定期昇給制度がない事業所は四割近くあり、ケアマネジャーの基本給が一律二〇万円という事業所もある。定期昇給があったとしても、賃金は「二〇年以上働いていながら手取りが二〇万円を超えない」、「初任給が一三万円台」といった現状を生み出している。夜勤を行って低い基本給を何とか補っているのが実情だが、その夜勤手当も二交替夜勤（平均一六時間前後の夜間勤務）で一回当たり平均五〇〇〇～六〇〇〇円くらいが相場となっており、月六、七回と回数をこなさなければならない。

表1、**2**は、厚生労働省が実施している「賃金構造基本統計調査」をもとにした介護事業所の介護労働者の賃金である。ホームヘルパーは訪問介護事業所の介護員、福祉施設介護員とは施設の介護員を示す。これをみると、全産業労働者と介護労働者の「きまって支給する現金給与額（③）」で約六万円～約九万円、「所定内給与額（④）」で約四万

表1　2016年の介護労働者の賃金（一般労働者）

区分	① 年齢（歳）	② 勤続年数（年）	③ きまって支給する現金給与額（千円）	④ 所定内給与額（千円）
全産業	42.2	11.9	333.7	304.0
介護支援専門員（ケアマネジャー）	47.7	8.6	266.0	255.8
ホームヘルパー	46.6	6.3	228.5	213.0
福祉施設介護員	40.5	6.3	228.3	215.2
介護職員（ケアマネ含む）	41.7	6.5	231.5	218.4
介護職員（ケアマネ除く）	41.1	6.3	228.3	215.0

出典　2016年「賃金構造基本統計調査」より筆者加工。

表2　2007年の介護労働者の賃金（一般労働者）

区分	⑤ 年齢（歳）	⑥ 勤続年数（年）	⑦ きまって支給する現金給与額（千円）	⑧ 所定内給与額（千円）
全産業	41.0	11.8	330.6	301.1
介護支援専門員（ケアマネジャー）	43.5	7.0	267.1	257.9
ホームヘルパー	43.8	4.8	213.1	197.7
福祉施設介護員	36.0	5.1	210.7	199.5
介護職員（ケアマネ含む）	37.6	5.2	216.2	204.7
介護職員（ケアマネ除く）	37.0	5.1	211.0	199.3

出典　2007年「賃金構造基本統計調査」より筆者加工。

円~約八万円の格差（ともに月当たりに換算）となっている。その格差は、年間で最大一〇〇万円以上になる。二〇〇九年から、処遇改善策が実施されているが、実態は政府がいうほど改善していない。

表2は、処遇改善策が実施される直前の二〇〇七年の調査結果であるが、二〇一六年の調査結果と比較すると、「決まって支給する現金給与額（⑦、③）」、「所定内給与額（⑧、④）」ともにその差は約一・五万円程度のプラスにとどまっている。さらに、年齢（①、⑤）や勤続年数（②、⑥）などを考慮すると、政府がいうほどの効果が上がっているとはいいがたい。また、介護職員処遇改善加算の対象となっていないケアマネジャーにいたっては、年齢、勤続年数が上がっているにもかかわらず、賃金は下がるという状況になっている（**表3**）。何ゆえ、処遇改善策の効果が上がっていないかということについては後述する。

3　正規労働者との格差が顕著な非正規労働者の賃金

介護労働安定センターが実施している「介護労働実態調査」によれば、介護労働者の四五％が非正規職員となっている。その賃金は、産業間の格差だけでなく、正規職員との格差も顕著になっている。賃金構造基本統計調査をみると、福祉施設介護員の時間給額は一一一〇円となっている。単純に、一般労働者（正規職員など）のひと月の平均労働時間をかけると一八万円強となり、正規職員の「所定内給与額」との差は三万円超となる。基本給の格差だけでなく、正規職員に支給される手当が非正規職員に支給されないことも珍しくない。一時金は、あっても低率・低額と、産業間格差に加え、就業形態間の

表3　2016年の介護労働者の賃金（短時間労働者）

	①	②	③
区　分	年　齢（歳）	勤続年数（年）	1時間当たり所定内給与額（千円）
介護支援専門員（ケアマネジャー）	54.0	6.9	1358
ホームヘルパー	56.5	7.4	1394
福祉施設介護員	51.0	4.8	1110

出典　2016年「賃金構造基本統計調査」より筆者加工。

表4　男女別介護労働者の賃金

男性

	年齢（歳）	勤続年数（年）	所定内実労働時間数（時間）	超過実務労働時間数（時間）	きまって支給する現金給与額（千円）	所定内給与額（千円）
介護支援専門員（ケアマネジャー）	42.3	7.8	165	4	285.3	274.6
ホームヘルパー	40.1	4.6	169	10	242.0	222.8
福祉施設介護員	37.8	6.1	167	5	240.7	226.0

女性

	年齢（歳）	勤続年数（年）	所定内実労働時間数（時間）	超過実務労働時間数（時間）	きまって支給する現金給与額（千円）	所定内給与額（千円）
介護支援専門員（ケアマネジャー）	49.8	8.9	165	5	258.6	248.6
ホームヘルパー	48.3	6.8	166	8	225.0	210.4
福祉施設介護員	42.0	6.4	165	4	221.3	209.0

出典　2016年「賃金構造基本統計調査」。

格差が著しいのも特徴だ。ホームヘルパーの時間給額が高くなっているのは、非正規のホームヘルパーのほとんどが利用者宅への直行直帰型の登録型ヘルパーとなっているためである。登録型ヘルパーは、原則として直行直帰の移動時間は労働時間とみなされないため、拘束時間に対する労働時間が六〜七割程度となっており、時間給額が高めに設定されている。

4　男女格差の賃金の実態

介護現場は圧倒的に女性が多い職場である。「介護労働実態調査」（二〇一五年度）によると、介護労働者の八割弱が女性である。男女別に賃金をみてみると（表4）、女性のほうが「年齢」、「勤続年数」は長いにもかかわらず、賃金は月当たり一万円から二万円程度、男性のほうが高くなっている。この傾向は、短時間労働者にもみられる。

こうした傾向は、医療系の看護師などにもみられるが、その理由としては「男性のほうに役職を担っている人が多い」、「夜勤回数が男性のほうが多い」といったことが考えられる。

５　地域間格差も大きい賃金

全国労働組合総連合（以下、全労連）が実施した「介護施設に働く労働者のアンケート」[1]（以下、実態調査）調査では、厚生労働省の調査よりも若干低めに出ているが、「介護職」の正規職員と非正規職員との格差はほぼ同程度（約三万円）となっている（表５）。また、集計した全職種の賃金を都市部と地方とでクロス集計したところ、正規職員で約三・五万円（月額）、非正規職員で約八〇円（時間額）の格差があることが明らかになっている。実際に、地方部では「一〇年以上勤めているが、手取りは二〇万円に届かない」という声がよく聞かれる。このように、介護労働者の賃金は、「産業間格差」、「雇用形態間格差」だけでなく、同じライセンスで働きながら「地域間格差」もあるのが実態である。

表５　雇用形態別介護労働者の賃金（円）

雇用形態	介護職	ケアマネ	生活相談員
正規職員（月収）	198,527	244,573	223,856
非正規職員（時間給）	1,018	1,179	1,110

出典　全国労働組合総連合「介護施設に働く労働者のアンケート」（報告集）2014年。

Ⅱ　休みが取れない介護労働者の労働実態

介護現場の労働実態は、休日・休憩・休暇が取れない「年中無休」状態である。病気になっても、風邪程度であれば休むことができないのは日常茶飯事だ。職員の具合が悪くなって欠員になったとしても補充されず、他の職員たちがさらに過酷な労働環境のなかで働かされる。結果、欠員が補充される頃には別の職員が具合を悪くするといった負の連鎖も起きる。人的余裕のない夜勤では、病欠が出ると休日の者が呼び出されるが、代休が取れるかどうかは状況次第になってしまう。休日の者に代わりがみつからない場合は、日勤者がそのまま夜勤に入ることもある。このような働き方が日本のあらゆる介護職場で行われ、なおかつ賃金も低いのであれば働き手がいなくなるのは当然のことである。介護そのものは魅力のある仕事であるが、その魅力さえも人の不足によって打ち消されてしまうほどの労働実態になっている。

1　介護事業所の六割が人材不足

介護の問題で一般的にいわれている「人材不足」とは、介護労働者の供給量の不足を指している。「介護労働実態調査」(二〇一五年度)では、六割の事業所が「従業員が不足している」と回答している。

一方これとは別に現場の職員体制の基準では人が少ないことを意味する「体制不足」がある。介護保険制度では、介護施設等の運営基準・人員基準として利用者の人数に対する介護労働者の配置割合を「三：一」(＝配置基準、利用者三人に対して介護労働者一人)と定めており、この基準を満たさなければ介護事業所を開設することはできない。「体制不足」とは、この配置基準そのものが低いために、十分な体制をとれる職員数になっていないということを指している。「人材不足」を解消しなければ、「体制不足」を解消することは困難だが、仮に「人材不足」が解消されたとしても、「体制不足」を解消しない限り、つまり、配置基準そのものを見直さない限り、利用者の安全や労働者の労働基準を確保することはできない。

全労連が実施した「実態調査」から、介護労働者の過酷な労働実態をみていきたい。

2　公休・年休の取得

全労連の実態調査によると介護現場の「体制不足」は、介護労働者の「休日・休暇の取得」に大きな影響を及ぼしている(図1)。

本来、月の公休は前月に勤務表で割り当てられ、予定通りに取得できるものである。しかし、介護現場では、「予定通りに取れない」との回答が四人に一人の割合となっている(図2)。予定通りとはいかないまでも、月内に消化できていると回答した人は九割となっており、一割の人が月内に取得できていない状況も明らかになっている。実際に、公休が消費できずに買い取りになっている実態や、人員不足が深刻な施設ではまる一カ月、休日を取れなかったという例もある。

原則的に年次有給休暇(以下、有休)の申請があれば、使用者はこれを取得させなければならないが、介護現場では「取得していない(〇日)」が二割にも及び、取得日数が「五日以内」との回答は六割近くにのぼっている。また、有休の平均取得日数は五・九二日で、単純な比較はできないとはいえ、全産業労働者の八・八日(厚労省「平成二六年就労条件総合調査」)よりも少なくなっている。

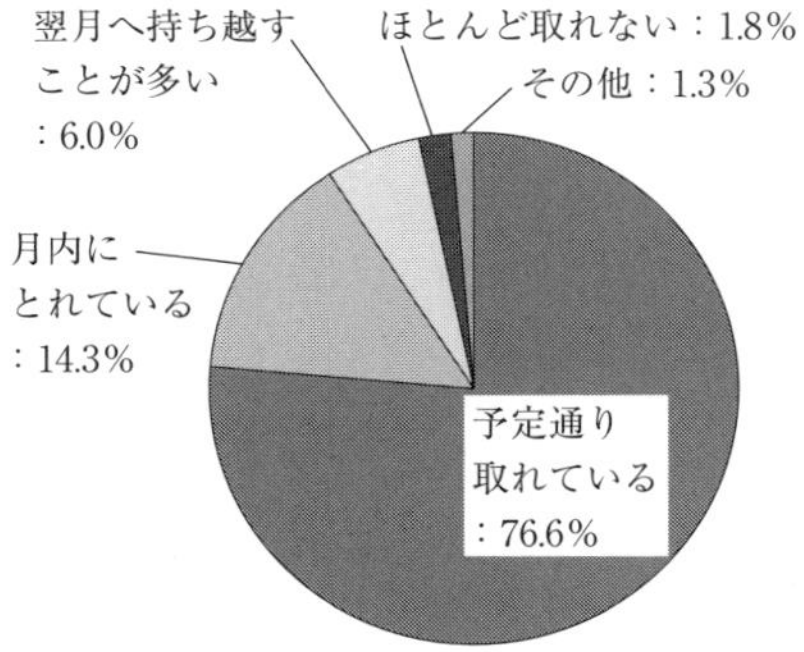

図１　公休の取得状況

出典　全国労働組合総連合「介護施設に働く労働者のアンケート」（報告集）2014年。

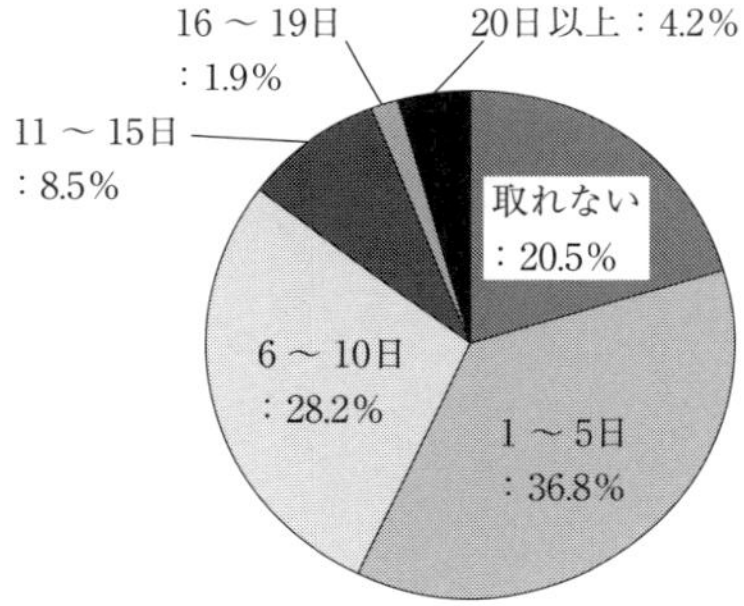

図２　年休の取得状況

出典　図１に同じ。

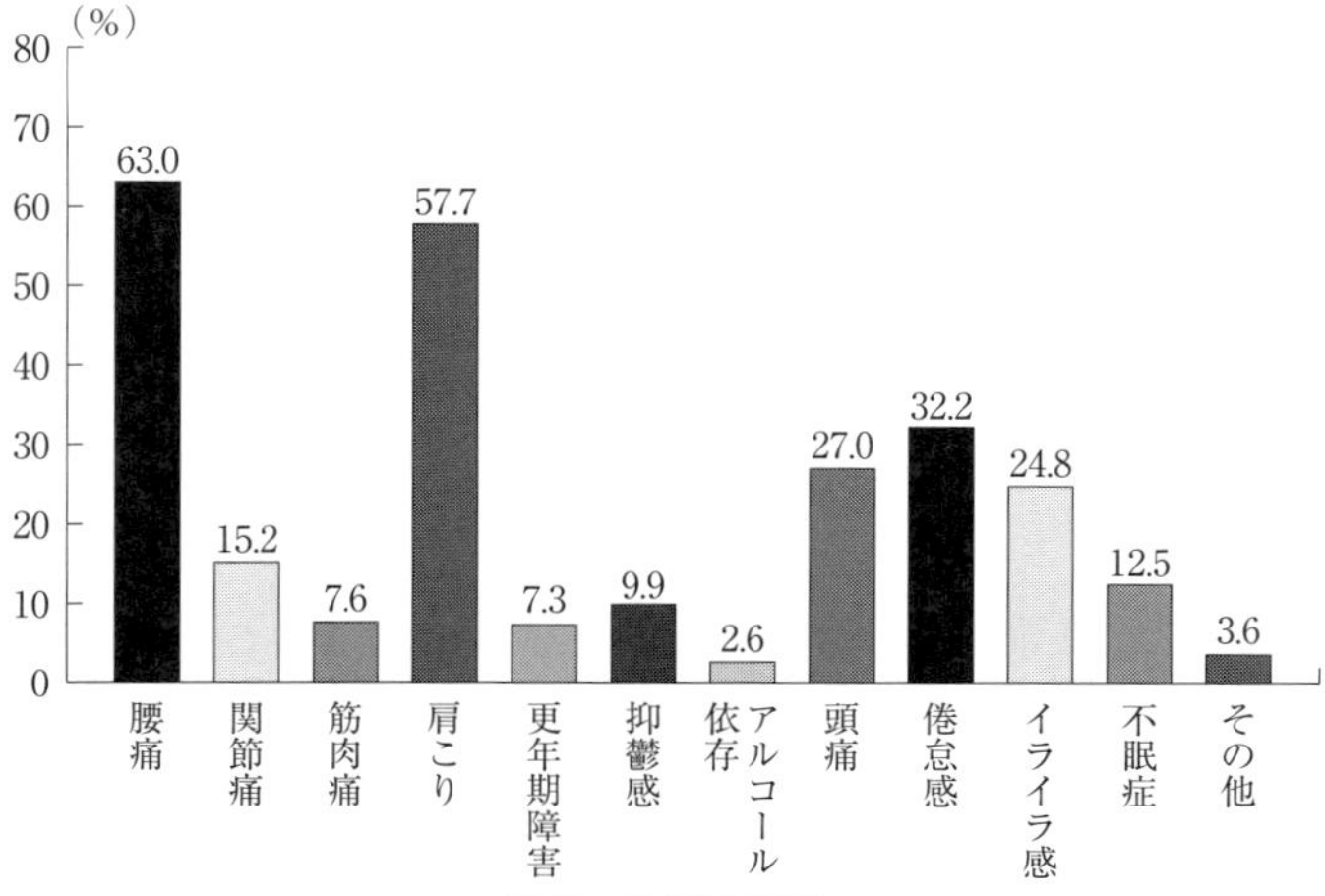

図３　体調の不良

出典　図１に同じ。

3　休憩が取れない―労働基準法違反

労働基準法では、「労働時間が六時間を超える場合には少なくとも四五分、八時間を超える場合には少なくとも一時間の休憩時間を与えなければならない」と定められている。しかし、「体制不足」の介護現場では、労働基準法違反がまん延している。実態調査では、日勤帯で一八・二％、準夜勤帯で四〇・一％、深夜勤帯で四〇・九％が「休憩時間が四五分未満」と回答している。とりわけ、夜勤帯（準夜勤帯＋深夜勤帯）は日勤帯以上に職員体制が少ないため、二割前後の人が「まったく休憩が取れない」と回答している。グループホームなど一人夜勤が行われている職場では、休憩時間は手待ち時間にすぎず、体を休めることなど到底できない。また、グループホームや訪問介護の外出介助などでは、利用者と昼食を共にすることがあるが、これが休憩扱いされることさえもあるのが実態だ。

4　六割以上が「疲れが残る」と回答

このような働き方のなかで、四二・七％の人が「疲れが翌日に残る」と回答し、一八・六％の人が「休日でも疲れが回復しない」と回答している。また、腰痛や肩こりなど、「筋骨格系の不調」を訴える人も約六割となっているほか、「頭痛」、「倦怠感」、「イライラ感」など、メンタル不全の兆しがある人も二〜三割程度となっている（図3）。

5　仕事のやりがいと労働条件

過酷な労働環境にありながら、「仕事のやりがい」については、全体合計に対し六七・八％の人が「やりがいがある」と回答している。しかしながら、雇用形態別にクロス集計すると（表6）、労働時間の長さ（正職員＞フルタイム＞短時間＞嘱託・雇用継続）と「やりがいがある」が反比例していることがわかる。現場では体制が不十分で、必要な介護だとわかっていながら実践できない、利用者が求めていてもそれに応えられないといった場面が頻繁にある。過酷な条件のもと、自分の専門性も発揮できないといった現場では、「やりがい」すらも見失っているのが実態だ。

6　「仕事を辞めたい」は過半数以上

介護現場では、「退職の順番待ち」ということも珍しくない。燃え尽きて退職したいが、そうした希望すら

表6　仕事のやりがい

	あると思う	そうは思わない	わからない	総数
正職員	1853	321	701	2875
	64.5%	11.2%	24.4%	100.0%
フルタイム	609	65	168	842
	72.3%	7.7%	20.0%	100.0%
短時間	401	35	82	518
	77.4%	6.8%	15.8%	100.0%
嘱託・雇用継続	168	15	56	239
	70.3%	6.3%	23.4%	100.0%

出典　表5に同じ。

表7　仕事を辞めたいと思うか

	いつも思う	ときどき思う	思わない	わからない	総数
正職員	306	1528	780	277	2891
	10.6%	52.9%	27.0%	9.6%	100.0%
フルタイム	53	389	327	88	857
	6.2%	45.4%	38.2%	10.3%	100.0%
短時間	16	168	261	68	513
	3.1%	32.7%	50.9%	13.3%	100.0%
嘱託・雇用継続	19	107	83	30	239
	7.9%	44.8%	34.7%	12.6%	100.0%

出典　表5に同じ。

表8　介護労働者のやりがいと離職希望

		辞めたいと思うか				
		いつも思う	ときどき思う	思わない	わからない	総数
やりがい	あると思う	104	1292	1334	275	3005
		3.5%	43.0%	44.4%	9.2%	100.0%
	思わない	169	229	25	12	435
		38.9%	52.6%	5.7%	2.8%	100.0%
	わからない	112	631	94	170	1007
		11.1%	62.7%	9.3%	16.9%	100.0%

出典　表5に同じ。

も、人員が不足しているためにかなわないという悲惨な実態である。「仕事を辞めたい」と思っている人が五七・三％と半数以上にのぼり、「やりがい」と同様に、労働時間が長い人ほど「辞めたい」と思う傾向が強く表れている（表7）。労働環境が厳しく、そのうえ、やりがいさえ見失ってしまうような立場にあれば、このような傾向になるのも当然といえるだろう。介護現場では、「やりがいがある」と思っていながら、一方で「辞めたい」と思っている人が四六・五％と半数近くにのぼっており、介護職の離職率の高さを裏付けている（表8）。

７　日勤・夜勤と切れ目のない勤務

医療や介護の現場は二四時間三六五日の対応が求められる職場である。そのためシフト制（交替制）が敷かれ、日勤・夜勤など切れ目のない勤務体制となっている。夜勤を含めたシフト勤務は生活リズムを崩しやすく、介護労働者自身の疲労に拍車をかける。のみならず、女性の勤続にも影響をあたえ、妊娠・出産をきっかけに退職する職員も少なくない。また、出勤時間がバラバラなシフト制勤務は、家族の生活とのすれ違いがおきるため、家族にも大きな負担をかけることになる。夜勤免除や早・遅番免除という措置が取られたとしても、その負担は別の職員が負うことになり、呵責にさいなまれることになる。

そうでなくても、介護現場の夜勤は過酷な実態がある。日本医療労働組合連合会（以下、日本医労連）が実施している「介護施設夜勤実態調査[2]」で明らかになった夜勤実態の一部を紹介する（表9）。

①　勤務シフトは六通り以上が五割

介護施設では、利用者の生活リズムに合わせて介護が提供されるが、人員配置を効率化させるために、食事や起床の時間帯など特に人員が必要な時間帯に勤務者数を多く配置している。そのため、一日のシフト（就業のパターン）の数が複雑に分かれている。勤務シフトが多ければ多いほど、介護労働者への負担が大きくなる。調査結果では、全体でシフトは平均五・二通りとなっている。特別養護老人ホーム（以下、特養）や小規模多機能型居宅介護施設（以下、小規模多機能）などでは、「六通り以上」と回答した職場が五割以上となり、特養では「一〇通り以上」と回答した職場が二つあった（表10）。

②　九割が二交替の長時間夜勤

利用者が入所している介護施設では、二四時間の対応

表9　夜勤の実態

1日	2日	3日	4日	5日	6日	7日
夜勤 16:30～	夜勤 ～9:30	休み	日勤 8:30～17:00	早番 7:00～15:30	早番 7:00～15:30	休み
8日	9日	10日	11日	12日	13日	14日
夜勤 16:30～	夜勤 ～9:30	休み	休み	日勤 8:30～17:00	日勤 8:30～17:00	早番 7:00～15:30
15日	16日	17日	18日	19日	20日	21日
夜勤 16:30～	夜勤 ～9:30	休み	休み	遅出 12:30～21:00	遅出 12:30～21:00	夜勤 16:30～
22日	23日	24日	25日	26日	27日	28日
夜勤 ～9:30	休み	遅出 12:30～21:00	日勤 8:30～17:00	休み	日勤 8:30～17:00	夜勤 16:30～
29日	30日	31日				
夜勤 ～9:30	休み	早番 7:00～15:30				

出典　グループホーム勤務表から筆者が作成。

表10　勤務シフトの数

	職場数	3通り以下	4通り	5通り	6通り以上	最大	平均
特養	29	2	1	11	15	10通り以上	6.4通り
老健	73	5	25	23	20	9通り	5.0通り
グループホーム	38	1	24	10	3	7通り	4.4通り
小規模多機能	16	1	6	1	8	9通り	5.6通り
看護小規模多機能	3	1	1		1	10通り以上	5.7通り
短期入所	12	2	2	3	4	8通り	5.3通り
全体	171	12	59	48	52	10通り以上	5.2通り

出典　日本医療労働組合連合会「介護施設夜勤実態調査」(2016年度)。

が必要となる。そのため、夜間にも職員が配置される。夜間の勤務は大きく分けて、夜間帯に勤務交替のある三交替制と、勤務交替のない二交替制がある。二交替制は勤務交替がないため、二日分の勤務を連続で行う長時間勤務になっているのが一般的である。調査では、約九割の施設が二交替制を採用し、そのうちの七割近くが一六時間以上の長時間勤務である。長時間勤務によって、医療事故などの安全リスクが高まることが証明されている。また、勤務者の健康リスクも高め、長期的には発がんリスクがあるといわれている。そのため、職員一人当たりの夜勤回数を制限する必要があるが、残念ながら上限規制を定めた法律は存在しない。かつて、日本医労連が夜勤制限を求めた運動でつくらせた看護師確保指針では、「月八日以内」という基準が示されている（三交替制のもとで八日以内という意味合いのため、二交替制の下では四回以内に相当する）。しかし、現実にはこの基準さえも守られていない。調査では、二交替制の職場で働く介護労働者の四割が基準を超え、人手不足の施設の正規職員は、勤務の半分以上が夜勤（月七回、八回）という職員も少なくない（図4）。

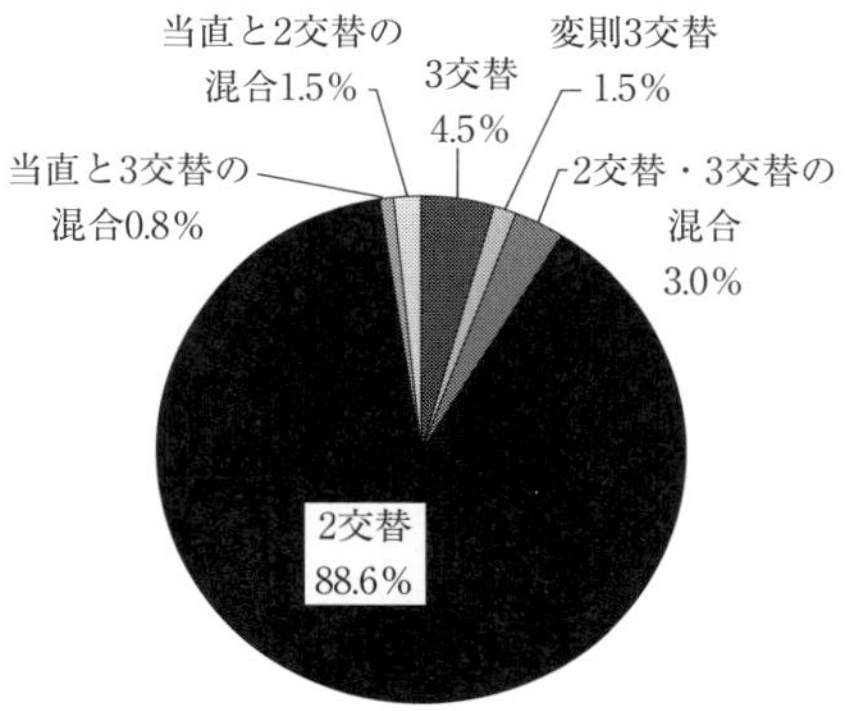

図4　夜間帯の勤務交代
出典　日本医療労働組合連合会「介護施設夜勤実態調査」（2016年度）。

③　一人夜勤の労働実態

グループホームや小規模多機能など、入所者数の少ない施設はすべての施設で一人体制の夜勤となっている。介護施設、特に小規模の事業所では、夜勤帯は介護職員と高齢者だけになるが、一人体制では休憩時間がとれないばかりでなく、災害や事件があった時に利用者の安全を守ることも不可能である。突発的な異変があれば一人で対応しなければならず、精神的な緊張を長時間強いられる過酷な勤務になっている。また、何事もない状況であっても、長時間にわたって利用者対応や通常業務を一人でしなければならず、明け方には朦朧《もうろう》としながら仕事をする状況になっている。短時間勤務に戻す動きも出てきているが、夜勤が二暦日をまたぐために、夜勤明けから翌日の勤務開始までの勤務間隔（二四時間程度）を休日として扱うといった勤務シフトになっている。夜勤のたびに休日がこのような扱いをされたのでは、働く側としては「たまったものではない」が、こうした夜勤形態が微増しているのも実態である。

8　体制不足に対する国の対応

厚生労働省の「介護事業経営概況調査」によれば（表11）、多くの介護施設で配置基準以上の人員配置をしており、その平均は特養で「二：一」、その他の介護施設

表11　介護事業経営実態調査（2014年）

①	業態	介護老人福祉施設	介護老人保健施設	認知症対応型共同生活介護
②	平均定員数	71.8人	91.3人	14.8人
③	述べ利用者数	2,153.6人	2,636.8人	425.2人
④	常勤換算職員数	47.9人	57.3人	12.4人
⑤	看護・介護職員常勤換算数	36.3人	42.2人	11.2人
⑥	看護・介護職員１人当たり利用者数	2.0人	2.2人	1.3人

注　⑥＝②／⑤
出典　厚生労働省「介護事業経営概況調査」。

でも「基準以上の体制」が敷かれている。それにもかかわらず、全労連の実態調査で明らかになったように、「休めない、人手が足りない」といった状況であるということからも、いかに国が定めた配置基準が低水準かということがわかる。また、夜勤体制については「厚生労働大臣が定める夜勤を行う職員の勤務条件に関する基準」で定めているが、それはとても安全を守れるような水準とはいえない。このような体制のなかで、介護労働者の労働環境が過酷だということを理解していながら、政府はこの基準を引き上げようとはしていない。

９　登録型ヘルパー

「登録型ヘルパー」とは、訪問介護事業所の非正規職員の異名で、とくに利用者宅に直行直帰で訪問しているヘルパーのことを指す。この登録型ヘルパーは、究極の不安定雇用となっている。利用者を固定して訪問していることが多いが、その利用者が入院したり、亡くなったりすると、労働時間を減らされ、場合によっては何カ月も仕事がないということも起こりうる。かつて、登録型ヘルパーは「就業規則がない」、「有給休暇も付与されない」など無法な状態に置かれたため、厚生労働省が通知を出して改善を呼びかけた（平成一六年八月二七日付基発第〇八二七〇〇一号「訪問介護労働者の法定労働条件の確保について」）。しかし、その通知のなかで、登録型ヘルパーは「月、週又は日の所定労働時間が、一定期間ごとに作成される勤務表により、非定型的に特定される労働者（非定型的パートタイムヘルパー）」と定義されている。

この定義によれば、一定期間で勤務表を作成して労働時間を特定すれば、利用者が少ないときに労働時間を半分にすることが可能だということになる。訪問時間しか賃金が支払われず、利用者の増減にあわせて労働時間が調整される登録型ヘルパーの働き方については労働者保護の規制を求めているが、厚生労働省は応じようとしていない。

Ⅲ　介護保険制度の仕組みと介護労働者の処遇

1　介護保険制度の仕組み

介護保険制度は、介護を社会全体で支える仕組みに変える制度としてスタートした。財政も「社会全体で支える」ために、四〇歳以上の人には介護保険料が課され、保険料と公費（国、都道府県、市町村）、利用負担金（利用料）で保険財政をまかなう仕組みがとられている。

①　介護保険料

利用負担金を除くと、介護保険財政における保険料と公費の負担割合はそれぞれ五割となっている。介護保険料は、利用者の増加や介護サービスの利用量の増加、介護サービス単価の引き上げなど、介護に係る費用の増大に伴って増加する仕組みになっている。また、「支え合い」を標榜する介護保険制度では、「その精神を否定する」という理由で保険料の減免に一般財源を繰り入れることを原則として禁止している。

②　介護報酬

介護保険制度がスタートしたことにより、民間企業が参入して市場化したといわれている。しかし、介護は完全に市場化しているわけではない。その根拠の一つが「サービスの公定価格」である。介護保険制度は、介護サービスが利用されると介護保険財政から現金が給付される仕組みになっている。その給付される額（サービスの単価）は介護報酬と呼ばれ、介護サービスの種類によって決められている。介護報酬は三年に一度、厚生労働大臣によって定められ、コントロールされている。

一方、介護報酬は利用負担金と並んで介護事業所にとって唯一の収入源となっている。同じサービスを提供している場合、介護報酬の改定状況によって、事業所の収入も増減する仕組みになっているため、人件費などの経費を介護報酬に依存している事業所にとって、介護報酬の改定は事業所の運営に大きな影響を与えるものとなっている。とくに、二〇一五年度の介護報酬改定は、基本報酬で四・四八％のマイナス改定となったため、介護事業所の倒産件数が過去最多を更新する原因となった。

表12　介護サービスにおける収支差率と給与費割合

	収支差率	収入に対する給与費の割合
介護老人福祉施設	2.5%［2.5%］	63.8%
介護老人保健施設	3.2%［2.7%］	59.6%
訪問介護	5.5%［4.6%］	75.2%
通所介護	6.3%［5.0%］	62.4%

注　カッコ内は税引き後。
収支差率＝（介護サービスの収益額－介護サービスの費用額）／介護サービスの収益額
出典　「2016年度介護事業経営概況調査」より抜粋。

2　介護保険料と介護報酬の相関関係

政府は、高齢化の進展が社会保障費を増加させ、財政を圧迫しているとして、社会保障費の伸びを抑制する政策をとっている。そのために介護保険制度を持続可能な制度にするとして、制度の対象者の限定や負担増をすすめており、その一環として、介護報酬の引き下げもすすめられている。

一方、介護労働者の賃金引き上げと体制不足を解消するためには、介護報酬の引き上げがどうしても必要となる。そもそも、低賃金・過重労働の原因は介護報酬の水準が低いことにある。「介護事業経営概況調査」（二〇一六年）では、介護事業所の人件費率は六～七割と高くなっており、現状の介護報酬の水準では全産業労働者の平均賃金との格差を埋め、体制不足を解消することは不可能である（表12）。

しかし、介護報酬を引き上げようとすれば、介護保険料や公費負担の大幅な引き上げを伴うため、政府は前向きにならない。そのため、介護報酬の引き上げではなく、介護職員処遇改善加算の拡充という形で、介護労働者の処遇改善に限って介護報酬の引き上げを行っているというのが実態である。

3　介護職員処遇改善加算と賃金水準

介護職員処遇改善加算は、当初の「一人平均月額一・五万円相当」から三度の介護報酬改定を経て、最大で「一人平均月額三・七万円相当」の処遇改善策として実施されている。しかし、「賃金構造基本統計調査」をみると、それほどの改善にはなっていない。その理由の一つは、介護職員処遇改善加算による賃金改善として、ベースアップが実施されていないことにある。政府が実施した「平成二八年度介護従事者処遇状況等調査」では、賃金改善の方法として「（ベースアップで）賃金水準を引き上げた（予定）」は一六・四％にとどまり、六九・七％が「定期昇給を実施（予定）」と回答している。労働者個々の賃金でみれば、定期昇給でも賃金が引き上がったことになるが、とくに離職率の高い介護業界においては、介護労働者全体の賃金水準の引き上げにつながらない。また、もともと定期昇給制度をもっている事業所にとっては、介護職員処遇改善加算を使って「定期昇給を実施」することで事業運営費に転用することにもつながっている。

賃金が改善されないもう一つの理由は、介護報酬の連続引き下げにある。いくら、介護職員処遇改善加算が賃金改善の原資になるとはいえ、賃金の大部分は加算以外の介護報酬でまかなわれている。介護報酬が連続して引き下げられるなかで、いつ打ち切られるかわからない介護職員処遇改善加算をベースアップに投じることに躊躇する事業所は少なくない。

介護職員処遇改善加算を実施している現状においてもなお、介護労働者の賃金を引き上げるためには介護報酬を引き上げることが大前提となる。それほど、介護報酬の水準が低いという現状を、物語るものといえる。

Ⅳ　介護労働の実態改善のために

1　介護報酬の引き上げ

これまで述べてきたことをまとめると、介護労働者が抱える問題点は、①低廉な賃金実態、②劣悪な労働環境、③不安定雇用ということになる。こうした実態のもと、介護労働者はやりがいも失い、職場を去っていく。そしてそれが「大学・専門学校で入学定員五割切る」、「有効求人、最高の三・四倍」といった状況を生み出し、さらに現場は過酷になるというスパイラルに陥っている。こうした状況を改善するためには、賃金を全産業労働者の平均賃金並に引き上げ、介護で働き続けられる賃金を確立すること、不安定な登録型ヘルパーの働き方に規制をかけるなど、雇用を安定化させ専門性を確立すること、そして、労働基準が守られるように適正な人員体制を確保することが必要である。そのためには介護報酬の改善が欠かせない。一つは、介護報酬の水準の引き上げ、そしてもう一つは、人員配置基準の引き上げである。これらを実施すれば、介護労働者が抱える主要な問題は解消できる。

2　国庫負担割合の引き上げ

介護報酬の改善によって介護労働者の問題は解決するが、負担の問題が生じることになる。介護保険制度の下では、介護報酬の引き上げは介護保険料の負担増につながるため、とくに介護保険制度を利用していない層からの反発が強くなり、国民的な合意形成がされにくいという状況にある。したがって、「介護報酬が引き上がれば介護保険料も上がる」という仕組みを解消しない限り、問題は解決しない。そのために、まずは現行の介護保険制度の財政上の仕組みを変えることが必要になる。具体的には、保険料負担五割、公費負担五割の比率を改善し、国庫負担を大幅に引き上げることである。介護保険制度は、「支え合いの精神」を謳っているにもかかわらず、利用者の負担が重くなる応益負担の性格の強い制度になっている。応益負担から応能負担に転換し、真の「支え合い」を実現するためにも、国庫負担の引き上げは重要な課題である。

おわりに

いうまでもなく、介護保険制度は社会保障制度の一つであり、人権を保障する制度である。現在、政府は社会保障に係る費用を抑制し、「国の財政を圧迫するから」という理由で正当化している。「重点化・効率化」が推し進められ、利用者が重度者に限定されたり、介護職員に医療行為の一部が解禁されたりしている。一方で、介護労働者の人員不足・体制不足については一向に対策が進まず、現場の労働の過密性・過重性はますます高まり、介護労働者の人間らしい働き方が侵害されているというのが実態である。介護労働者の働き方の質は、介護の質と表裏一体の関係にある。社会保障を形骸化させる今の政治のあり方を転換し、人権が尊重され、医療・介護・社会保障制度の充実がはかられる政治をつくっていくことが、介護労働者の労働環境を改善することにもつながるだろう。介護労働者の労働環境の改善を国民的な課題として、介護制度の改善の取り組みと一体的にすすめていこう。

[注]

（1）全国労働組合総連合「介護施設に働く労働者のアンケート」。調査の概要は以下の通り。
・取り組み期間：二〇一三年一一月〜二〇一四年二月
・配布方法：日本医労連、福祉保育労、自治労連、生協労連、建交労、全労連・全国一般、その他の労働組合と都道府県労連（全労連の地方組織）を通して配布。
・集計数：六三六九人分を回収したが、その内、介護施設で働く労働者四八五一人分が集計の対象。

（2）日本医療労働組合連合会「介護施設夜勤実態調査」。調査の概要は以下の通り。
・取り組み期間：毎年実施。六月実態を基本に六月〜一〇月まで調査
・配布方法：日本医労連の加盟組織（都道府県医労連）を通して、傘下の夜勤のある介護施設に配布。
・集計数：二〇一六年調査は一四三施設分を回収したが、そのうち、介護保険対象の一三二施設分が集計の対象。

（よねざわ　あきら）

2 女性活躍推進法と女性労働の実態

地域経済における女性の就業
――雇用者として働く、起業家として働く――

駒川 智子（北海道大学教員・会員）

Ⅰ 地域経済と女性の就業

問題の所在

女性活躍推進法が施行された。同法の目的は、女性の職業生活での活躍を推進し、豊かで活力ある社会の実現をはかることにある。そのため国、地方公共団体、民間事業主に、女性の活躍に関する状況の把握と、数値目標を含めた事業主行動計画の策定・公表を求めている(1)。

しかし女性労働者には、女性活躍推進に違和感を抱いたり、自分とは関係ないと感じたりする人も少なくないだろう。とくに多くの企業が掲げる女性管理職登用の数値目標には、期待とともに、多くの不安や疑念の声が聞かれる。女性活躍とは、女性が管理職や役員になることだけなのだろうか。そもそも現代日本で女性が働く場合、高い企業拘束力のもとで残業や転勤を厭わず働くか、労働条件が不安定な非正規雇用で働くか、の二択しかないのだろうか。実際に飯島裕子が『ルポ貧困女子』で示したのは、余裕のない職場環境を背景に、パワハラや過労による心身の不調を引き金に貧困へと一気に滑り落ちる正規雇用女性と、貧困との隣り合わせから抜け出せない非正規雇用女性の姿である［飯島 二〇一六］。

この極端な二択を超え、人間らしい暮らしと働き方を具体化することこそが、女性活躍の取り組みに求められるのではないだろうか。本稿はその手掛かりを、地域経済での女性活躍推進に探る。地域経済はグローバル経済に対応しつつも地域固有の問題に取り組んでおり、女性を取り巻く環境や支援のあり方に独自性がみられるからである。たとえば福岡県の経済界は、経済活動が活発ないまこそ労働力不足等の将来的課題に備える必要があるとし、国に先駆けて女性活躍に取り組んできた。経済界主導で実施される「女性の大活躍推進福岡県会議」は、女性管理職の数値目標の設定・公表と企業横断型の女性管理職ネットワークの構築を行い女性管理職の育成に一定の成果を上げているほか、地元の中小企業は女性の早期退職を防ぐために両立支援を整備し、夫婦ヒアリングを実施して女性のスムーズな職場復帰に向けた夫の父親役割の自覚化を促している［駒川　二〇一六］。

　このように地域の経済界や地元企業は、地域経済の課題に応じて女性活躍を進めている。そこで本稿は地域経済での女性の就業を考察することで、人間らしい暮らしと働き方に向けた一助を得ることを課題とする。

女性が働く——雇用者として

本稿は女性が働くことを幅広くとらえ、雇用者と起業家について考察する。

　雇用者についてみる。図1は女性活躍に向けた課題の概念図である。まず男女共通課題として「働き方／働かせ方の改善」が求められる。具体的には労働時間の削減、柔軟な働き方の具体化、生産性向上に向けた時間管理などがある。そして「女性活躍の課題」として「能力発揮の取り組み」と「仕事と家庭の両立支援」が同時並行で必要とされる。この三つの取り組みを進めることで、女性の「男性労働者化」や「マミートラックへの没入」を防ぎ、長期勤続とキャリア形成が可能となる。

　本稿は女性活躍に向けた基本的課題であり、男女共通の課題である「働き方／働かせ方の改善」の取り組みを、地域経済に根差した企業の経営理念と雇用管理から考察する。地域に根差した企業では企業経営と地域経済の発展は不可分な関係にあり、また地域経済の圧倒的多数を占める中小企業は人材採用が困難で少子化による労働力不足への懸念が強い。そのため地域経済の持続的発展に向けて、独自の経営理念と人材育成の方針をもつ企業がみられ、男女がともに働きやすく暮らしやすい雇用

図１　女性活躍に向けた課題の概念図（駒川作成）

	能力発揮の取り組み	仕事と家庭の両立支援
女性活躍への課題	・キャリア形成支援研修の実施 ・女性の職域拡大など	・休職制度等の充実 ・勤務地等の配慮など
男女共通の課題	働き方／働かせ方の改善	
	・労働時間の削減 ・柔軟な働き方（フレックス，テレワーク等）の導入など	

管理のヒントが潜んでいるためである。

ワーク・ライフ・バランスを重視した雇用管理は「働き方／働かせ方の改善」と「仕事と家庭の両立支援」を進めるもので、いうまでもなく女性活躍において重要である。日本社会で「標準的労働者」とみなされ生活に足る給与を稼得できるのは、家事、育児、介護等の再生産労働をほとんど担わない者で、その多くが男性である。家庭役割の大半を引き受ける女性は、「標準的労働者」からはずれて低賃金な非正規雇用者となるか、「標準的労働者」の際限のない労働と再生産労働の二重労働に追われるか、を迫られる。この点について藤原千沙・山田和代は、「労働力再生産に『必要な労働』とそれを行うために『必要な時間』が社会的に保障されていない」［藤原・山田　二〇一一　三〇頁］と日本社会の問題性を指摘する。男性労働者の働き方を見直し、一日二四時間の時間資源のなかに生活に必要な時間を組み込むことが、女性活躍に不可欠なのである。

女性が働く――起業家として

次に起業家についてである。雇用の場が限られる地域において、起業は就業機会を自らつくり出すものとして注目される。就業の一選択肢として起業に関心をもつ女性は少なくなく、起業家に占める女性割合は約三割である［中小企業庁　二〇一一　一八五頁］。加えて政府は「女性活躍加速のための重点方針」で地域社会での女性の活躍推進策に起業をあげ[2]、女性への起業支援を強化している[3]。そこで起業の意識化から準備までを支援組織の取り組みに即して追い、女性の起業の特徴を考察する。

女性の起業への社会的支援には、中小企業庁が起業家を育成する「創業スクール」に「女性起業家コース」を設けているほか、[4]経済産業省は女性起業家に業界の慣習等を打ち破り新たな需要を生み出す経済の「〝起爆剤〟」となりうる可能性を見出し［経済産業省　二〇一六　一頁］、女性起業家の支援ネットワークを各地域ブロックに構築して女性起業家拡大を進めている。各自治体が産業競争力強化法にもとづき策定する創業支援事業計画には、女性起業家に絞った事業もある。中小企業庁『創業支援事業計画施策事例集―創業支援虎の巻―』は、女性活躍推進施策と組み合わせた創業支援の事例を紹介し、「創業支援は様々な施策との親和性が高く、相乗効果が期待でき、政策効果が高まる」と評価する［中小企業庁　二〇一六　三五頁］。これらの起業支援施策の女性の就業への影響について、本稿の最後に若干の検討を行う。

調査の対象と方法

本稿は調査対象地を兵庫県とする。詳細は後述するが、兵庫県は女性の就業率が三〇歳以上の全年齢層で全国平均を下回り、女性が働きやすい環境づくりを課題とするためである。

そこで兵庫県内の企業と、国ならびに兵庫県の女性の就業・起業支援を担う組織に聞き取り調査を実施した。前者は但陽信用金庫（加古川市）である。但陽信用金庫は「家族主義的な職員の育成と風通しの良い職場環境づくり」を掲げ、ワーク・ライフ・バランスを重視した雇用管理を実践しているためである。但陽信用金庫では、桑田純一郎理事長、理事・人事部長、女性管理職に聞き取りを行うとともに、資料を提供していただいた。後者は中小企業庁経営支援部創業・新事業促進課、経済産業省経済産業政策局産業人材政策室、兵庫県立男女共同参画センター就職支援課、公益財団法人ひょうご産業活性化センター創業推進部新事業課、加古川商工会議所中小企業相談室で、支援の仕組みと成果・課題をうかがい関連する資料を提供していただいた。調査期間は二〇一七年九月である。なお本稿は許可を得た上で社名を明記して論じる。

Ⅱ　兵庫県の経済と労働の諸特徴

兵庫県の経済と労働

兵庫県は県内総生産が一九兆七八八〇億円で全国七位

と[5]、経済活動が活発な県である。県土は淡路島を含んで太平洋、瀬戸内海、日本海を臨み、大きく「神戸」「阪神」「播磨」「但馬」「丹波」「淡路」に分類されるが、人口と産業は瀬戸内海に面した神戸、阪神、播磨地域に集中し、三地域で人口の九二・五%、県内総生産の九三・四%を占める[6]。

産業は神戸製鋼所や川崎重工業などを擁し、製造品出荷額等が全国五位と製造業が盛んである一方[7]、近年はサービス業が拡大し第三次産業の割合が高まっている。就業者数は人口減少や少子高齢化を受けて二〇一〇〜一五年の五年間で約四万三七〇〇人の減少となっている[8]。

兵庫県は労働力確保に向けた取り組みのひとつに、女性が働きやすい環境づくりをあげている〔兵庫県　二〇一六　三六頁〕。兵庫県の女性の就業率が、三〇歳以上の全年齢層で全国平均を下回り、労働力として潜在化しているためである。図2は兵庫県と全国の男女別の就業率である。兵庫県の男性の就業率は全国平均と同水準にある。しかし兵庫県の女性の就業率は、二〇代後半と四〇代後半に高く三〇代に低くなるM字型曲線を描き、全国平均と比べて谷は深く、二つ目の山は小さい。兵庫県の女性の就業率が最も高いのは二〇代後半の六八・二（全国平均と同値）で、三〇代以上の女性が労働力として十分に活かされていないことがわかる。

兵庫県での女性就業率の低さ

兵庫県は性別役割分業意識の強い県のひとつである。「自分の家庭の理想は『夫が外で働き、妻が家を守る』ことだ（男女計）」とする割合は四九・〇%と、全国四番目の高さである[9]。そして女性の就業率（二〇一二年）は五七・七%と、全国二番目に低い[10]。『男女共同参画白書』平成二七年版は、「男性の長時間労働が多い」もしくは「性別役割分業意識の強い」都道府県で女性の就業率が低い傾向にあるとするが〔内閣府　二〇一五〕、兵庫県は後者のタイプである。

『大卒無業女性の憂鬱』で有配偶女性の就業率が首都圏と関西圏で全国平均を下回ることを示した前田正子は、大都市周辺では仕事と育児の両立が難しいとも、専業主婦でいられるほど男性の所得が高いともいえるとした上で、関西圏では女性が就業することへの意識は社会的に弱く、加えて女性の正規雇用が増加しているのは東京周辺だけで、兵庫県を含む関西圏では非正規の求人が多いため、女性は無業になりやすく再就職してもパート

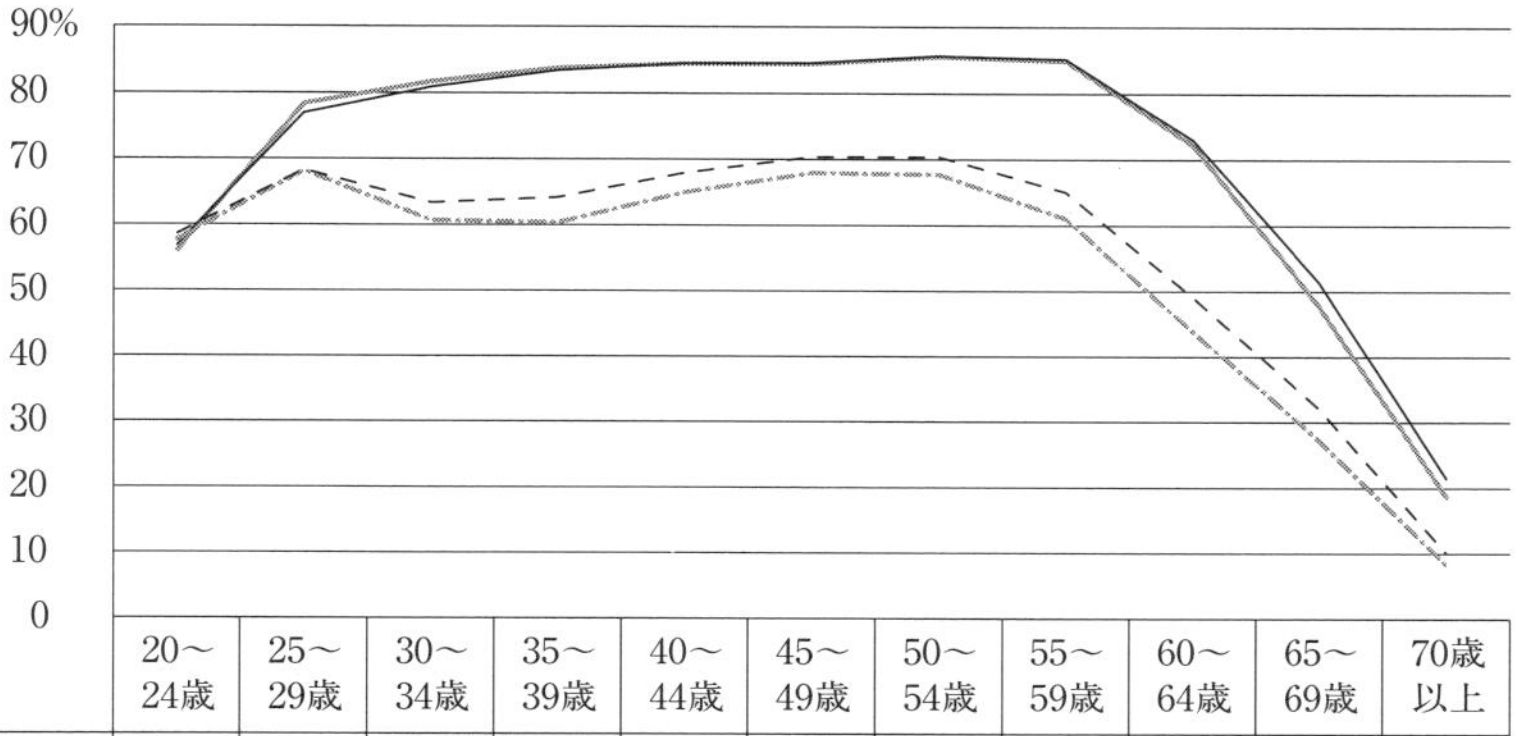

	20〜24歳	25〜29歳	30〜34歳	35〜39歳	40〜44歳	45〜49歳	50〜54歳	55〜59歳	60〜64歳	65〜69歳	70歳以上
兵庫男	56.0%	78.3%	81.6%	83.7%	84.4%	84.4%	85.5%	84.8%	72.2%	47.8%	18.7%
全国男	56.8%	77.0%	80.8%	83.3%	84.5%	84.6%	85.6%	85.2%	73.0%	51.4%	21.5%
兵庫女	57.7%	68.2%	60.7%	60.4%	65.0%	67.9%	67.7%	61.0%	43.9%	27.2%	8.3%
全国女	58.6%	68.2%	63.3%	64.1%	67.9%	70.3%	70.3%	65.0%	49.1%	32.1%	10.1%

図2　兵庫県と全国の性別就業率

出典　総務省統計局「平成27年国勢調査」より作成。

就労となりがちであると指摘する［前田　二〇一七］。

地域経済ごとに女性の就業率は大きく異なる。そこには保育園等の社会制度の整備状況、企業の雇用管理、男性労働者の賃金や労働時間、女性自身や周囲の意識などが多様にからみあう。そうしたなか、兵庫県は女性が働くことが比較的難しい地域であるといえる。

Ⅲ　地域に根差した企業の取り組み

地域経済と企業経営

雇用者として働くとき、働きやすい職場環境は重要である。そこでワーク・ライフ・バランスを重視した雇用管理を但陽信用金庫の取り組みにみる。

但陽信用金庫は一九二六年創業の協同組織金融機関で、兵庫県の播磨地区である加古川市に拠点をおく。店舗は三四店、職員数は六九一人（男性六〇%、女性四〇%）で、平均勤続年数（二〇一六年二月）は男性一六・〇年、女性八・〇年である。二〇一七年九月現在の女性管理職（次長以上）は二名で、二〇一九年三月までに女性管理職一〇名以上という目標を設定している。

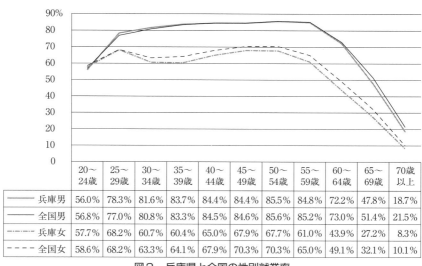

信用金庫は定款で営業地区が定められており、地域経済の持続的発展は経営上きわめて重要である。但陽信用金庫では「地域創生部」を設け、観光支援等の地方創生事業を行っている。たとえば地元の神河町で三〇〇年の伝統をもつ「仙霊茶」が、農家の高齢化による茶畑の廃園で消滅寸前となった際には、兵庫県立大学、神姫バス株式会社、地域住民等と協力して新規就農者の募集と販路拡大を行い、事業承継の中心的役割を果たしている(11)。

また「よろず相談信用金庫」を掲げ、顧客からさまざまな相談を受けている。特徴的なのは地域住民のあらゆる相談に幅広く対応している点で、たとえば離婚の相談が寄せられれば取引先の信頼できる弁護士や専門機関を紹介するなど対応する。金融機関として多様な取引先をもつ強みを活かした活動であるが、直接的な利益になるわけではない。桑田純一郎理事長は、内科の看板を出していてもケガを処置する町医者のような存在になりたいといい、「その地域に無くてはならないものになることで、利益は後からついてくる」と語る。大手金融機関のような規模や効率性をめざす戦略とは一線を画した、地域密着型金融の体現である。ただし金融機関職員としての秩序を守るため、営業区域内でのスナック・バー・クラブ等での飲酒を禁止し、接待は「しない」「受けない」ことを徹底している。

ワーク・ライフ・バランスの実践

但陽信用金庫ではワーク・ライフ・バランスを重視した雇用管理を行っている。そこには桑田理事長の「仕事あっての体ではなく、体あっての仕事」で「体調が悪くては、まともな仕事はできない」という信念がある。職員は概ね定時の一七時半か遅くとも一八時半には退勤し、残業は少ない。「残業削減」が声掛けに終始し個人の自助努力に委ねられる組織もあるなか、但陽信用金庫では業務の効率化をはかるとともに、同業界で「一〇〇人は多い」とされるほど職員数に余裕をもたせている。

余裕のある人員配置のもと、休暇や休職の取得もスムーズである。育児休職を経て管理職として活躍する女性は、体調が不安定な産前期に自分のペースでできる業務に振り替えられ、「みんなお互い様」という雰囲気のもとで気兼ねなく病院に行ったり休んだりできたと振り返る。出産する女性のほぼ全員が育児休職を取得し、保育園に入れず休職を延長する女性もいる。このため人員管理は煩雑であるが、人事部長は「カバーできるだけの人数は確保している」とし「人繰りに困ることはない」と断言する。とはいえ、心身の不調を抱えながら無理して出勤する職員もいる。「心療内科に行ったとなれば、娘は嫁に行けなくなるんじゃないか」と心配する家族に、休職手当の支給や復職可能なことを伝えて説得し、職員を病院に行かせるのも人事部長の仕事である。

但陽信用金庫は、有給休暇や育児休職等の取得を前提に職員数を確保しており、それがワーク・ライフ・バランスと職員の健康管理を具体化する最大の要因となっている。その他の健康管理の取り組みには、通常の健康診断に加え「インフルエンザ予防接種」「がん検診」「ピロリ菌抗体検査」への補助金の助成があり、各種クラブ活動に加え、職員専用のゴルフ場やオートキャンプ場を備えるなど福利厚生も充実させている。

風通しのよい職場づくり

風通しのよい職場づくりも重要視されている。具体的には、部下が上司を評価する「リーダーシップアンケート」、悩み事等を理事長に伝える「親展便」アンケート、理事長の携帯電話に直接助けを求める「ヘルプライン制度」によって、問題や悩みを吸い上げている。「リーダーシップアンケート」は、無記名で部下が上司を約三〇項目について五段階評価するもので、評価対象は次長以上の管理職である。結果は本人に開示され、欠点を補うことが求められる。また評価項目間のバラつきが大きければ、オールマイティーな力を求められる支店長から強みを活かした専門職への異動が検討される。過去には「あの支店長にはついていけません」という訴えが寄せられ、当該店の一般職員全員と役付者に確認したところ、支店長の機嫌が職員に過度な緊張を強いていることが判明し、支店長交代を決めたこともある。

指揮命令関係にもとづく上から下への情報発信だけでなく、下から上への意見表明をさまざまな形で保障することで、業務上の問題点への対応と職員の抱える悩みの改善がなされている。とくに理事長の携帯電話番号を職員全員に伝え、業務にかかわらず問題があればいつでも相談可能とする「ヘルプライン制度」は、理事長自らが「苦情処理係」（桑田理事長）を担うものであり、実行力の高さと職員に与える安心感の大きさという点で注目される。

経営理念と組織文化

　但陽信用金庫では職員が健康でよい仕事ができるよう、ワーク・ライフ・バランスを重視した雇用管理と風通しのよい職場づくりに努めている。この組織マネジメントを強固にしているのが、「正義」「革新」「人間愛」という経営理念のもとに築かれる家族主義的な人間関係と互いに助け合う組織文化である。

　但陽信用金庫では職員間の家族主義的な人間関係をめざし、「やさしさ」「思いやり」の心をもった人材を育てる工夫がなされている。具体的には新入職員は男性一二日、女性一〇日の合宿研修を行い、共同での朝食作り等を通じて仲間意識を育てるほか、男性独身者は全員が入寮して会議やイベントで交流を深める。また地域社会のさまざまな人に目を向けるボランティア活動で、「やさしさ」「思いやり」を育んでゆく。一例をあげれば、交通手段が少なく病院の往復に苦労している高齢者向けに、金庫所有の車椅子対応のワンボックスカー六台を用いて、全職員が日替わりで送迎ボランティアを行っている。これは地域住民のあらゆる相談事への対応の一環であると同時に、職員が感謝の気持ちを学ぶ教育手段と位置づけられている。

　こうして築かれる「団結力だけは絶対に負けない」（桑田理事長）という職員間の良好な人間関係は、互いに気遣い助け合う組織文化を生み出している。管理職昇進にとまどいがあった女性は、先輩の「わからなかったら、教えるから」という声掛けと丁寧な解説に職員間の支え合う仕組みを実感したという。女性管理職は少ないが女性が差別的に扱われているわけではなく、むしろ「ちゃんと見てもらっている」「評価してもらっている」という安心感があると語る。心身の不調による休職から職場復帰する職員には、勤務時間を二時間から始めて職員同士で仕事をカバーし、リハビリ勤務から徐々にフルタイム勤務へ近づける。新入職員は入庫三カ月の少し慣れた頃に仕事や職場に不安を抱きやすくなるとされ、新入男性職員には寮生活を通じて、新入女性職員には家庭訪問によって、仕事や職場の悩みを聞いている。

　桑田理事長は「知恵ある者は知恵を出せ。知恵ない者は汗をかけ。知恵も出さない、汗もかかない者は静かに去ってくれ」と語り、各人の能力や性格の多様さを認めたうえで、各自なりの努力を求めている。昇進は年功を排した能力重視であるが、昇進しなくても誠実に努力する職員を組織として大切にする。そうした但陽信用金庫の離職率は一〇％程度と低い。

女性活躍に向けた課題

但陽信用金庫の女性活躍に向けた課題を、図1をもとに確認する。但陽信用金庫はワーク・ライフ・バランスを重視した雇用管理を実施し、「男女共通の課題」である「働き方／働かせ方の改善」をクリアしている。また「女性活躍への課題」である「仕事と家庭の両立支援」もなされている。二〇〇二年に最初の育児休職取得者が現れるまで女性の結婚・出産退職が常態化しており、女性の平均勤続年数は八・〇年と男性の半分であるが、育児休職の取得による長期勤続者増がみられ、早ければ今後五年で役付者の男女差はなくなると推測されている。

課題は「能力発揮の取り組み」である。職位構成は下から「一般職」「主任」「係長」「代理」「次長」「支店長／課長」「副部長／副室長」「部長／室長」で、「主任」以上が役付者、「次長」以上が管理職である。女性管理職は二名で、約四割を占める女性職員数に比して少ない。但陽信用金庫はコース別雇用管理制度を導入しておらず、制度上は女性を含む全職員が最高職位をめざせる体制にあり、男性の働き方を基準に女性が不利に評価される事態もみられない。女性管理職が少ない主要因は、男女で職務が異なるジェンダー間職務分離である。支店長昇進には渉外と融資審査の知識と経験が必要であるが、「防犯上の理由」等もあり女性はほとんど渉外を担当してこなかった。現在、女性の職域拡大に向けて研修を整備中である。

Ⅳ　起業家として働く

起業という選択肢の意識化

女性の雇用労働が比較的難しい地域では、起業は就業のひとつの選択肢となる。そこで女性がどのように起業を意識し、準備に入るのかを支援組織の取り組みに即してみる。

起業を意識するきっかけは、男女ともに収入の必要性と周囲の起業家の影響が強く、女性の場合は時間的余裕も大きな要因である。すなわち女性が起業を意識したきっかけや背景（複数回答）は[12]、「働き口（収入）を得る必要」三二・一％、「時間的余裕（介護や子育て等が一段落）」二三・九％、「周囲の起業家の影響」二一・九％である［中小企業庁委託　二〇一四　二二一頁］。女性は三〇代で起業する割合が比較的高く、育児等が一段落し、今後の支出増に備えて収入確保を考え始める人が多いと思われる。このほか、夫の転勤による転居が多く、キャリアが中断したり雇用されづらい女性が起業を考えるケースもみられる。(13)

事業のアイディアや必要な資格があれば、金融機関等の起業相談を利用し事業計画をたてる。しかし多くの場合はまずは雇用者として働くことを考え、求人情報を探したりスキルアップ講座に参加したりする。就業相談を利用する女性も少なくない。兵庫県立男女共同参画センターの就業相談には、「働きたいけれど家を空けられない」「無理のない範囲で社会と繋がりたい」「とにかく何かを始めたい」等の悩みをもつ女性が訪れる。そして再就職や起業・在宅ワーク等のセミナーを受講しながら情報を収集し、個別の就業相談で自分にあった働き方をみつけてゆく。

この時、起業は意識化されやすい。求人情報に記載された就業時間で働くのが難しい女性にとって、起業は自分の裁量で柔軟に働けると理解されるためである。潜在的起業希望者のうち女性に特徴的な起業理由は、「性別に関係なく働くことができるから」「年齢に関係なく働くことができるから」「家事や子育て、介護をしながら柔軟な働き方ができるため」(14)である［中小企業庁　二〇一四］。女性は性別や年齢によって再就職先をみつけるのが容易でなく、さらに家庭役割との両立をめざして起業が選択されることがわかる。

起業支援機関の担当者も、起業は家から出にくい人の選択肢となっていると語る。とはいえ個別就業相談で起業を積極的に推奨するわけではない。むしろ収入の必要に迫られている相談者ほど、起業ではなく雇用労働を勧めている。起業には資金が必要で、また必ずしも売上があがり利益が出るとは限らない。事業の失敗で借金を抱えるリスクもある。女性起業家の四三・一％が事業は「赤字基調」と回答していること［経済産業省委託　二〇一六　一〇頁］、手取り収入は月額「一〇万円以下」（三六・七％）が最も多いことからも［中小企業庁委託　二〇一四　四二頁］、厳しさが想像される。兵庫県立男女共同参画センター就業支援課長は、起業には貯金をしてビジョンをたてる必要があるとし、離婚等でいますぐ生活費を稼ぐ必要がある人には「毎月必ず収入が入る雇用労働を勧める」と述べる。起業の利点とリスクをふまえての助言である。

起業準備

起業セミナーへの女性の関心は高く、先輩起業家たちと情報を交換し、創業スクール等で起業に必要な財務・税務知識や事業計画の作成ポイントを学んでゆく。創業スクールには「女性起業家コース」が設けられていることもあり、二〇一六年度の受講者は女性が半数の五二％を占める［中小企業庁　二〇一七］。

女性限定ではないが、加古川商工会議所が主催する「創業塾」も起業の初期準備段階を支援するものである。加古川商工会議所中小企業相談室長は、起業に必要なのは「熱意がどれだけあるか」だと明言する。とはいえ企画業務の経験がない人は、事業計画を数値にすることが苦手で、同時に発生する複数の出来事を関連づけてとらえるのが難しい傾向にあるという。曰く「横に展開する話はわかるが、立体的にならない」（加古川商工会議所中小企業相談室長）のである。そこで相談者の話を聞きながら、丁寧に順序立てて数字に落とし込んでゆく。たとえば自宅の一部をカフェにしてランチを始めたいという相談には、席数は何席で、どんなメニューを何円で提供するのかを考え、客が一回転だとして満席時の売上額を計算してもらう。次いで材料費や光熱費などの経費を差し引いて利益が出るのかを検討し、自宅の改装費やテーブル等の購入費などの必要資金を割り出して、設備投資の返済にかかる年数を考えてもらう。そして売上を伸ばすために席数を増やして人を雇った場合や割引券を発行した場合に、新たにいくらの出費や売上減が生じて売上増が見込まれるのかと話を展開する。こうして個別相談で事業計画を練り上げてゆく。

起業の具体化

女性起業家の経営形態は個人経営が六七・五％と高く、次いで株式会社が二三・八％である［経済産業省委託　二〇一六　七頁］。起業に要した費用は「〇万円」から「三〇〇〇万円超」まで幅広いが、女性は男性と比べ開業資金が全体的に低く、開業資金「一〇〇万円以下」が四六・五％（男性三八・七％）を占める。夫の給与等の安定した収入のもとで小さく事業を開始する例が多く、金融機関からの融資には女性自身の忌避や夫の反対があることがまま聞かれる。それでも開業資金は「一〇〇～三〇〇万円未満」二一・八％、「三〇〇～五〇〇万円未満」二〇・九％、「五〇〇～一〇〇〇万円未満」九・二％、「一〇〇〇万円以上」一〇・六％と［中小企

業庁委託　二〇一四　三三頁〕、起業には一定の資金が必要で、「資金調達」が起業を断念する最大の理由ともなっている〔中小企業庁委託　二〇一四　五五頁〕。

このため、ひょうご産業活性化センターは女性起業家を対象とした助成金制度を設けている。同センターの「女性起業家支援事業」は、県内で起業や第二創業をめざす女性のうち有望なビジネスプランと選定された者に経費の二分の一以内で最大一〇〇万円を助成するもので[15]、二〇一六年度は申請数二〇七件のうち五二件が採択されている。業種は申請、採択ともに「飲食」（申請五三件、採択二三件）が多い[16]。同時申請可能な「ひょうごチャレンジ起業支援貸付」では最大三〇〇〇万円までを無利子で融資する。

ひょうご産業活性化センターは、女性の起業理由は「生計をたてるため」「社会とつながりたいが、（子どもがいるので）働きに出るのが難しい」「趣味の世界を広げたい」など多様であるととらえている。そうしたなか行政施策である同事業での選定ポイントは、「ビジネスとして成立するか」（ひょうご産業活性化センター創業推進部新事業課長補佐）であるという。事業開始後四年間に採択された一二八件のうち、廃業は一件で休業は〇件である。

Ｖ　人間らしい暮らしと働き方に向けて

本稿は地域経済での女性の就業を考察することで、人間らしい暮らしと働き方に向けた一助を得ることを課題とした。そのため性別役割分業意識が強く女性の就業が低調な兵庫県を取り上げ、人材を重視し職場環境の整備に努める地元企業の取り組みと自治体による女性の起業支援をみてきた。

人間らしい暮らしと働き方に向けて但陽信用金庫に学ぶべきは、余裕のある人員配置によるワーク・ライフ・バランス重視の雇用管理と、下から上への意見表明をさまざまに保障した風通しのよい職場づくりである。この組織マネジメントを確固としたものにしているのが、「人間愛」という経営理念のもとに生み出される互いに助け合う組織文化であり、それが配慮を必要とする職員をも包んで支える力となっている。人件費はかかるが、それでも「利益がそこそこ出ているなら良いだろう」（桑田理事長）とする姿勢は、何のための企業経営かを現代日本社会に鋭く問うている。

女性が起業を意識するきっかけは、第一に収入を得る必要、第二に時間的余裕であり、起業は性別、年齢、家庭役割等で再就職が難しい女性にとっての就業の一手段となっている。ただし起業には利益が出ないリスクがあるため、収入の必要に迫られている人ほど雇用労働が勧められている。女性の起業は小規模の個人経営が多いものの、そのあり方は多様で、自らの趣味や特技を事業化するものから、斬新な発想による新事業の立ち上げ[17]まで幅広い。現時点では、政策が企図する地域活性化や経済の起爆剤に女性の起業がなりえているかを判断するのは難しい。しかし女性の就業の点でみれば、起業支援施策は女性の就業選択の幅を拡大しており、とくに女性の雇用労働が難しい地域で行政施策として実施されることに意義があると考えられる。

［注］

（1）労働者が三〇〇人以下の民間事業主は努力義務である。厚生労働省によれば、労働者三〇一人以上の企業における事業主行動計画の届出率は九九・五％（二〇一七年六月三〇日現在）である。

（2）すべての女性が輝く社会づくり本部　二〇一五年「女性活躍加速のための重点方針二〇一五」（二〇一五年六月二六日決定）。

（3）すべての女性が輝く社会づくり本部　二〇一七年「女性活躍加速のための重点方針二〇一七」（二〇一七年六月六日決定）。

（4）創業スクールは、地域経済の活性化を目的とした中小企業庁の地域創業促進支援事業である。二〇一六年度は「ベーシックコース」「女性起業家コース」「第二創業コース」「業種別コース」の四種類の研修コースを設け、全国一一八の実施主体で一三六コースを開講している。このうち女性起業家コースは、起業に必要な経営知識や各種手続き等に加え、女性ならではの視点を活かした商品・サービスの開発やライフイベントとの両立などについて学ぶカリキュラムとされる［中小企業庁　二〇一七　五頁］。

（5）内閣府　二〇一七年「平成二六年度県民経済計算」。

（6）兵庫県　二〇一六年『平成二八年度ひょうご経済・雇用白書』。

（7）二〇一五年の兵庫県の製造品出荷額等（従業者四人以上の事業所）は一五兆四四五七億円で、愛知県、神奈川県、大阪府、静岡県に次ぐ五位である。総務省・経済産業省　二〇一六年「平成二八年経済センサス―活動調査―」。

（8）注6に同じ。

(9) 性別役分業意識の高い順に、奈良県（五〇・四％）、宮城県（五〇・〇％）、山口県（四九・二％）、兵庫県（四九・〇％）、福岡県（四九・〇％）である。最も低い富山県（三七・二％）と兵庫県との差は一一・八ポイントである。内閣府『男女共同参画白書』平成二七年版。

(10) 女性の就業率の低い順に、奈良県（五六・八％）、兵庫県（五七・七％）、大阪府（五九・八％）、北海道（六〇・三％）、沖縄県（六〇・七％）である。最も高い福井県（七一・三％）と兵庫県との差は一三・四ポイントである。内閣府『男女共同参画白書』平成二七年版。

(11) 但陽信用金庫の「神河町でのお茶園事業セットアップ事業」は、政府のまち・ひと・しごと創生本部の「地方創生に資する金融機関等の『特徴的な取組事例』」（平成二八年度）に選定され、地方創生担当大臣の表彰を受けている。但陽信用金庫『但陽信用金庫DISCLOSURE 2017』平成二九年三月期。

(12) 男性の回答は高い順番に「働き口（収入）を得る必要」三〇・四％、「周囲の起業家の影響」二五・一％、「現在の職場での先行き不安」二四・六％で、「時間的余裕（介護や子育て等が一段落）」は一二・二％である［中小企業庁委託 二〇一四 二二頁］。

(13) 内閣府 二〇一六年「女性起業家を取り巻く現状について」。なお男性は三〇代と六〇代で高くなっている。

(14) 起業を志した理由（複数回答）の女性の回答は、「性別に関係なく働くことができるから」八〇・八％（全体平均六四・四％）、「年齢に関係なく働くことができるから」八四・七％（同七四・五％）、「家事や子育て、介護をしながら柔軟な働き方ができるため」五四・四％（同三九・四％）である［中小企業庁 二〇一四］。

(15) 女性起業家支援事業は、兵庫県の法人県民税超過課税を活用した助成起業である。二〇一七年度（平成二九年度）から、空き家を活用した起業の場合に、改修費として最大一〇〇万円の助成金を加算する制度を設けている。

(16) 次いで採択件数の多い順に「その他」（申請五〇件、採択八件）、「健康・美容」（申請四三件、採択六件）、「被服」（申請一三件、採択五件）である。「その他」にはゲストハウスの開設、留学斡旋会社の開業などがある。ひょうご産業活性化センター「平成二八年度女性起業家支援事業 採択事業者一覧」。

(17) 全国の優れたビジネスプランを表彰する第三回全国創業スクール選手権（経済産業省 中小企業庁主催）では、経済産業大臣賞（創業スクール大賞）の受賞者は女性で、一六名のセミファイナリストのうち一〇名が女性である［中小企業庁　二〇一七］。

［参考文献］
飯島裕子　二〇一六年『ルポ貧困女子』岩波書店
経済産業省委託　二〇一六年『平成二七年度産業経済研究委託事業（女性起業家等実態調査）報告書』ＥＹアドバイザリー株式会社
駒川智子　二〇一六年「地域経済における女性活躍推進―福岡県の中小企業の取り組みと『女性の大活躍推進福岡県会議』―」『日本労働社会学会年報』第二七号　東信堂　三二―五六頁
総務省・経済産業省　二〇一六年「平成二八年経済センサス―活動調査―」
但陽信用金庫『但陽信用金庫DISCLOSURE 2017』平成二九年三月期
中小企業庁　二〇一七年『平成二八年度地域創業促進支援事業　創業スクール事業報告書』
中小企業庁　二〇一六年『創業支援事業計画施策事例集―創業支援虎の巻―』
中小企業庁　二〇一四年『中小企業白書』二〇一四年版
中小企業庁　二〇一一年『中小企業白書』二〇一一年版
中小企業庁委託　二〇一四年『平成二五年度日本の起業環境及び潜在的起業家に関する調査報告書』三菱ＵＦＪリサーチ＆コンサルティング
内閣府　二〇一七年「平成二六年度県民経済計算」
内閣府　二〇一六年「女性起業家を取り巻く現状について」
内閣府　二〇一五年『男女共同参画白書』平成二七年版
兵庫県　二〇一六年『平成二八年度ひょうご経済・雇用白書』
藤原千沙・山田和代　二〇一一年「いま、なぜ女性と労働か」藤原千沙・山田和代編『女性と労働』大月書店　一―三九頁
前田正子　二〇一七年『大卒無業女性の憂鬱―彼女たちの働かない・働けない理由―』新泉社

（こまがわ　ともこ）

「社会の目」を通じた組織内ジェンダー格差是正の可能性
―女性活躍推進企業データベース活用の提案―

村尾　祐美子（東洋大学社会学部教員・会員）

Ⅰ　企業のなかに「社会の目」が入ることを可能にした女性活躍推進法

１　女性活躍推進法における事業主行動計画策定義務と「社会の目」

本稿の目的は、二〇一五年八月二八日に成立した「女性の職業生活における活躍の推進に関する法律」（以下、「女性活躍推進法」）によって可能となった、「社会の目」を通じて企業外から企業内ジェンダー格差是正を後押しするしくみを説明するとともに、それを有効に機能させる方法について具体的提案を行うことである。この法律は、国・地方公共団体（「特定事業主」）と民間企業（「一般事業主」）のうち従業員三〇一人以上のものの双方にかかわるものだが、本稿では基本的に一般事業主にかかわる部分について論じる。

女性活躍推進法は、「日本で初めて企業に対して、ＰＤＣＡサイクルによるポジティブ・アクション[1]を義務づけるもの」といわれている［神尾ほか　二〇一七　六頁］。ここでいうＰＤＣＡサイクルの義務付けとは、この法律が一般事業主に、①自社の女性活躍状況を既定の四項目[2]に基づいて把握し課題分析を行う、②課題に基づいて事業主行動計画（計画期間、数値目標、取組内容、取組実施時期からなる）を策定し、それを社内周知および外部公表する、③事業主行動計画の策定・変更を都道府県労働局へ届け出る、④自社の女性活躍状況について既定の四分野一四項目から一つ以上の項目をおおむね年一回公表する、の四点を義務付けていることを指す。実は、この②や④の「公表」という言葉はとても重要である――それは企業から社会の不特定多数に向けてなされる情報発信を意味するからだ。つまりこの法律は、女性活躍推進を目指す企業内のPDCAサイクルに、企業外の、ジェンダー平等に関心のある不特定多数の目――本稿でいうところの「社会の目」――が入ることを可能にした初の法律なのである。一九九九年に有価証券報告書の「従業員の状況」から男女別情報が削除されて以来、従業員数・平均年齢・平均勤続年数・平均年間給与の企業内ジェンダー格差情報を不特定多数が低コストで入手するすべは失われ（ただし二〇一五年三月三一日以降終了の期から役員数の男女別記載のみ義務化された）、企業内ジェンダー格差の実態は長く「社会の目」にさらされないできた。そこを突破して再び企業内ジェンダー格差の実態と、今度はその是正の取組までも不特定多数に見えるようにしてくれるのが、女性活躍推進法なのである。

2　取組をさらに前進させるものとしての「社会の目」

女性活躍推進法において義務付けられている「PDCAサイクルによるポジティブ・アクション」は、措置の態様に基づくポジティブ・アクション分類［辻村　二〇一一　八一頁］によれば、「ゴール・アンド・タイムテーブル方式（目標値設定方式）」に該当する。これは格差是正措置のなかでも中庸なタイプで、国が定めた厳格なルールを事業主に厳しく守らせるものではない。ただし、それ以前の日本の雇用分野でのポジティブ・アクションは、さらに穏健なもの（一般的な施策を含めた緩やかな支援策）に限られていた［辻村　二〇一一　八一・一六四頁］。したがって、女性活躍推進法は、男女間格差是正について一歩進んだ取組ではある。

そのようやく一歩進んだ取組をさらに前進させる役割を担うのが、「社会の目」である。そもそも女性活躍推進法において、企業の情報公表面での義務は少ない。既定項目のうち一つ以上公表すれば十分で、行動計画の公表も任意である。しかしだからこそ、公表された数値だけでなく、「公表範囲そのものが事業主の女性活躍推進に対する姿勢を表すものとして、求職者の企業選択の要素となることに留意が必要である」と「事業主行動計画策定指針」はいう［内閣官房ほか　二〇一五　二三頁］。求職者という「社会の目」を企業に意識させ、情報公表を促しているのだ。公表情報をもとに「社会の目」が企業を比較し、評価し、評価に基づく行動をとれば、企業は「社会の目」を意識し、女性活躍推進のための自主的な取組や情報公表を一層すすめてゆく。このような好循環を起こし、企業における女性活躍を推進するのが、現在の女性活躍推進法が実現しうる最良シナリオであり、そこでは「社会の目」は必須の存在だ(3)。

一方社会の側にも、企業の情報開示に注目する十分な理由がある。たとえば川口章は、情報開示が女性活躍推進に果たす役割として、①マーケット・メカニズム（働きやすい企業により優秀な人材と大きな資金が集まり、そのような企業が成長する）が有効に働く、②他社との比較が可能になり、企業の人事制度改革や労働組合活動の重要な資料となる、と求職者・投資家・企業の経営者や従業員にとっての意義を挙げている［川口　二〇一四　一頁］。ほかにも上記の情報は、ジェンダー平等に関する企業の社会的責任に敏感な消費者にとり有用だろうし、企業におけるジェンダー平等の実現そのものに関心のある人々にとっては、言うまでもない。

女性活躍推進法に基づく企業の公表情報を「社会の目」が吟味することを通じ、当該企業の社長でもなければ、企業を規制する法律を作る国会議員でもない、社会を構成するメンバー――この意味で本稿では「普通の人々」という言葉を用いる――が、企業内ジェンダー格差の是正を奨励するアクションに参加できる可能性が出てきた。だからこそ「普通の人々」の側も、これらの情報を活用するための知識を備えてみてはどうか。本稿では、研究者や民間による情報活用の取組について紹介したうえで、民間企業の取り組みを評価するための、誰もが簡単に使える方法を提案していきたい。

Ⅱ 「女性の活躍推進企業データベース」情報活用の事例および先行研究

1 推進企業データベースの二つの活用タイプ

「事業主行動計画策定指針」は、女性活躍推進法に基づく情報公表を「自社ホームページや国が運営する『女性活躍・両立支援総合サイト』内の企業データベースへの掲載等、求職者が容易に閲覧できる方法によって行う必要がある」としている［内閣官房ほか　二〇一五　二三頁］。この「企業データベース」こそ、厚生労働省が設置・運用している「女性の活躍推進企業データベース」（以下、「推進企業データベース」）である。なお、特定事業主の情報公表場所は、内閣府男女共同参画局が設置した「女性活躍推進法『見える化』サイト」内にある。本節では、推進企業データベース活用の先行事例・研究を紹介し、「普通の人」にとってどのような活用の仕方が企業内ジェンダー格差の是正のためのアクションとして適しているのか検討する。

推進企業データベースの開設（二〇一六年四月一日）から日が浅く、データベース登録企業および国・地方公共団体の情報公表実態や公表内容の概要を記載した白書［内閣府　二〇一七］刊行も同年六月と最近であることが影響してか、推進企業データベースを活用した事例や先行研究はまだ非常に少数だが、現状では二通りの活用タイプに分けられる。第一に、自らの関心に基づき複数の公表項目を選定したうえで、その情報を使い、最終的に企業を評価する指標を作成するタイプがあり、これは企業ランキングの発表を伴うこともある。第二に、個別企業の情報を公表項目ごとに読み解いたうえで企業評価・企業比較を行うタイプがある。

2 第一のタイプの事例

第一のタイプの事例としてはまず、東洋大学の人間価値研究会ダイバーシティ研究グループが開発し二〇一七年に公表した「女性活躍インデックス」がある。これは企業や団体における女性の活躍を客観評価する指標として作成され、推進企業データベースの特定の公表項目（七つ）すべてを公表し、かつ、企業規模一〇〇一人以上で女性労働者割合が八〇％以下の九一〇法人を対象に、オリジナルの計算式により算出された。このインデックスに基づく全体と業種別のランキングも公表されている［東洋大学　二〇一七a］。同グループでは、インデックスが表す女性活躍度と企業経営との相関分析も予定している［東洋大学　二〇一七b］。

また、企業の人材投資に注目する株価指数のなかで、女性にかかわる状況を把握するために推進企業データベースと企業の公表情報を利用するものも出てきている[4]。

3　第二のタイプの事例・先行研究

第二のタイプの事例としては、まず、推進企業データベース設置から一カ月以内という早期に、データベース上の一般事業主や特定事業主の公表情報を読み解く具体的な方法と実践を述べた皆川満寿美［二〇一六a］がある。皆川は公表項目比較の着目点として、「誠実さ」（雇用管理区分ごとに数値を出すことが求められている項目についてそうしているか、自由記述欄に意味のある記述があるかどうか、情報公表や行動計画策定の義務がない従業員三〇〇人以下の企業だが公表している、など）と「オープンネス」（情報公表の範囲の広狭）をあげ、資生堂や三州製菓の事例に言及している。また行動計画については、「アカウンタビリティがあるかどうか」という基準を示し、①女性活躍実現のための「課題」は何か明確か、②その課題克服のためにフィットした「方策」になっているか、③タイムテーブルになっているか、をチェックポイントとして挙げ、特定事業主としての新潟県の事例に言及している［皆川　二〇一六a　四頁］。また皆川の別論文は、特定事業主の情報を用いて、都道府県の公表状況ごとに表のセルを塗り分け比較する方法を提案している[5]［皆川　二〇一七　二三頁］。

第二の活用タイプの先行研究としては、業種を絞り込み、公表情報を丹念に読み込んで企業比較を行う金井郁［二〇一六］がある。中堅・大手の生命保険会社九社の比較を通じ、女性活躍推進法における企業行動を明らかにしている。以下、金井の方法を少し詳しく紹介する。

まず、推進企業データベースの情報分析に入る前に、分析対象の業種における従業員の特徴を、先行研究や業界団体の調査データ、両立支援策に対する社会的な評価にかかわる情報を用いて示す。次に、企業名を行側、情報公表項目を列側に置いた一覧表を用いて、各企業の情報掲載の有無を示す。全体的な公表状況を確認した後は、項目ごとに、各企業の記載内容をやはり表のかたちで比較してゆく。数値や分布についての説明だけでなく、企業内で蓄積されているはずの必須把握項目が公表されているか否かにも注意が向けられている。また、雇用管理区分ごとの記載が必要な項目において、そのような情報公表が行われているかも検討対象である。その後、一般事業主行動計画の①計画期間とその年数、②当社の課題、③数値目標項目の現状値（ここでは全社「管理職に占める女性の割合」）、④目標、の四項目を行側に、企業名を列側に置いた一覧表を用いて行動計画を概観し、数値目標の値が現状値の何倍にあたるかを算出したうえで、計画期間の年数とあわせて、「目標の高さ」について検討している。さらに事業主行動計画に掲載されている各社の取組内容と実施時期を表にまとめ（金井は紙幅の都合上、新規の取組内容についてのみ記している）、複数の企業が共通して挙げた課題について、共通する取組内容を指摘したり、独自の取組内容について紹介したりしている。その後、上記の結果をふまえた考察が展開される［金井　二〇一六　一〇―二九頁］。

４　情報活用を通じ社会から示しうるアクションとは

以上、二タイプの推進企業データベース情報活用は、ともに企業内ジェンダー格差是正を企業に奨励する社会からのアクションとなりうるのだろうか。まず、第一のタイプについて検討する。既述のように、このタイプの情報活用ではランキング発表が行われることがある。ベスト企業ランキング発表で社会から「良い企業」として顕彰されることは、「良い企業」の取組後退を妨げ、さらに進んだ取組の後押しとなる（もちろん、「顕彰」の社会的権威と付随するメリット次第で、妨げたり後押ししたりの程度は異なる）。またこうした顕彰は、企業内ジェンダー格差是正に前向きな社会の雰囲気を生成・維持するうえで好影響を与えうるし、「良い企業」に求職者や投資家や消費者が集まるマーケット・メカニズムを稼働させる一つの方法でもある。換言するなら、社会を構成するすべてのメンバーは、信頼に足るベスト企業ランキング[6]を参考に投資や消費を行うというアクションを通じ、企業内ジェンダー格差是正を奨励できる。もっとも、ランキングの前提となる「良い企業」度インデックスの信頼性・妥当性は十分検証されていないので、現時点では、そのようなアクションを起こす人の広がりには課題がある。さらに言うと、もし信頼性の高いインデックスによるベスト企業ランキングが発表されても、①インデックスの数値が高い企業に求職者・投資家・消費者が集まるマーケット・メカニズムの存在、②それが企業業績に無視できない影響を与えていること、という二点の実証抜きには、「問題ある企業」は格差是正の取組推進には向かわないだろう。そして、そのようなインデックスの信頼性・妥当性の検証や上記①②の実証は、明らかに、誰でもが参加できるアクションではない。

次に、第二のタイプについて検討してみよう。金井［二〇一六］の研究目的は、女性活躍推進法施行で伝統的生命保険会社が「いかに行動しどのような課題があるのか示唆を得ること」なので［金井 二〇一六 三頁］、情報公表のありかたや女性の活躍実態および取組に関する企業の優劣への言及はほとんどない。だが、金井［二〇一六］の方法を用いれば[7]、同業種の数社の実態や取組の違いや共通性は、「社会の目」の前にあらわになる。そして、その違いや共通性を評価するいくつかの基準についての知識を多くの人が持てれば、自ら評価を行って、自社のジェンダー格差是正に取り組む企業を奨励するアクションが可能になる。女性活躍に関するインデックスの信頼性・妥当性の検証等が不十分な現状を考えれば、むしろこのタイプの方法を使うのが、企業内ジェンダー格差是正を促すマーケット・メカニズムを稼働させる早道だろう。そこで次節では、「普通の人々」が推進企業データベースを用いて同一業種の企業を比較し評価する、ごく簡単な方法について具体的に提案を行う。

Ⅲ 推進企業データベースにおける公表情報の活用手順

1 分析対象産業・企業についての情報収集

雇用管理区分構成とその男女比、女性活躍の実態などはいずれも業種ごとに大きく異なるので、上記の点について産業ごとの特徴を把握することが必要である。

まず、厚生労働省「女性活躍推進法特集ページ[8]」の「優良企業の認定について」という部分に、過去三年間の産業別女性管理職比率の平均値へのリンクがあるので、産業計と分析対象産業[9]の最新の公表値を確認する。これにより、分析対象産業の女性の管理職比率が産業計に比べ高いのか低いのか把握できる。

そのうえで、「就業構造基本調査[10]」（四年に一度）の直近の結果を検索し[11]、産業ごとに男女別・雇用管理区分別の就業者数が掲載された表を使い、産業計と雇用管理区分構成比とそれぞれの区分の男女比を算出しておく[12]。これにより、分析対象産業の正社員の女性比率・従業員の非正規比率・非正規従業員の女性比率が産業計に比べてどうかを把握できる。正社員だけでなく、すべての雇用管理区分の女性活躍をめざすという女性活躍推進法の趣旨を考えれば、非正規の雇用管理区分の人々の構成比や、その女性比率を把握することは非常に重要である。従業員の非正規比率が高く、非正規の女性比率が高い業種では、女性活躍推進のためには、非正規従業員に対する取組の必要性がとくに高いはずだ。このような必要性に企業も自覚的であるかは、企業の行動計画を検討する際の重要な着眼点である。

　分析対象産業の女性管理職比率と正社員の女性比率それぞれを産業計と比較した時の高低の組み合わせから、当該産業における女性活躍実態の特徴を把握するとよい。組み合わせは、①正社員の女性比率が高くて女性管理職比率も高め（女性活躍先進産業）、②正社員の女性比率が高くて女性管理職比率は低め（女性の管理職昇進に問題がある産業）、③正社員の女性比率が低くて女性管理職比率が高め（実際にはほとんど存在しない）、④正社員の女性比率が低くて女性管理職比率が低め（女性の採用段階から問題がある産業）、の四通りだ。

　さらに、分析対象企業の情報収集を行う。推進企業データベースを企業名検索すると、一企業ごとに情報が横一行で示されるページが現れ、さらに企業名をクリックすると、情報を縦一列で示すページに遷移する。後者のページには、各社独自の雇用管理区分に基づく情報や、二指標いずれかを選択するタイプの公表項目で横一行の情報ページでは選択されていないほうの情報が掲載されることもある。また「長時間労働是正のための取組内容」や「自由記述」など、横一行の情報ページにはない項目もある。雇用管理区分は企業差が大きいので、企業間比較には横一行のページの情報を用いるべきだが、縦一列のページのほうが総じて情報量が多いので、内容を確認して各企業についての基礎知識を得ておく。

2　情報公表度一覧表を作る

　一企業ごとに情報が横一行で示されるページで、表の見出し行と比較したい企業の情報をコピーし、表計算ソフトに張り付けた一覧表を作る。これをもとに、各企業の情報掲載の有無を○×またはセルの色で示す情報公表度一覧表を作り、各企業の情報公表への積極度を確認する。

３　公表項目を比較して各企業の課題を推測する

Ⅲ１で把握した当該産業および企業における女性活躍実態の特徴を念頭におきつつ、各企業の公表項目を検討する。女性管理職比率を公表している企業については、各社の数値とあわせて産業計の数値とも比較する。Ⅲ１で当該産業・個別企業の非正規従業員比率や非正規従業員の女性比率が高いことがわかっている場合は、非正規従業員に関する情報公表に焦点化した比較も行う。この作業の目的は、公表された項目の数値の高低と情報公表項目の多寡および分布をもとに、①各企業の女性活躍の相対的進展度、②各企業の男性の働き方の実態、③各企業の非正規従業員の女性活躍推進の取組への熱心さ、の三点を把握するとともに、④各企業にとっての取り組むべき課題として予想される事柄について考えること、である。なお、他産業の企業（類似の企業規模のものを選ぶ）についてもⅢ１から３までを実施しておき、当該産業の企業と比較すれば、当該産業特有の課題を推測するのに役立つ。

４　一般事業主行動計画の分析１　形式チェック

一般事業主行動計画の策定は、最低限、四つの必須把握項目を把握し、自社の女性の活躍の状況把握と課題分析を行ったうえで、その結果を勘案して計画を定めることになっている。そこで、①必須把握項目を含む把握項目の数値を記し課題分析を行って課題を導出しているか、また、全課題のうちこれに該当する課題はいくつか、②課題解決に向けた取組の到達目標が記されているか、③到達目標のうち数値目標はいくつ設定されているか、④個々の取組を実施する時期が一年またはそれより短い単位で記されているか、について形式的なチェックを行う。なお①については、課題分析プロセスや把握項目の数値を事業主行動計画に明記する義務は企業にはないが、もし企業が女性活躍に関する自社の課題の解決に向けた取組の意義を従業員全体に浸透させたいなら、課題分析プロセスを示して従業員に説明する必要があるため、このような項目を設定した[13]。また、課題分析プロセスを「社会の目」が入る場で明瞭に公表していること自体、「社会の目」からよい評価を与えるべき事柄でもある。②は法で義務付けられているので記されていて当然である。③は一つあれば法に適っているが、数値目標の個数がそれ以上ならより意欲的な企業とみなせる。④は、皆川［二〇一六ｂ］の提案のように、計画がゴール・アンド・タイムテーブル方式のポジティブ・アクションとしての実質的形式を備えているかみるものである。

5　一般事業主行動計画の分析2　内容チェック

第一に、課題設定の妥当性を検討する。行動計画の課題分析で示された数値と自社の課題とされた内容が、対応しているかチェックする。また、Ⅲ3において予想した当該企業の課題や、当該産業独特の課題に相当するような内容が不足なく盛り込まれているかも確認する。従業員の非正規雇用率や非正規従業員の女性比率が高い企業・産業では、非正規従業員に関する課題設定があるかもチェックする。

第二に、「目標の高さ」についてチェックする。金井［二〇一六］に倣い、数値目標の値が現状値の何倍にあたるか算出し、計画期間の年数をふまえ、評価を考える。実現可能性も重要なので「目標は高いほどよし」ではない。とくに取組がなくても自然に実現可能な数値なのか、新たな取組を通じ一層高いところをめざす数値なのか考えるために、数値目標に関連する周辺的な指標（たとえば数値目標が女性管理職比率の場合、係長の女性比率など）もあわせて確認する。

第三に、目標達成のための取組を検討する。産業や企業により課題はさまざまだが、まずは、行動計画が女性活躍推進法の趣旨に則しているかの検討をする。具体的には、各取組の働きかけ対象を複数の点からチェックし、全社的な取組か、すべての雇用管理区分の女性にかかわる計画になっているか確認したうえで、行動計画がPDCAサイクルに則っているかをみる。

まず、各取組の働きかけ対象については、①社内か社外か、②社内メンバー向けか社内組織向けか、さらに、社内メンバー対象の取組の場合、対象者は、③女性のみ／男女双方／男性のみ／管理職のみ、④基幹的な雇用管理区分の労働者／フルタイム労働者／非正規労働者／すべての労働者、の各項目でどれに該当するかをみる。①では、採用段階の課題に向けた取組以外（とくに、従来の働き方の改革にかかわる取組）で社外に対しても働きかけを行っているなら、意欲的な取組と位置づける。②については、社内での女性活躍推進体制確立や従来の働き方の改革など、個人だけでなく社内組織をも働きかけ対象とするのが適切な取組があるので、それらの取組の有無を識別可能にするための項目である。社内組織向けの取組例としては、社内に女性活躍推進担当部署や女性活躍推進担当者を置く、部門考課に女性活躍に関連する項目を入れる、部門ごとに女性管理職育成計画を立案・実施するなどである。③では、取組に男女双方や男性のみに対するものが含まれ、女性のいない職場でも女性活躍推進にかかわる取組が可能か（全社的な取組を行う行動計画となっているか）と、職場でリーダーシップを発揮すべき管理職への働きかけの有無に、留意する。④は雇用管理区分ごとの性別構成の偏りが大きい場合（とくに基幹的な区分の女性比率低）にとくに重要で、③とあわせ検討することで、行動計画で書かれた女性活躍推進が、一部の女性にのみ向けたものなのか、社内の女性全般に向けたものかを識別する。また、従業員の非正規比率が高い、あるいは非正規労働者の女性比率が高い企業では、非正規労働者向けの取組が行動計画に盛り込まれているか留意する。

　次に、ＰＤＣＡサイクルに則っているかを確認するため、行動計画を、⑤取組内容の記述は具体的か、⑥設定された目標と取組との間に整合性があるか、⑧取組実施状況のモニタリングに資する内容が含まれているか、⑨実行結果の評価を次の計画策定に役立てられるようになっているか、という四点から検討する。また、計画や実施結果評価のプロセスにおいて従業員や労働組合から意見を聞いていれば、プラスアルファの評価要素である。

　第四に、従業員にとっての事業主行動計画のわかりやすさを評価する。女性活躍推進を全社的に取り組もうとするなら、課題・目標・取組のすべてを従業員に浸透させる必要があり、従業員への周知義務がある事業主行動計画はわかりやすく書かれるべきだからである。

　第五に、事業主行動計画の内容を検討する。具体的には、意識啓発以外の取組があるかどうかと、働き方の改革に相当する取組があるかどうかをみる。女性活躍推進のためには意識啓発だけでなく男性中心の職場のありようや、長時間労働を改善する必要性があるからである。

　第六に、情報活用を行う人がとくに興味をもっているテーマ（たとえば「女性従業員の定着を促す」「男性の育児休業取得推進」など）があれば、それに関連する情報公表のありよう、現状、行動計画の内容を特記する。

6　企業の評価

　以上の分析から明らかになった、①情報公表度、②当該企業の現状、③行動計画が法的要件を満たしているか、④行動計画はゴール・アンド・タイムテーブル方式のポジティブ・アクションとしての実質的な形式を備えているか、⑤課題設定は妥当か、⑥数値目標の高さへの評価、⑦女性活躍推進は全社的な取組となっているか、⑧女性活躍推進はすべての雇用管理区分の女性にかかわるものか、⑨行動計画はＰＤＣＡサイクルに則っているか、⑩従業員にとってわかりやすく書かれているか、⑪意識啓発以外の取組があるか、⑫働き方の改革に向けた取組があるか、⑬分析者本人の関心事、の一三の事項を行側、企業名を列側に置く一覧表を作り、企業を比較しながら評価する。各自の好みで特定の事項をとくに重視してもよい。事業主行動計画の出来そのものに女性活躍推進に対する企業の「熱心さ」が表れるとすれば、企業評価のための中心的な項目は④〜⑨と⑪と⑫だろう。

Ⅳ　おわりに―主役はジェンダー平等に関心ある「普通の人々」

企業内ジェンダー格差是正の取組に「社会の目」を入れるためのツールを、私たちは手にした。だからまずはこのツールを使い、分析結果について他者と語り合ってみよう。現在の日本では、インデックスにまだ種々の問題がある。だからこそ、望ましいマーケット・メカニズムを起動させるのに決定的な役割を果たすのは、ジェンダー平等に関心をもち、事業主行動計画を読み解くリテラシーを備えた、「普通の人々」のアクションの積み重ねであるに違いない。

そして、データベースを実際に使うと、使い勝手にせよ企業への義務付け内容にせよ「こうならいいな」という点がみつかるものだ。そうした要望は、ぜひ行政や政治に伝え、データベースの改善につなげよう。女性活躍推進法の見直しは施行の三年後、「普通の人々」である私たちこそが、企業の情報公表を後退させず一層前進させてゆくためのアクションの主役なのである。

［注］

（1）辻村［二〇一一］によれば、ポジティブ・アクションとは、「人種や性別などに由来する事実上の格差がある場合に、それを解消して実質的な平等を確保するための積極的格差是正措置ないし積極的改善措置のこと」［辻村　二〇一一　ⅰ頁］。

（2）採用した労働者に占める女性労働者の割合、男女の平均継続勤務年数の差異、労働者の各月ごとの平均残業時間数等の労働時間の状況、管理職に占める女性労働者の割合。

（3）皆川は、女性活躍推進法を「『社会の目』に期待する法律」と位置づけ［皆川 二〇一六a 三頁］、「『外部の目』によって事業主の取り組みが加速し、法制度の実効性がより高まっていくことこそ、『見える化』の狙いとするところであろう」と述べている［皆川 二〇一七 二五頁］。

（4）http://www.gender.go.jp/policy/mieruka/company/kabukashisu.html

（5）皆川はこの表記方法について「河野銀子山形大学教授より示唆を受けた」と記している［皆川 二〇一七 二三頁］。

（6）なお、推進企業データベース情報に基づくワースト企業ランキングは作成すべきでない。なぜなら、最低限の情報公表を自社のホームページでしか行っていない企業が不可視のまま放置される一方、インデックスを作成できるくらい多くの情報公表を推進企業データベースで行っている企業がワースト企業ランキング中に可視化される、という転倒が生じるからである。これでは、企業は「情報公表はできるだけしないほうがよい」と考えてしまい、「社会の目」を生かした女性活躍推進の好循環の稼働が阻まれてしまう。

（7）念のため述べるが、金井［二〇一六］の各所には研究者として蓄積した知見が盛り込まれており（とくに分析対象の特徴についての部分や考察部分に顕著）、同じ分析方法を使用すれば誰でも金井と同じクオリティの論文が書けるという意味ではないのは、もちろんのことである。

（8）http://www.mhlw.go.jp/stf/seisakunitsuite/bunya/0000091025.html

（9）製造業以外については産業大分類、製造業については産業中分類または中分類を合併したカテゴリーが用いられている。中分類を合併したカテゴリーの産業について分析を行う場合は、ここに記された「産業分類」を控えておく。

（10）この調査の結果表については、ウェブサイト「政府統計の総合窓口」（https://www.e-stat.go.jp/）で検索して閲覧・ダウンロードすることができる。

（11）分析対象の業種が製造業以外であれば産業大分類、製造業であれば産業中分類と書かれている表をみる。

（12）製造業については、製造業という大分類の結果と、中分類の結果の双方を記録しておく。また、中分類を合併したカテゴリーの産業については、各中分類の値を合計し、厚生労働省ウェブページの産業別女性管理職比率の「産業分類」とカテゴリー内容が揃うようにする。

（13）もちろん、そうした情報提供が行動計画の周知以外の方法でなされる可能性はあるが、女性活躍推進に関する自社情報について、企業が従業員に対する周知義務を課されているのは、行動計画だけである。

［引用文献一覧］

金井郁　二〇一六年「女性活躍推進法における企業行動――生命保険会社九社を事例に」日本労働社会学会『日本労働社会学会年報』二七号　三―三一頁

神尾真知子・新谷眞人・谷田部光一　二〇一七年「二〇一六年女性活躍推進法への企業対応に関する実態調査」産労総合研究所『人事実務』一一六九号　六―三一頁

川口章　二〇一四年「企業の女性活躍に関する情報開示」日本労働研究・研修機構『日本労働研究雑誌』六四八号　一頁

東洋大学　二〇一七年ａ「東洋大学『女性活躍インデックス』公表にあたって」https://www.toyo.ac.jp/site/joseikatsuyaku/

東洋大学　二〇一七年ｂ「Press Release」https://www.toyo.ac.jp/uploaded/attachment/111730.pdf

皆川満寿美　二〇一四年「政策を読み解く（４）『女性の活躍法』と『すべての女性が輝く政策パッケージ』」市川房枝記念会女性と政治センター出版部『女性展望』六七一号　二一―五頁

皆川満寿美　二〇一六年ａ「『女性活躍推進法』を使い倒そう！――そのために知ってほしいこと」（二〇一六年四月二八日に衆議院第一議院会館大会議室で開催されたポジネット院内集会「女性活躍推進法で本当に『活躍』できる?!～履行状況をモニタする」での配布資料、計四頁）http://genderequalityposinet.web.fc2.com/20160428posinet_minagawa.pdf

皆川満寿美　二〇一六年ｂ「女性活躍推進法の成立――『成長戦略』から『ポジティブ・アクション』へ」国際ジェンダー学会『国際ジェンダー学会誌』一四号　八―三一頁

皆川満寿美　二〇一七年「女性活躍推進法の実効ある改正のために」生活経済研究所『生活経済研究』二四六号　二一―二五頁

内閣官房・内閣府・総務省・厚生労働省　二〇一五年「事業主行動計画策定指針」http://www.mhlw.go.jp/file/06-Seisakujouhou-11900000-Koyoukintoujidoukateikyoku/shishin_1.pdf

内閣府　二〇一七年『平成二九年版男女共同参画白書』http://www.gender.go.jp/about_danjo/whitepaper/h29/zentai/index.html#pdf

※ＵＲＬを記載した文献については、いずれも二〇一七年一二月三一日に閲覧確認を行った。

（むらお　ゆみこ）

My Story
マイ・ストーリー

女性が働き続けられる職場，女性差別撤廃を求めて

柚木 康子
（全石油昭和シェル労働組合副委員長，JNNC 世話人・均等待遇アクション21事務局・会員）

はじめに

私は一九六六年一二月六日にシェル石油（当時）本社で働きはじめた。大学受験に失敗、年子の兄が私学にいったから浪人はできないと言われ神田のYMCA秘書科コースに入学、秋頃学内に張りだされた求人に応募してここに勤めることになった。一〇〇％外資のシェル石油は、日本人役員、部課長に対しても新入社員の私にも「〇〇さん」と呼ぶような会社であった。就業規則に終業後許可なく職場に残ってはいけないと書かれており、五時のチャイムと同時にエレベータ－ホールに向かっていた。進学を援助する制度もあり，私は翌一九六七年から明治学院大学Ⅱ部に通い，卒業した。学費から教科書代まで一〇〇％の補助があった。そんな会社が組合潰しを始めたことから，以後四〇年余にわたる闘いの日々が始まった。女性が働き続けることにこだわり，男女差別裁判を通して多くの女性たちと出会い，いまも労働運動，女性運動にかかわっている。そんな半世紀を振り返ってみる。

1．一九七〇年，一九年ぶりのストライキと会社の介入

シェル労組はオープンショップ制で，当時一七〇〇人ほどの組合員がおり，闘う組合へと脱皮中だった。私が配属された職場に本社支部委員長がおり，なんとなく組合を手伝うようになったのだ。当時シェル石油の賃上げは「一月一日定昇，全石油傘下の組合の成果に色をつけて六月に賃上げ回答，四月に遡及して賃上げ」というパターンであった。一九七〇年春闘で「不満なら闘う」をスローガンに一九年ぶりにストライキを実施した。本社は日本初の高層ビルといわれた霞が関ビルにあり，ストライキ時にはエ

レベーターホールでピケットをはり、非組合員や管理職へ協力を呼びかけた。カンパをくれる管理職もいた。出勤時間帯が終わると座り込んでギターの伴奏で歌いながらの楽しいストであった。各地にある出荷基地へも出かけ、油槽所の組合員とともにタンクローリーの出入りを止めた。一九七一年には一三日間にわたるコンピューター部門のストライキも行った。いまも組合活動を続けているのはこの時の躍動感や解放感の影響もあると思う。

ストライキに驚いた会社は組合への介入を始め、七二年には現業部門に第二組合がつくられた。この経緯に会社が深くかかわった証拠もみつかり、東京都労働委員会（以下、都労委）に救済申立てを行い、都労委・中央労働委員会（以下、中労委）で勝利した。しかし会社が裁判に持ち込んだところ、東京地方裁判所は、会社側が証拠も出していないにもかかわらず、組合が出した明々白々の会社文書を「正式文書ではない」として、都労委命令を取り消した。事件は最高裁まで いき一九八四年、会社の勝訴が確定した。シェル石油が長年労使紛争に明け暮れることになるきっかけを東京地裁判決がつくったのだといまでも思う。

しかし、現業部門の第二組合は事務部門には拡大せず、会社は事務部門で工作を行い、結果、一九七四年一〇月に二つ目の第二組合がつくられた。シェル石油がロンドン本社に送る経営方針のなかに、「各組合の今後の推移」なる表があり、シェル労組は少数になることになっていた。

会社は転勤、昇給、昇格、昇進をえさに、自宅訪問などあらゆる手を使って組合脱退を迫る不当労働行為をはたらいた。さらにシェル労組員の考課を低くして昇格から排除し、組合の力を削ごうと配転攻撃を繰り返した。一九八三年二月には組合役員の異動は組合同意を取るという慣行の破棄を宣言した。その後福岡に、札幌に、名古屋に、支部役員が飛ばされた。もちろん不当配転阻止のためのストライキを闘い、裁判も行った。裁判や労働委員会は多い時で同時に四、五件もあり、私は法定対策部の一員として神戸、大阪、鳥取の地方労働委員会、東京地裁での裁判準備に大忙しだった。

2．働き続けるために動き出した女性たち

七二年の組合分裂攻撃の後、一九七三年八月から本社支部で女性たちによる機関誌『だいこん』が発行され、七九年八月から毎週月曜の昼休みに「女の六〇分」と称して弁当持参での井戸端会議を始めた。多くの女性組合員が結婚して子どもが生まれており、会社の組合攻撃に負けてなるものかと、働き続けられる条件を実現しようと動きだした。アンケートを取って母性保護要求を見直し、全国大会で確認し、途切れていた『だいこん』を復活させた。社員食堂で女性が主

官庁街で行ったデモ（1982年３月10日）

導の職場集会を開催し、女性だけの団体交渉も行った。自分で「やりくり」するのではなく子どもにとっても負担である二重保育や三重保育をなくし、働き続けられる制度を求めたのだ。

一九八一年二月二三日、二人の女性組合員の育児時間終了にあわせて、育児時間延長要求実現（生後三年未満の乳幼児を育てる男女組合員に一日合計一二〇分の育児時間を要求）のためのストライキが始まった。一日目は本社支部全員がストライキに入り、翌日から当該二名が一日三〇分の指名ストを開始した。その年の一〇月には社内共働きの男女組合員が交代で指名ストに入った。当時の記録には「育児時間の延長は女性が働き続けるのに不可欠なもの」「子供を持っている女性が働きやすい職場を作ることは、独身の女性にとっても、男性、中高年、病弱者にとっても働きやすい職場になる」とある。

指名ストから一年を過ぎた一九八二年三月一〇日昼休み、霞が関ビルから虎ノ門、日比谷へ抜ける官庁街を「男も女も育児時間を勝ち取っちゃう！」の横断幕を掲げ、地域の組合の応援を得て三六〇人がデモを行い、三月二二日付の『朝日新聞』にも報道された。

会社は八二年春闘で育児時間の延長ではなく、第二組合の要求に応える形で育児休業の導入（女性のみ三カ月か六カ月の休職、無給、原職復帰なし）を回答した。シェル労組は協定を拒否した。私たちが育児休業ではなく育児時間の延長にこだわったのは、育休では女性が職場から切り離される、無給では夫に経済的に依拠することになる、育児は女の仕事となるために、男も女も育児時間の延長でともに子育てを行うことが必要と考えたからだ。

組合員同士の結婚も多く、男女組合員がリレー式に育児指名ストに入った。石油の他労組でも育児ストが始まった。また八〇年頃から「男も女も育児時間連絡会」の活動に参加した。指名ストは一九八五年三月には一〇〇〇日を迎えた。これらの闘いが、働きながら子育てするのは当たり前だという雰囲気を社内につくり出した。

3. 暴力的妨害にもめげなかった

シェル労組本社支部は一九七五年二月一三日から日刊『明日』というB5版の機関誌を発行した。役員と組合員がペアを組んで記事を書き、輪転機で印刷した。春闘中は霞が関ビルのエレベーターホールで出勤する社員に配布、その後職場内でも配布していた（時間内の机上配布が慣行で認められていた）。ビラはよく読まれていたが、七八年頃人事担当取締役が団体交渉で「ビラは配布してもらわなくていい」と発言し、それを契機に第二組合と一体となったビリビリ運動が始まり、組合員の机に破られたビラが山積みにされたこともあった。

七九年春闘ではエレベーターホールの朝ビラ配布を管理職と第二組合幹部が一体となって妨害し始め、その後の二年間は連日霞が関ビルで暴力的妨害が続いた。Yシャツが破れネクタイが引きちぎられる、手足にアザができるなど日常だった。シェル労組員には何をしてもいいという風潮さえあった。私が机上に撒くビラをすぐ後から隣の部の部長が回収し、私が抗議するのも日常風景だった。でも組合は潰されなかった。組合員の若さもあったのだろう。

4. 本社から東京第二支店への配転強行に抗し一〇カ月のストライキ

私は一九八四年中央執行委員となり裁判や労働委員会の準備に忙しかった。一九八七年二月末には鳥取地労委審問のため米子にいた。そこへ私の四月一日付東京第二支店異動提案が組合に伝えられた。中央執行委員に対する初の配転攻撃であった。東京へ戻って課長に異動について知っていたのかと聞くと「知らなかった」と答え、部長も同様であった。人事部主導の組合対策であることは明らかだった。会社は霞が関から二〇分余で行けるから組合活動に支障はないと言い張ったが、資料のある本社から離れて多くの裁判、労働委員会の準備をするには大きな負担となることは間違いなかった。

私は三月の臨時大会で副委員長へ就任する予定であり、組合三役への異動提案を撤回せよと会社に求めた。当時都労委では八三年配転問題で指名スト介入事件の審問が進行中で、緊急に都労委も三役の異動は止めるようにと調停の場がもたれたが会社は提案撤回を拒否した。

ここから私の不当配転撤回の闘いが始まった。東京第二支店（東京駅前の東京ビル）への配転命令が執行されたのは四月二〇日だった。以降配転命令の撤回を求め、全体ストライキによる社内行動や私の指名ストが続き、結果的に東京第二支店に赴任したのは翌八八年二月二三日であった。八七年六月には不当労働行為救済申立も行った。一〇カ月におよぶ指名ストライキであったが、八三年の不当配転時には指名ストに対し懲戒解雇で介入した会社は、最後まで処分に言及することはなかった。ストライキ中も年休や病欠取得、団交出席は有給となり、霞が関への定期券も支給されていたのだ。

5．組合差別の常套手段「協調性」でマイナス評価、闘いのなかで昇格

私は一九八九年夏の大会で中央執行委員長になり、九七年夏に退任するまで八年間在任した。配転事件や暴力事件に加え、八九年夏には大阪、九〇年一二月に東京で組合間賃金昇格差別事件の労働委員会が始まった。組合が入手した会社資料から、労組員が軒並み同期の最下位に位置づけられ、昇格も考課でも差別されていることがはっきりした。

シェル石油と昭和石油の合併以降差別はひどくなり、八五年夏の一時金では組合員の七〇％に標準以下の評価がなされ、賃金昇格差別事件が始まるまで五〇％前後の組合員に同じ状況が続いた。私に対する評価は典型的で、一時金は八五年夏から九四年夏まで、定期昇給は八五年から九五年まで標準以下の「C」（SABCDの五段階評価）が続いた。

東京第二支店に異動後の八八年暮れの評価について昭和石油出身の上司に理由を質すと、「仕事はよくやってもらっている。評価は多面考課だから（自分はマイナス評価はしていない）。組合でいない（団交出席や賃金カットされる組合欠勤での不在）のは対象にしてはいけないのか、支店長と相談する」と、答えは得られず、その後も何度か話したが、「毎回こういう話になっちゃうんだよな。間に入って困っちゃうんだ、何考えているんだと責められるし、偏見があるんだよな。どうして普通にできないのかな」と語った。私は後ろ指差されることがないよう仕事はきちんと行ってきたが、私の上司となった人も大変だったのだろう。彼は私に協調性もあるし、最初に聞いていたのとはまったく違うとも言った。どんなに恐ろしい活動家が来るかと構えていたのだろう。

労働委員会や裁判で出された多くの考課表から明らかになったのは、協調性を「C」（一つでもCがあると、総合評価もCとなる）にすることで昇給を抑え、昇格から排除する組合差別を行ってきたという事実だった。

私は八五年合併時三七歳で、シェル時代の資格の横滑りでG2（下から二番目）という低い資格だった。ところが、会社は九七年一月にG1、二〇〇一年にF3、二〇〇四年にF2、二〇〇六年に五八歳でF1（組合員有資格者の最高資格）と一〇年間に四ランクも昇格させた。組合間差別事件や男女賃金差別事件の闘いが反映されたものだ。昇格はしたが長年の賃金差別の解消はほんの一部だった。

6．男女賃金差別の拡大と撤廃にむけた闘い

一九八五年一月昭和石油との合併で「日本的経営」が掲げられ、賃上げに職

能資格別定額を導入、資格手当新設と毎年増額、一時金にも資格別定額が導入され、低い資格におかれた女性たちへの賃金差別は広がっていた。組合は男女差別是正に向け一九八八年三月に東京都中央労政事務所に斡旋申請を行ったが、会社は誠実に対応しなかった。

一九九一年秋に昭和石油出身で別組合員の野崎光枝さんの相談を受け、昭和シェル石油の男女差別を問う闘いが始まった。九二年九月東京都の男女差別苦情処理委員会に苦情申立をおこなったが、会社は、差別はないとして、何ら資料を出さず、九三年一二月、調停は不調に終わった。野崎さんは裁判を決意し、九四年三月八日国際女性デーに東京地裁に提訴した。

九年に及ぶ裁判の結果、二〇〇三年一月二九日、東京地裁は慰謝料以外の原告請求を認め、四五〇〇万円の損害賠償を命じる判決を出した。年金における損害も認めた最初の判決だ。組合は野崎さんと共に弁護団打ち合せに参加し、データを分析し、さまざまな書証を用意し、裁判当日はストライキや休暇で傍聴するなど全力で取り組み、差別の実態を社内に宣伝した。

一九九四年七月には「昭和シェル石油の男女差別を野崎さんと共に正す会」（以下、「共に正す会」）が発足、多くの女性たちと出会うことができた。また同一価値労働同一賃金を実現するための「職務評価」を知り、「共に正す会」でミニワークショップを行ったこともある。これらの取り組みから職務評価の研究をされている森ますみさん、木下武男さんに出会い、私は女性労働問題研究会にも参加するようになった。

九〇年代は住友メーカー三社、野村証券、芝信用金庫、商工中金、岡谷鋼機、東京ガス、昭和シェル、兼松など女性差別裁判が続き、九六年四月に男女賃金差別事件弁護団・原告団交流会が始まった。半年ごとに集まって情報交換、裁判の進め方など意見交換を行ってきた。その後も中国電力事件や富山の東和工業事件、名古屋のラジオメータ事件、メトロコマース事件（労働契約法二〇条裁判）の関係者が参加している。組合は交流会だけでなく、東京はもちろん広島、富山、名古屋で行われる裁判傍聴にも取り組み、上告事件では最高裁への要請行動も行った。残念ながら現在、司法は性差別という人権侵害より、考課制度における企業の裁量の前に思考停止状態の判決を続けている。

7. 証拠から明らかになった女性差別と現役裁判提訴

会社から出された、野崎さんと同年代の昭和石油出身者のデータを組合で分析して驚いた。男性はものの見事に年齢によって「高卒二八歳G1」まで自動昇格し、その後も数年の差こそあれ管理職の手前まで昇格していた。二〇〇一年に組合は「職能資格滞留年数」（人事担当課

＜人事担当課長用＞　　１９９２年８月

甲第438号証

職能資格滞留年数

		大卒		高卒・技能職		高卒補助	短大補助
		最短	標準	最短	標準	標準	標準
	Ｎ３			2	2	2	
Ｇ４	Ｎ２			2	2	2	2
Ｇ３	Ｎ１	2	2	3	3	6〜9	6〜9
Ｇ２		2	2	3	3	6〜9	6〜9
Ｇ１		2	2	3	5〜9	6〜9	6〜9
Ｓ３Ｂ		2	2	4	6〜9	6〜9	6〜9
Ｓ３Ａ		3	3	3	5〜9		
Ｓ２		3	4〜5	3			
Ｓ１		3	4〜5	3			
Ｍ４Ｂ		2	3〜4	2			

課長昇進	39 歳	41〜46	43 歳	〜51歳	−
Ｍ４Ａ昇格	41 歳	44〜47	46 歳	〜52歳	−

注）管理職（Ｍ４Ａ）への昇格
①Ｓランクの滞留年数を最短で３年、標準で４年遅れても５年で昇格し続けなければならない。
②Ｍ４Ａ昇格年齢制限は５２歳まで。

京都地方
働委員会事務局
13.2.-1
収受

１９９３年最短昇格（入社年、年齢）

		大卒	高卒	高卒技能職	高卒補助職	短大補助職
	Ｎ３		93年 18 歳	93年 18 歳	93年 18 歳	
Ｇ４	Ｎ２		91 20	91 20	91 20	93年 20 歳
Ｇ３	Ｎ１	93年 22 歳	89 22	89 22	89 22	91 22
Ｇ２		91 24	86 25	86 25	83 28	85 28
Ｇ１		89 26	83 28	83 28	77 34	79 34
Ｓ３Ｂ		87 28	80 31	79 32	71 40	73 40
Ｓ３Ａ		85 30	76 35	74 37		
Ｓ２		82 33	73 38	70 41		
Ｓ１		79 36	70 41	67 44		
Ｍ４Ｂ		76 39	67 44			
Ｍ４Ａ		74 41	65 46			

長用、一九九二年八月）なる表を入手したが、まさに昇格管理の表であり、データ分析と一致していた。女性は二〇歳でG3という低い資格で自動昇格は終わり、G1になるには一二年から一八年を要するものだった。野崎さんは八五年合併時五二歳でG3とされ、新人と同じ資格はおかしいと抗議して翌年G2に昇格したが、そのまま九二年五月に定年となった。

野崎さん事件は、高裁が会社主張の時効の援用を認め、合併時の格付けも女性の扱いは当時どこの企業もそうだったという理由で資格を下げた結果、損害賠償額は半分以下となり、最高裁判所も二〇〇九年一月双方の上告を棄却して東京高裁判決が確定した。

二〇〇四年一二月二四日、私を含む現役組合員一二名が男女賃金差別を提訴した。「職能資格滞留年数」表の発覚、野崎事件の一審判決、現役裁判提訴によって会社は女性への処遇を改めざるをえなくなり、二〇〇五年一月に五名の女性の「F1が出現」した。この「出現」という言葉は会社準備書面にあった言葉だが、いかに稀なものであるかを自白したも同然といえる。

現役事件は二〇〇九年六月二九日に東京地裁判決が出された。労働基準法四条違反は認めたが、二〇〇〇年以降人事制度の変更もあり、昇格等の地位確認や差額賃金の請求を認めず、慰謝料のみの不十分な内容であった。控訴審の途中、二〇一〇年一二月、四〇年余にわたる労使紛争の一括解決により本件も和解となった。その後は女性の昇格について事務折衝で協議が続けられた。この事務折衝のなかで、会社は考課者訓練において無意

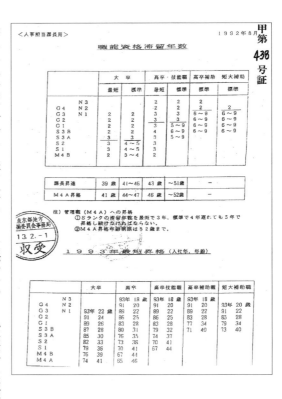

識のジェンダー・バイアスに言及して「ジェンダー・バイアスのない評価」を徹底したと強調したこともあった。

8．男女賃金差別事件をきっかけに均等法改定の運動へ

話は前後するが、野崎裁判提訴の一カ月後の九四年四月に野崎裁判弁護団（中島通子さん、中野麻美さん、古田典子さん、菅沼友子さん）と黒岩容子弁護士を中心に「働く女性のための弁護団」が発足し、一緒に女性の労働相談等にも取り組んだ。一九九五年夏には北京世界女性会議も予定されており、中島通子さんから男女雇用機会均等法の改定が必要だとハッパが掛けられ、運動が始まった。一九九五年六月一八日には「変えよう均等法！」神田パンセ集会が開かれ、均等法改正に向けた「ひと言運動」を開始、九六年四月に「女たちの異議あり！　均等法改正に向けて『私の一言』」集が刊行された。

九五年夏の北京世界女性会議には野崎さんと参加、野崎裁判報告ビラ（英文・中文）を配布し、WWNが開催したワークショップ「日本の女性の実態」等に参加して世界の女性たちのパワーにふれることができた。

翌九六年一月二一日には「変えよう均等法ネットワーク」（以下、均等法ネット）が発足し、パート問題や有期労働問題に取り組む女性たちが集まった。均等法ネットの会議は私の職場の東京ビルの会議室で行われた。これは組合への便宜供与の成果だ。均等法ネットでは衆参議長宛の均等法改定を求める署名活動や労働省要請、労働省前宣伝行動、国会の委員会傍聴や女性議員懇談会への要請等さまざまなことに取り組んだ。

一九九七年一月、派遣法改悪の動きを前に、大脇雅子参議院議員を団長に弁護士、均等法ネットのメンバーで規制緩和の進むニュージーランドの調査に参加、報告集「規制緩和でNZ市民はしあわせになったか」を発行、九月には、「『規制緩和で幸せになれるの』NZの経験に学ぶシンポジウム」を開催し、私も積極的に役割を担った。以降均等法ネット、有期雇用ネット、派遣ネット、パート研究会の四ネット共同行動で労基法改悪NO！の運動も開始し、事務局の一員として活動した。

一九九九年三月には非正規雇用に関する女たち欧州調査団に参加しILO、独、仏、英を訪問、冊子「なくそうパート・契約労働・派遣差別　均等待遇は世界の常識」を発行した。

9．均等待遇キャンペーンから均等待遇アクションへ

一九九九年調査旅行で「均等待遇」という言葉を獲得、それを実現しようと「均等待遇二〇〇〇年キャンペーン」の準備が始まった。事務局長を広木道子さんにお願いし、〝より強く　より広く　女たちが繋がるために〟超党派の議員、

研究者、弁護士、女性団体の方々を呼びかけ人として活動を開始した。私も事務局メンバーの一員として活動を担った。

二〇〇一年四月二九日、連合メーデーの会場外で連合会長の「均等待遇」という言葉を聞いた時の「やった」との思いは忘れられない。しかし「均等待遇」実現は喫緊の課題とされながらいまだ実現していないことが残念だ。主だった動きを紹介する。

・二〇〇〇年二月　均等待遇二〇〇〇年キャンペーン開始、九日発足集会

・二〇〇〇年一一月　日英シンポを東京・名古屋・大阪・福岡で開催

EOC法律部長アリス・レナードさん、マンチェスター雇用審判所審判長イレーヌ・ライス・ドネリーさんを招聘

パンフ「間接性差別を許さないイギリス」を発行

二〇〇一年三月「均等待遇二〇〇〇年キャンペーン活動報告」発行

・二〇〇一年六月　均等待遇アクション二〇〇三発足集会

二〇〇三年までに間接差別禁止と均等待遇を関連法に組み込ませること、具体的には、①パート労働法に均等待遇を明記、②間接差別禁止を均等法に明記させ、同一価値労働同一賃金を実現させることをめざして活動開始

・二〇〇一年一〇月　男女差別賃金に関しILO本部ロビー活動とオランダ調査実施

二〇〇二年一月ILO・オランダ調査報告書「均等待遇とワークシェアリング」発行

ILO一七五号条約批准にむけた署名活動開始

・二〇〇二年七月　ILO本部コンスタンス・トーマスさんを招聘

東京・名古屋・大阪・福岡で「『ILO条約と私たちの働き方』〜均等待遇を求めて〜」を開催

一一月シンポジウム報告「ILOから是正勧告されている日本の女性賃金差別！」発行

・二〇〇二年一一月「パート議連（二〇〇二年四月発足）と語る均等待遇の立法化」集会開催

・二〇〇四年四月　均等待遇アクション21に衣替え

・二〇〇五年五月　EU・イギリス・スウェーデンへ男女均等政策調査

八月「EUからの風　深化しつづける男女均等政策」発行

以降ILO条約批准・ディーセント・ワーク実現に向けてリーフレット発行や「均等法を男女平等法へ」緊急アピールなどに取り組んだ。

・二〇一七年八月　パンフ「ILO条約は働く人への世界の約束」を発行

10．日本女性差別撤廃条約NGOネットワーク（JNNC）への関わり

二〇〇三年国連女性差別撤廃委員会（CEDAW）の日本政府第四・五次報告審査に向け、二〇〇二年一二月にJNNCが結成され、均等待遇アクション二〇〇三も参加、男女賃金差別と非正規差別についてNGOレポートづくりに参加した。この時はニューヨークの会議には参加できなかった。

二〇〇八年夏に二〇〇九年七月の第六次報告審査に向けJNNCが活動を再開、私は均等待遇アクション21（以下、均等21）として参加しその後世話人となった。七月の審査にも参加しJNNCの活動力に感嘆した。その折にアメリカシェルのビル前で、昭和シェルの男女差別についてのビラまきを行ったこともいまではいい思い出だ。新たにフォローアップ制度ができ、二〇〇九年八月末にはCEDAWのD・シモノヴィッチ委員を招聘し、各地で講演会を行いその報告集作成にもかかわった。

二〇一六年二月の第七・八次報告審査はジュネーブで開催となり、NGOレポート作成や現地で委員を招いてのプライベートミーティングの詰めなど、出発ギリギリまで準備が続いた。

NGO側の取り組みはスムーズにできたが、政府と委員会の対話は建設的とは言いがたく、委員たちのいらだちを感じた。JNNCは三月一〇日院内で報告会を開催し、数日間で総括所見を翻訳して紹介した。その行動力は本当に素晴らしい。そして二〇一六年秋、私は中継ぎとして共同代表世話人の一人となった。

最後に

女性活躍推進法制定に向け、真のポジティブアクション法の実現をめざすネットワークが立ち上がり、私も参加、二〇一七年四月には政府の「働き方改革」に対抗してジェンダー視点の「働き方改革」をめざす冊子「女性も男性も人間らしく働ける社会を」を発行した。いまも新しく出会いが拡がっている。

二〇一〇年一二月、四〇年労使紛争の解決時に組合は二つの基金を作った。一つが「きんとう基金」で、裁判や活動助成金制度がつくられ、本郷に「スペースきんとう」が開設された。期間に限りのある取り組みだが、多くの女性に有意義に利用してもらえればうれしい。

（ゆのき　やすこ）

※「スペースきんとう」
文京区本郷二丁目27-2　東眞ビル3階
①事務所部分は均等21と女性NGOの共有スペースとして利用中
②会議室コーナーは会議、講座、交流等の場として利用（利用は登録制、希望のかたは kintou21@siren.ocn.ne.jp までご連絡を）印刷機あり
③利用料は午前・午後・夜間で各一〇〇〇円

Topics
トピックス

教職員の長時間過密労働の実態と改善のとりくみ

山本 乃里子
（全日本教職員組合中央執行委員）

1 教職員の長時間過密労働の実態

（1）中学校教員の仕事時間はOECD加盟国中最長

「朝六時に学校に来て、夜は八時まで仕事が当たり前という実態」「土日は『ぼろ雑巾』のようになって眠る」「子どもがほしいと思っているが今の勤務状況、仕事量ではとても不安」。これは、全日本教職員組合（全教）青年部が二〇一六年度に行った「妊娠・出産・子育てにかかわる実態調査二〇一六」（男性三二四人、女性三七五人、二〇代四三・三％、三〇代四七・七％）の自由記述に書き込まれていた青年教職員のリアルな声である。

二〇一四年六月に公表された「OECD国際教員指導環境調査（TALIS2013）」によると、日本の中学校教員の一週間当たりの仕事時間は、参加国中最長の五三時間五四分となっている。調査に参加した三四カ国の平均は三八時間一八分で、週五〇時間を超えている国は日本以外にない。

（2）女性に多い持ち帰り仕事時間

一方、二〇一二年に全教が行った「勤務実態調査二〇一二」（三九都道府県六八七九人分）によると、教職員の月平均時間外労働時間は六九時間三二分、持ち帰り仕事時間は二一時間四一分、合計九一時間一三分という結果になった。そのうち、教諭等の平均時間外労働時間は九五時間三二分。過労死ラインとされる平均八〇時間を大幅に超える異常な事態が明らかになり、新聞報道等でも大きく取り上げられた。さらに同調査では、女性教職員の持ち帰り仕事時間が二五時間三分で、男性の二〇時間二四分を四時間三九分上回っており、睡眠時間が六時間未満の割合は、男性二二・五％に対し、女性三五・七％という実態も明らかになった。家庭責任を果たすために仕事が終わらないまま帰宅する際に、家に大量の仕事を持ち帰り、睡眠時間を削ってまで仕事をしている女性教職員の姿が見えてくる。慢性的な睡眠不足は、精神的、身体的健康に大きな影響を与えるといわれており、とくに女性の場合には、母性保護の観点からも大きな問題があると考える。

こうした状況を反映して、全教が行った二〇一七年「教職員要求・意識アンケート」では、「身体がもたないかもしれない不安」について、七八・一%が「感じる」と回答しており、年代別では、二〇歳代六三・八%、三〇歳代七六・〇%、四〇歳代八一・五%、五〇歳代八四・四%となっている。また、二〇一五年に全国労働組合総連合（全労連）女性部の行った「女性労働者の労働実態及び男女平等・健康実態調査」で「仕事をやめたいと思うことがありますか?」という問いに対して、「いつも思っている」「ときどき思う」をあわせておよそ六五%もの女性教職員が辞職を考えながら働いていることが明らかとなった。主な理由は「多忙で身体的・精神的にきつい」「いつも仕事のことが頭からはなれない」などである。自由記述欄には、「慢性的な疲労を感じる」「家族との時間がもてない」「国は在宅介護を勧めているのに、長期の介護休暇がとれないのは矛盾を感じる」「子育てと仕事の両立が思った以上に大変で、いつ倒れてもおかしくない状況……定年まで働く自信が全くない」など、切実な状況を訴える記述がいくつもあった。子どもたちによい教育をしたい、子どもたちの成長や笑顔を見たいと望んで教職員になったにもかかわらず、多忙によって辞めたいと思わされてしまう実態は深刻である。

二〇一四年五月、金沢労働基準監督署は、大手英会話学校の講師だった二〇代の女性の自死について、大量の自作教材などから作業時間を推定する異例の措置により、長時間の持ち帰り仕事が要因だとして労災認定した。これを機に持ち帰り仕事に対する社会的認識はやや広がったといえる。しかし、未だに学校現場から持ち帰り仕事はなくなっていない。教職員一人当たりの仕事量を抜本的に改善し、勤務時間内に仕事を終えられるようにすることが何より求められる。

2　仕事と家庭の両立を阻害する長時間労働

（1）伸び悩む女性管理職比率

男性にとっても、女性にとっても長時間労働は、仕事と家庭の両立を阻害する大きな要因になっている。依然として家庭責任の重い女性の管理職比率の低さや女性参画の抑制にもつながっていると考えられる。

二〇一六年度の学校基本調査（文科省）によると、女性管理職（校長、副校長、教頭）の割合は、小学校二一・三%、中学校八・四%、高等学校八・三%、特別支援学校二四・五%で、いずれも前回調査よりわずかに改善されたとはいえ、女性教員の割合が全体の五一%を超えていることに比べて、非常に低い割合であることは変わらない。女性管理職比率が伸びにくい背景には、職場の困難さや長時間過密労働の実態に加えて、教職員評価等によって、管理職への管理統制が強まっていることへの敬遠などがあると考えられる。自己責任論が横行し、一人ひとりの教職員のいのち、健康、教育実践の自由などが大切にされず、ハラスメントが横行し、長時間過密労働が常態化しているような職場では、家庭責任を伴う負担が依然として大きい女性にとって、さらなる負担を背負うことになりかねず、昇格を望まない状況があると考えられる。

（2）妊娠・出産・育児に不安をかかえる青年教職員

　二〇一五年に全労連女性部が行った「妊娠・出産・育児に関する実態調査」（二〇一一年以降に妊娠・出産した二九〇九人より回答、うち教職員四二二人）では、平均で二三・二%が流産経験あり、二七・三%が異常出産であったと回答している。教職員についても、二三・八%が流産経験あり、二五・一%が異常出産であったと回答している。ちなみに切迫流産・早産の確立が高いのは、看護師（三七・四%）、介護・福祉職場（三〇・六%）、調理職場（三〇・四%）、保育士（二九・五%）等であった。日本産婦人科学会のホームページによれば、一般的に流産は八～一五%という統計値が報告されており、働く女性の流産・異常出産の確率の高さが際立っている。

　また、「妊娠中、通勤緩和のための勤務時間短縮等を利用したか」という質問では教職員の二五・八%が、「妊娠中、作業の制限や勤務時間の短縮等の労働軽減を利用したか」という質問では二三・六%が、「多忙・代替者がいない等職場の事情で請求しなかった」と答えており、他の業種に比べてこの理由をあげる割合が多いのが特徴である。これらの数値は五年前の調査からほとんど改善していない。「ほとんどが立ち仕事で母体への負担が大きい教師の仕事。二回流産しました。妊娠がわかれば、必ず代替や補助の先生が入ることができたら安心して休めます」「通勤緩和のための勤務時間短縮をとりましたが実際に使えたのは二～三回でした。管理職は『早く帰るように』と言うものの、仕事が終わらなくては帰りたくても帰れません」といった記述からは、学校職場の多忙が教職員の妊娠や出産にとって大きな壁となっている実態がみえてくる。

　また、前述の「妊娠・出産・子育てにかかわる実態調査二〇一六」からは、いままさに妊娠・出産・子育てに直面する青年教職員のリアルな姿が浮き彫りになる。「使用したことのある妊娠・出産・子育てに関わる制度はあるか」との質問に「ある」と答えた回答者は三〇・四%で、子どもがいると答えた回答者のうちの六七・四%を占めている。出産・子育てのために必ず必要な産前・産後休暇や育児休業の取得率は高いものの、職場復帰後に必要となる部分休業、育児休暇、育児のための短時間勤務制度などの取得は低い。さらに、「職場で、妊娠中の教職員の母体が危険だと感じたことはあるか」との質問には二五・〇%が「ある」

図１　母体が危機だと感じた理由（%）

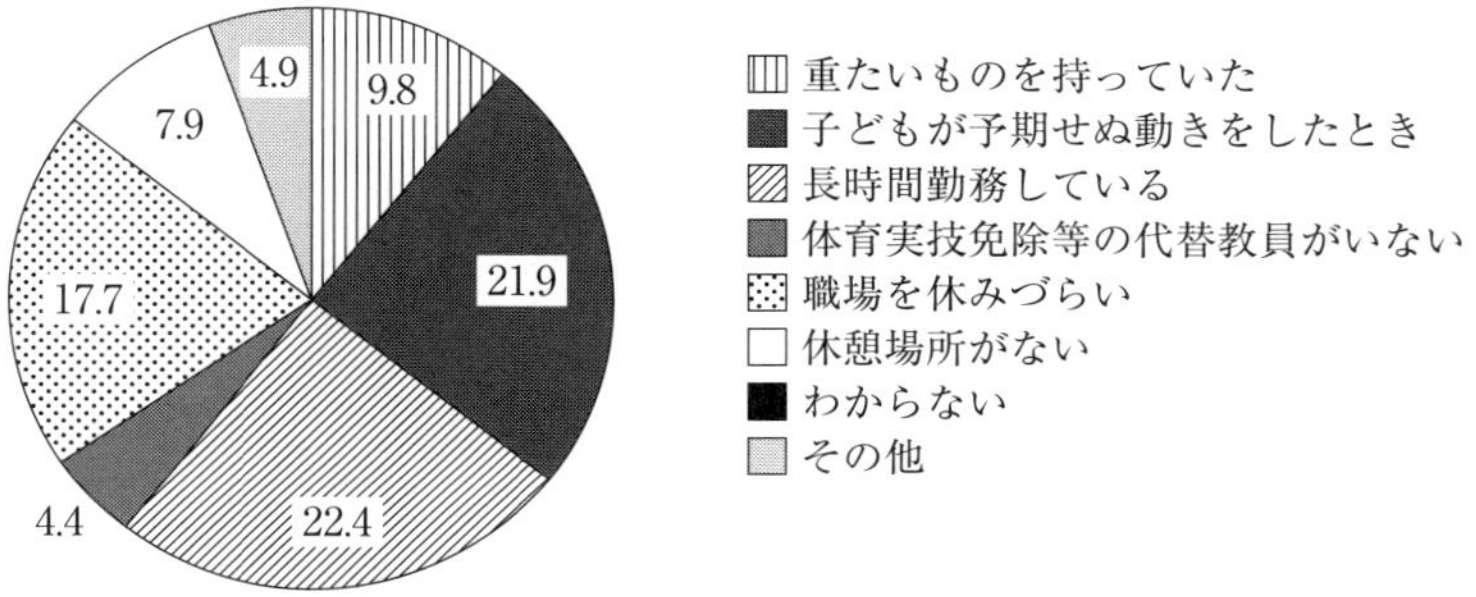

出典　全労連女性部「妊娠・出産・育児に関する実態調査2015」の教職員データ。

図２　仕事と子育てを両立させて働き続けるために要求したい支援や制度（複数解答）

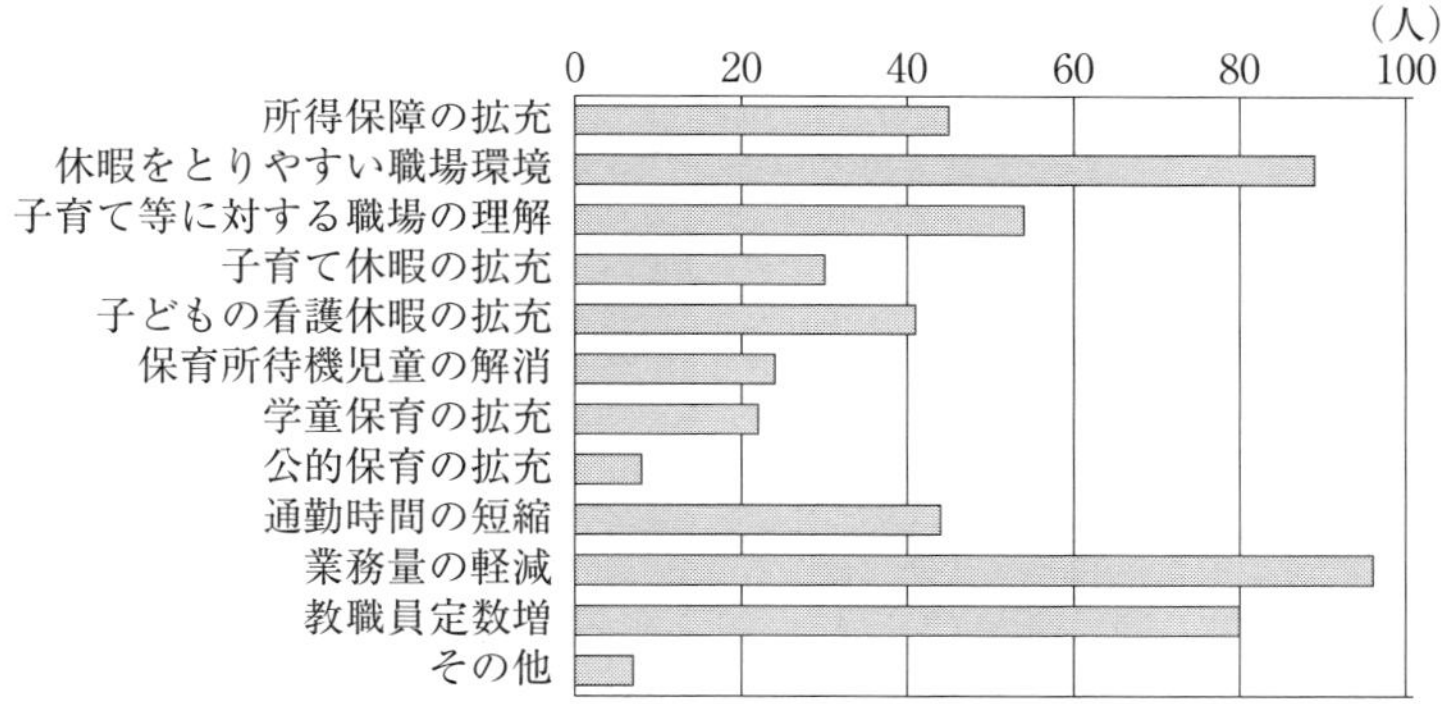

出典　図１に同じ。

と答えている。主な理由は、「長時間勤務」二二・四％、「子どもの予期せぬ動き」二一・九％、「休みづらい」一七・七％などである。自由記述欄には「体育の授業やプール指導をしなければならない」「妊娠中に部活動の担当をしていた」「妊娠中でも校外学習や修学旅行などの引率をしていた」などの声があった。「妊娠した先生が『周りに迷惑がかかる』という理由でギリギリまで黙っていました。本人を苦しめていた上に助けてあげられなかった後悔があります。権利があるのにとれない環境はつらいし、私自身も妊娠したらとりづらい…と感じます」「教職員をしながら、母親業もこなすのは至難の業だと感じます。どうか少しでもこの状況が改善されるように教職員の増員をしてください」の声にも代表されるように、母体保護の観点から、妊娠者に配慮した体制を組むこと、仕事量・仕事内容の軽減をはかることはもちろん、気兼ねなく休むことができるよう代替者を配置することがとても重要だと考える。

３　教職員の「働き方改革」

（1）文部科学省（文科省）がすすめる「学校における働き方改革」

文科省が二〇一六年一〇月、一一月に全国の公立小中学校教員を対象に行った勤務実態調査の結果でも、中学校教諭の約六割、小学校教諭の約三割が週六〇時間以上勤務し、厚生労働省が過労死ラインとしている月八〇時間以上の残業をしていることがわかった。調査によると平日一日当たりの勤務時間は小学校教諭で前回調査から四三分増の一一時間一五分、中学校教諭では同三二分増の一一時間三二分である。管理職では副校長・教頭が小中学校とも一二時間を超えるという結果となっている。こうした結果をふまえ、文科省は教員の「長時間労働は看過できない状況にある」として、二〇一七年六月、中央教育審議会（中教審）に「新しい時代の教育に向けた持続可能な学校指導・運営体制の構築のための学校における働き方改革に関する総合的な方策について」と題した諮問を行った。しかし、諮問の中心的な柱は、業務改善や組織運営体制のあり方の改善であり、これまで文科省が打ち出してきた政策の域を出るものではない。今回の実態調査において、「学内勤務時間」が一〇年前よりも増大している結果に示されるように、こうした施策に実効性がないことは明らかである。

（2）人員不足と教育政策の問題

教職員の勤務時間が長くなっている大きな背景の一つに安倍政権の「教育改革」がある。二〇〇八年に改訂された学習指導要領では授業時間が増やされ、「学力向上」の名のもとに全国学力テストの点数や順位を競う重圧のなかで、過去問題や類似テストなどを利用した繰り返し学習などが全国の学校で始まった。加えて、各都道府県や市町村単位での学力診断テストも広がっている。そうしたなかで、「授業時間数の確保」が強調され、週時数が増え、長期休業の短縮や土曜授業などが当たり前に行われるようになり、教職員も子どもも疲弊している。

しかし、文科省は次期学習指導要領でさらに授業時間を増やそうとしている。教職員への管理を強めるため、詳細な授業計画の提出や書類作成など、子どもの教育に直接関係のない仕事を強いる一方、教職員評価によってチームワークを破壊し、与えられた仕事だけを従順にこなす「教師像」の押し付けがすすめられようとしている。こうした競争と管理で教職員と子どもを追い込む政策が、教職員の多忙さに拍車をかけていると考えられる。

さらに、部活動問題も深刻である。実態調査では、中学校では土日の部活動指導の時間が一日当たり二時間一〇分で、二〇〇六年度調査に比べ倍増している。負担解消を求める教職員の声が広がり、文科省は二〇一七年一月、部活動の休養日を設定するよう求める通知を出したが、より根本的な解決が求められている。

4 長時間過密労働の改善に向けて

（1） 全教の要求ととりくみ

教職員の長時間過密労働は子どもたちの教育に深刻な影響を及ぼす。激務に追われて、子どもの話にじっくり耳を傾ける時間も余裕もない、授業の準備もままならない、支援の必要な子に時間をかけて丁寧に教える時間がないなど、教職員の長時間労働は子どもたち一人ひとりに心を寄せる教育の実現に重大な妨げとなる。教職員の長時間過密労働問題の解決は、教職員のいのちと健康を守ることと、子どもたちの豊かな教育を保障することの二つの側面からとりくまれることが重要である。

全教では、教育政策を抜本的に変えていくために、文科省や国会に働きかけるとりくみに力を入れている。国の責任による小・中学校、高等学校の三五人以下学級の早期実現や、教育費の保護者負担の軽減、公立・私立学校の教育条件や施設の改善などの要求を盛り込んだ「ゆきとどいた教育を求める全国署名」は、二〇一六年度末までの二八年間で四億四九三一万六四一八筆を集め、毎年国会請願を行っている。

いま、何よりも必要なのは、正規教職員の数を大幅に増やすことである。学校では教員、事務職員、栄養職員、現業職員などさまざまな職種の教職員が専門性をいかして、子どもたちと向き合い、「子どもの最善の利益」のために協力し合って仕事をしている。現在文科省がすすめようとしているのは、教職員の業務をさまざまなスタッフに振り分け、「校長のリーダーシップの下」で階層的・組織的に構成し直す「チーム学校」のやり方である。これでは、子ども本位の学校教育のあり方が、効率優先のマニュアル化されたものに変質させられてしまう危惧がある。一人ひとりの子どもによりそい、人格的なふれあいを大切にしながら教育活動をすすめていくためにも、少人数学級の実現、教員の持ち授業時数の上限設定など、教職員定数を抜本的に改善することが求められている。現在、三五人学級は法律上、小学校一年生でストップしたままである。各自治体の独自の努力によって、三五人以下学級の他学年への拡大をすすめている自治体もあるが、自治体任せにする問題ではない。さらに、近年、少子化による児童・生徒の減少に伴う教職員の「自然減」を超えて教職員数が減らされている。文科省は、全教は、政策を転換し、三五人学級の完全実施、教職員定数の抜本的改善を急ぐよう強く要求し続けている。

一方、教職員の長時間労働の改善に向けて、「公立の義務教育諸学校等の教育職員の給与等に関する特別措置法」（「給特法」）の改正も重要である。「給特法」の趣旨は「教員には時間外労働はさせてはならない」ことにある。仮に時間外労働を命ずる場合も「限定四項目」に限り、その場合も「臨時又は緊急のやむを得ない必要があるときに限る」と定めている。一方、労働基準法三七条を適用除外とし、時間外勤務手当を支給しないとしたために、現状では、際限のない長時間労働の歯止めとして機能しなくなってしまっている。時間外勤務手当を支払わせることで、長時間労働の深刻な現状を直視させ、実効ある解消策を策定させていくことが重要である。このため、全教では、「給特法」の改正を求めている。具体的には、法改正の趣旨・目的を明確にするため「給特法」の名称を「教育職員の労働時間の適正な管理と給与等に関する法律」と改め、第六条と第六条の規定にある「原則として時間外勤務を命じないものとする」とした政令を堅持したうえで、各学校における校長による適正な勤務時間管理を制度化すること、「限定四項目」の場合を含めた週当たりの実労働時間の上限を法律・条例で規定すること、実労働時間が法定労働時間を超えた場合には、労働基準法第三七条に準じて計算した時間外手当を支払う旨の規定を設けることなどを要求している。

（2）国際基準に基づいた改善を

全教が、教職員の働き方について拠りどころとしているのが、ILO/UNESCOの「教員の地位に関する勧告」である。二〇一四年一月、全教は「教員の地位に関する勧告」の適用に関するILO/UNESCO共同専門委員会（CEART）に対して、教職員の労働条件は、子どもたちにとっての学習権の保障につながる重大な問題であるとの立場にたって、「日本の教員の長時間労働の実態と専門職性」と「日本の非正規教員問題」の二点にかかわって「申し立て」を行った。具体的には、日本における教育予算が少ない問題、クラスサイズが大きい問題、教員の長時間残業ならびに労働時間のなかで実務や教育にあてる時間が少ない問題、不安定雇用が教育の質の低下につながりかねない非正規教員の増大の問題などの改善を求めたものである。「申し立て」の根拠とした勧告の項目は、六項「教育の仕事は専門職としてみなされるべきである」、八項「教員の労働条件は、効果的な学習を最もよく促進し、教員がその職業的任務に専念できるものでなければならない」、七一項「教員の職務遂行に関する専門職の規準は、教員団体の参加のもとで定められ維持されなければならない」、八五項「教員は価値ある専門家であるから、教員の仕事は、教員の時間と労力が浪費されないように組織され援助されなければならない」などである。

二〇一六年一月、CEARTから「申し立て」について中間レポートが示され、日本政府と全教に対して勧告があった。勧告に基づいて、全教は文科省に対して、教職員の長時間過密労働の解消にむけて、全教をはじめ教職員組合の全国組織との率直な意見交換の機会を持ち、誠実な協議や意見交換を行うことを要求し続けている。また、二〇一七年二月には、CEARTに対して追加情報を提出し、日本政府に対するより積極的な支援と勧告を促した。

5　最後に

現在、全教では、長時間過密労働の要因と解決のための課題を明らかにするため、「これが原因、わたしの長時間過密労働。これが必要、解決のために」と題するとりくみを、管理職を含む職場のすべての教職員を対象に、全国各地ですすめている。今後、結果を職場や地域、都道府県、国などあらゆるレベルでまとめあげ、具体的改善にいかす運動にとりくんでいく。

どんなによい制度があっても、「絵にかいた餅」では何の役にもたたない。制度が使いやすい職場環境を、教職員同士の学習や共同によってつくっていく営みが大切である。

「妊娠・出産・子育てにかかわる実態調査二〇一六」には、「どんな休暇があるのか知らないので、知る機会がほしい」、「権利や制度の学習を初任者研修でおこなってほしい」、「周囲の方々に制度を知ってもらえると、誤解もなく活用しやすくなると思う」といった青年教職員の声がたくさん記述されている。全教女性部では、こうした要求に応えて、青年教職員が気軽に手に取ってくれるよう工夫を凝らした「けんりのおはなし。」ミニカードを作成し、青年教職員にさりげなく手渡すとりくみをすすめている。また、子育て中の教職員の悩みや要求に応える「子育てママパパの会」は、各地域の実情に合わせて全国各地で開催されており、子育て中の教職員の拠りどころとなっている。

深刻な教職員の長時間労働の改善のためには、一人ひとりの悩みや声に耳を傾け、願いを要求として練り上げて運動をつくり、一つひとつ改善につなげていく……そうした労働組合の存在が欠かせないものであることを、改めて強調したい。

（やまもと　のりこ）

Topics トピックス

ジェンダー視点の「働き方改革」実現に向けて

屋嘉比　ふみ子
（ペイ・エクイティ・コンサルティング・オフィス（PECO）代表）

はじめに

安倍晋三政権の「働き方改革実行計画」では「働き方改革は働く人の視点に立った」ものであることを強調しているが、同時にこれは「日本経済再生に向けて、最大のチャレンジ」や、「投資やイノベーションの促進を通じた付加価値生産性の向上と労働参加率の向上」のためのものであり、「働き方改革こそが、労働生産性を改善するための最良の手段である」と結論づけている。安倍内閣の経済重視の論理で、ジェンダー平等の視点はもちろん「働く人の視点」は見当たらない。「働き方」とは憲法や労働基準法（以下、労基法）に則って、労働者の人権擁護と労働権の保障をベースに組み立てるべきであるのに、本実行計画では「労働生産性の向上」や「日本型雇用慣行の重視」という、財界におもねる主張で労働者を置き去りにしている。身分差別が生涯続くような制度を撤廃し、均等待遇を前提とするジェンダー平等視点の働き方が確立されなければならない。ライフスタイルに合わせて働き方を選択でき、安定した雇用のもとに希望を持って働き続けることができるディーセントワークを実現するためのシステム作りが必要である。ジェンダー視点の「働き方改革」実現に向けての制度改革や法改正について、具体的な提言から共に考えたい。

1．労働実態から考えること

二〇一七年一〇月、福岡で開催されたコミュニティユニオン全国交流集会二日目の分科会「女性と労働」では、事前に全国の女性ユニオン、地域ユニオン、女性団体やNGOにアンケート調査を行い、そのまとめが資料として提出された。一四組合・団体からの回答結果をみると、ユニオンに寄せられる相談や団交内容は、雇止め、解雇、退職強要、賃金未払、いじめ等、また上司や同僚からのセクシュアルハラスメント、パワーハラスメント、マタニティハラスメントなど多方面にわたる。どの事例も働き続けることを困難にする直接的な攻撃であり、職場からの追放は女性労働者を貧困に追いやる。またハラスメントによる精神・身体にもたらす影響は想像以上で、メンタルの病気を抱えた被害者が再起するには相当の困難がつきまとう。女性の労働現場は、女性活躍どころか深刻な問題が山積し、憲法施行から七〇年が過ぎても、いまだに女性の労働権そのものが侵害され、人間としての尊厳が脅かされており、安定した雇用と公正な賃金の確保とはほど遠い実態である。

非正規の増大により組織率は一七・三％（二〇一六年）と労働組合の力の低下が続いているなかで、自転車操業のコミュニティユニオンは全国で奮闘している。様々な現状分析や提言が出されても、具体化するためには大小の労働組合の意識改革と積極的関与が必須条件となる。

労働契約法（以下、労契法）二〇条違反を問う非正規差別裁判も各地で闘われた。東京地裁のメトロコマース非正規差別裁判では、二〇一七年三月、職務の同一性を比較する対象は正社員全員とし、職務内容・配置の変更を比べて大きな相違があるとした不当判決が出され、東京高裁での控訴審が始まっている。同じ労契法二〇条で争った郵政ユニオンの裁判では、一部の手当や休暇制度について一定の是正を会社に命じる判決を出した（一七年九月東京地裁）。ジェンダーバイアスに満ちた司法のあり方そのものが問われる。

突然の総選挙でいったん「廃案」になったが、一七年九月八日に出された八つの労働法改正を含む一括法案では、注目の労契法二〇条は削除され、均等待遇実現とは逆行している。

２．人間らしい働き方を取り戻すために役立つ二冊

ジェンダー視点に立った労働政策とまっとうな「働き方改革」を考える糧となり、短期的・長期的にやるべきことが見えてくる冊子を紹介したい。

①『女性も男性も人間らしく働ける社会を―ジェンダー視点の「働き方改革」―』

「真のポジティブアクション法の実現をめざすネットワーク（通称ポジネット）」は、三六人の呼びかけ人からなるネットワークである。二〇一四年秋に提出された「女性活躍推進法案」をより実効性のあるものにすべく活動を開始し、「女性活躍推進」について正しい方向性を探るために院内集会などで議論を重ねてきた。「女性活躍推進法」は二〇一六年四月に施行したが、さらに女性の労働にまつわるさまざまな課題を解決するために、ジェンダー平等の観点に立ち、多

編集・発行　真のポジティブアクション法の実現をめざすネットワーク（2017年，頒価200円）

角的に取り組むことを目的に活動している。その一環としてつくられた労働ワーキングチームが、九か月間議論を尽くして意見をまとめ、本書を発行した。

男女雇用機会均等法（以下、均等法）施行から三十余年を経た今でも、働く女性たちの労働現場は改善されず、男女賃金格差、妊娠・出産・家族的責任に関するハラスメントや退職・解雇、低賃金の非正規労働者の増加など、雇用平等とはほど遠い厳しい現実がある。

国連では、二〇三〇年までにあらゆる分野における男女の完全平等実現を掲げている（「２０３０アジェンダ」A/70/L.1）。労働ワーキングチームは、日本でどのような法制度があれば国連の目標に近づくことができるかをさまざまな観点から検討し、九つの提言をしている。本書の特徴は、働く環境の整備に関するあらゆる分野において、ジェンダー平等の観点から「働き方改革」について考察し、雇用平等実現に向けて明快に提言している点である。本冊子のポイントを簡単に解説する。

Ⅰ．「包括的差別禁止法」の立法化

・人種、性・性的指向・性自認、妊娠・出産、年齢、障害、宗教・信条、社会的身分、雇用形態などによる差別を禁止すること

・差別の類型には直接差別、間接差別、ハラスメントを含み、募集・採用から解雇に至るあらゆるステージの差別を禁止すること

当面は個別立法の改正を求めるが、将来的には「包括的差別禁止法」の制定を目標とすべきであると提起している。

Ⅱ．「同一価値労働同一賃金法」の立法化

・ＩＬＯ（国際労働機関）が示す職務評価の国際基準に従って、職務の価値をその遂行に求められる「知識・技能、責任、負担、労働環境」の四つの要素によって評価すること

・企業で職務評価を行う場合は、労使による職務評価委員会を設置し、行政は独立専門家による職務評価の支援を行うこと

・同一価値労働には同一賃金、比例価値労働には比例賃金を支払い、男女間の賃金差別や正規・非正規間賃金差別を是正すること

日本がＩＬＯ一〇〇号条約を批准（一九六七年）してから半世紀が過ぎたが、依然として男女賃金差別は是正されない。ＩＬＯ条約勧告適用専門家委員会は日本政府に対して、「男女同一価値労働同一報酬原則は、男女が行う職務または労働を、技能、努力、責任、あるいは労働条件といった客観的要素に基づいて比較することを必ず伴う点を強調したい。男女同一価値労働同一報酬原則を規定するために法改正の措置を取るよう求め

る」（二〇〇八年）等、再三にわたって勧告を出している。

二〇一〇年の第三次男女共同参画基本計画および第四次基本計画（二〇一五年一二月）では同一価値労働同一賃金原則を明記しているが、「働き方改革法案」は、同一価値労働同一賃金原則の正しい理解に基づく実効性あるものとはなっていない。男女および雇用形態間の賃金格差を是正するためには性に中立な職務評価が最も有効である。本書では同一価値労働同一賃金原則の国際基準に則った、実効性ある制度構築を求めるとし、同一価値労働同一賃金法案を提起している。職務評価のやり方も掲載されており、ぜひ職場で活用していただきたい。

Ⅲ．女性が働きながら「妊娠・出産する権利」の保障
・女性が健康に働き、産むことは、侵害できない労働権であること
・男性の身体を基準とした働き方に対する意識改革をおこなうこと
・妊娠・出産に関するハラスメントを禁止し、職場復帰の権利を確立すること

妊娠・出産による①不利益取り扱いの禁止、②母性保護制度の利用促進、③マタニティハラスメント、の三点について問題提起している。

「妊娠してもあたり前に働ける職場」をつくるために、働く女性の制度利用を促進することが必要で、制度の活用率を上げ、利用を促進する取り組みが求められる。妊娠・出産にはあくまで女性の自己決定権があり、企業や職場がそれに介入したり圧力をかけたりしてはならない。職場に「産む性である身体」がいることがあたり前になるように、慣習や価値観を問い直すことが重要である。

Ⅳ．生活時間の確保と働く時間を選択できる権利の保障
・一日の労働時間は八時間を超えてはならないことを明確にすること
・企業はすべての労働者の労働時間の把握義務があることを明確にすること
・短時間労働者とフルタイム労働者の相互転換や、フレックスタイム、育児介護休業の取得など、働く時間を選択できる権利を保障すること

二〇一四年に過労死防止法が成立したが、ここ数年で約二〇〇人が過労死や過労自殺で亡くなり、企業規模や業種を問わず悲惨な事例は後を絶たない。いずれも労基法違反の長時間労働が原因とされている。働き方改革実現会議は経営者が中心で労働側の声は反映されていない。産業競争力を強化する観点から提案された高度プロフェッショナル制度と、残業上限規制の特例「一か月一〇〇時間未満（休日労働含む）」は過労死促進法案でしかない。割増賃金（残業代）は違法な超

勤に対する制裁措置である。ジェンダー平等のためには、男女ともに生活時間を確保できる労働時間改革は必須条件だ。この項では、収入のための時間は一日八時間に制限して生活の自由を確保するという労働者の人権の要を守るため、八時間の労働で生活できる産業政策や社会保障政策、また労働システムの再設計の必要性について述べている。

V．男女雇用機会均等法の改正
・性差別の定義を規定し、目的・理念に「仕事と生活の調和」の平等保障を明記すること
・差別の対象事項に「賃金」を入れること
・間接差別禁止の事例を増やし、例示列挙とすること
・雇用管理区分を超えた性差別を禁止すること
・性別（性別役割、妊娠・出産等を含む）に関するハラスメントを禁止し、職場復帰の権利を確立すること

①性別に基づく待遇差別をなくす均等法の抜本的改正を

均等法は差別の対象事項に「賃金」を入れていないため、均等法が施行されて三〇年が経過しても男女賃金差別は放置されている。女性差別撤廃条約一条に基づき、性差別の定義規定をおくこと、六条の差別の対象事項に「賃金」を入れること、雇用管理区分を超えた性差別を禁止すること等、抜本的改正に向けての案が出されている。

②賃金公平のための法整備──労基法四条を中心として

雇用区分要素は、「間接差別」の法理や国際基準の職務評価を通じて、あるいは「合理的配慮の欠如」による差別であるか否かを判断できるようにする必要がある。司法および行政の救済権限を明確化し、義務付けることの重要性、また差別が人格尊厳の否定であり、精神的苦痛を慰謝する責任について明らかにすることを指摘している。

③男女平等を基礎に「仕事と生活の両立」を保障する制度の拡充

現行育児介護休業法が不利益取り扱いの禁止を育児介護休業の権利行使を理由とする場合に限定していることは狭すぎ、あらゆる場面での待遇上の不利益を対象にすべきと提起している。

ハラスメントに関しては、将来的には現行の「セクシュアルハラスメント」のみならず、さまざまな差別事由によるハラスメントを禁止すること、また複合差別・複合ハラスメントの防止・禁止に具体的に取り組むべきだと説く。

Ⅵ．女性活躍推進法の改正
・男女の平等な処遇、計画策定についての労働者の関与、義務付け企業の拡大、制裁について盛り込むこと
・雇用管理区分、派遣労働者の扱いも含め、活躍情報の把握、公表につい

て項目を増やすこと
・その他

ポジティブアクション法としての性格を強化し、その実効性を高めるための取り組みを求めている。法改正については、「女性の活躍」の定義には、雇用における男女平等の確立が含まれることを規定すべきであること、計画の策定や改定に際しては、労働者の関与を条件とすることを提起している。事業主行動計画策定指針の改正などについては、計画の妥当性を検証するためには、計画を読む者が判断・評価できる内容である必要がある。派遣労働者の派遣先での情報公表項目を増やし、処遇改善に結び付けることなど、多方面から提起している。

Ⅶ．雇用平等を実現する行政による救済
直接差別だけでなく、間接差別や複合差別の定義を明確にし、是正すること等

労働基準監督官に対するジェンダー平等に関する教育を徹底して、十分な力を発揮できるようにすること、職場全体に対する差別解消のための権限が行使できるようにすること、セクシュアルハラスメントについて禁止規定を設け、行政委員会によって被害者の不利益を解消して就業環境整備に向けた具体的措置を命じられるようにすること等を提起している。

Ⅷ．働く環境の整備
・すべての雇用労働者の年金権の確立と、税の再分配を行うこと
・性中立で個人単位の年金・税制に変えること、その他

男性稼ぎ主型賃金制度を前提とした世帯単位の税制・年金制度は、所得再配分機能が働かない。個人単位の年金・税制に変えて、累進性を高めることを提起している。世帯主に支払われる扶養手当は企業規模によって異なり、シングル女性や非正規には適用がない。親の収入に関係なく子ども手当を支給すること、社会問題化している保育所・学童保育の充実、介護サービスの充実など具体的な提案がある。

Ⅸ．国際基準の遵守
女性差別撤廃条約、ＩＬＯ一〇〇号、一五六号条約を遵守し、未批准の条約を早期批准すること

ＩＬＯのフィラデルフィア宣言のモットーである、公労使三者による労働政策審議会が形骸化している実態を説明し、未批准の条約を早期に批准するよう提起している。

② **『ＩＬＯ条約は働く人への世界の約束』**

均等待遇アクション21は、「均等待遇

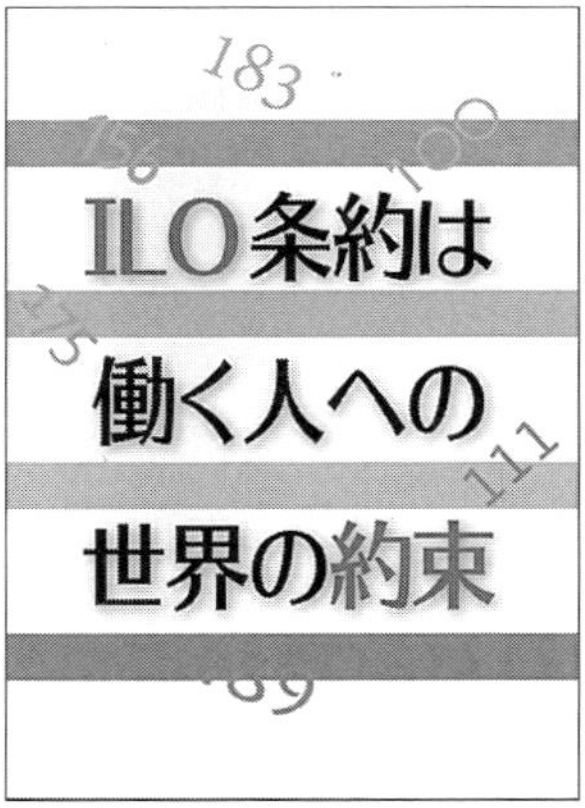

編集・発行　均等待遇アクション21（2017年，頒価100円）

二〇〇〇年キャンペーン」として活動を始め、二〇〇一年から均等待遇アクション二〇〇三を、二〇〇四年から現名称で活動を続けてきた。全国に約四五〇人が賛同人として参加するＮＧＯである。欧米への調査活動、ＩＬＯやＣＥＤＡＷへのロビー活動および国会議員へのロビー活動、各審議会の傍聴、各法案に対する要請書提出、その他多数のことを行ってきた。本小冊子は、未批准のＩＬＯ条約批准に向けた活動の一環として、条約を解説したものである。

　ＩＬＯは一九一九年に国際連盟とともに創設された。その活動目的は、「社会正義の実現という視点から、労働条件の改善・向上を通して、世界平和を守ることに貢献する」ことである。ＩＬＯは①雇用機会の創出、②労働者の基本的権利の保障、③安定した職業生活を送るための社会的保護の拡充、④労使間の社会対話の促進という、ディーセント・ワーク実現の四本の柱を示している。これらは、ジェンダー平等を通して達成されるとしている。「人間らしい働き方」の実現をめざすＩＬＯは一八九号まで条約を採択しているが、日本はジェンダー平等に欠かせない重要な条約をまだ批准していない。本冊子は未批准の条約の批准に向けて、さらに批准している条約を十分に活用するための法改正等の情報を広げる目的で作成され、ジェンダー平等の基本となる六条約を紹介している。

　ＩＬＯは政労使三者の代表が平等に参加して、議論しながら条約を積み上げてきた。労働組合やＮＧＯが条約の批准を政府に働きかけたり、批准した条約が守られているかどうかＩＬＯに情報を提供したりすることで、ジェンダー平等社会に一歩でも近づければと願っている。ＩＬＯ条約を日常的に読みこなすことは難しいが、本冊子は各条約が一目で理解できるように工夫されている。

　二〇一九年はＩＬＯ創設一〇〇周年にあたる。現在の社会、経済、政治的混乱によって、あらゆる場面で人権がないがしろにされる時代に、社会正義の実現は大変困難な状況にあり、ＩＬＯの役割と寄せられる期待は大きい。本小冊子を活用してＩＬＯ条約を知り、未批准の条約が批准されるよう、さらに注目し、発信していただきたい。

※ペイ・エクイティ・コンサルティング・オフィス（ＰＥＣＯ）www7b.biglobe.ne.jp

（やかび　ふみこ）

Topics
トピックス

女性の貧困問題の実態
フードバンク活動から見えてくるもの

高橋　実生
（フードバンクかわさき代表）

1　フードバンクとは

「フードバンク」という活動、団体をご存じだろうか？

「知っている」と答えた方、あなたの知っているフードバンクはどんなことをどんな形で行っているだろうか。活動内容を具体的に知っているだろうか。

現在、日本にはおそらく一〇〇以上のフードバンクがある。フードバンクは一つの組織ではなく活動や団体の総称だ。それぞれ、元となる団体や成り立ち、主目的、考え方、食品を渡す対象、渡す方法、渡す回数、渡すための条件、地域など、フードバンクの数だけ多様性があると考えていい。

海外のフードバンクは、貧困対策に重点を置いているが、日本では、管轄省庁が農林水産省であり、「食品ロス削減」が主目的だ。農林水産省によると「食品企業の製造工程で発生する規格外品などを引き取り、福祉施設等へ無料で提供する『フードバンク』と呼ばれる団体・活動があります。まだ食べられるにもかかわらず廃棄されてしまう食品（いわゆる食品ロス）を削減するため、こうした取り組みを有効に活用していくことも必要と考えています[1]」という。

農林水産省の説明では、フードバンクに寄贈された食品を受け取るのは、「施設・団体」となっており、児童養護施設や障害者福祉施設などが例として示されている。一日三食の食事を摂ることが難しい世帯ではなく、食事には困っていない施設が対象に位置づけられている。

「子どもの貧困」が大きな問題となり、「子どもの貧困対策の推進に関する法律」ができても、その立ち位置は変わっていない。ひとり親世帯の半数以上が貧困状態でも、その姿を発見できないとするところに、驚きを禁じえない。

フードバンクなら見えづらいとされる生活が苦しい世帯や子どもたちを発見できる。また、手を差し伸べることができる可能性をもっているのに、そこを生かせずにいるのが現状で、本当に困っている人たちにはフードバンクの想いや食べ物は届いていない。また社会の認識もそのようになっていない、それが正直悔しい。

2 「フードバンクかわさき」の活動

「フードバンクかわさき」は、「身近なところから、餓死と生活苦からの自殺を出さない」を掲げて、二〇一三年に設立された。当初から川崎市だけでなく川崎発で「個人世帯を対象に」して直接手渡しや配達（遠方の場合は発送）を行ってきた。利用者は約二〇〇世帯（約四〇〇人）にのぼる（二〇一五年現在）。川崎市を中心に、一回に一～二週間分の食料を届けている。

「フードバンクかわさき」では、食料品だけでなく日用品、衣類、学用品も渡している。また、見守りや社会保障の制度につなぐための生活相談も行っている。私たちの目標は、精神的、経済的自立の支援であり、このことは「かわさき」の大きな特徴だ。

いまでこそ、「生活困窮家庭に届けるフードバンク」というイメージでも知られはじめたが、当初「貧困」を中心に置いたフードバンクは異端視された。「そんなのはフードバンクではない」、そう言われてきた。

フードバンクまで取りに来たら個人世帯にも渡すという形、個人宅への発送をフードバンクが行うという形も、ここ数年で少しずつ増えてきた。ただし、そのような個人対応の場合でも、回数制限があったり、役所などの紹介でなければ受け付けないというフードバンクは多い。

支援の依頼は、直接個人以外にも役所や社会福祉協議会、ハローワーク、ケアマネジャー、スクールカウンセラーなどとさまざまである。依頼があるとまず、「利用申込書」記入してもらい生活の状態をヒアリングする。生活保護・失業保険や就学援助の申請中か受給中か、就業しているか、障害や病気の有無、年金受給額などの状況、生活の苦しくなった理由とともに電気・ガス・水道等のライフラインの状況や家電製品で不足しているものもたずね、必要なものが手に渡るようにしている。

「フードバンクかわさき」は活動当初から「笑顔とハートを届ける」と言ってきた。オーダーをきき、家庭ごとの希望を反映させた品を「直接の配達」で届けるという形態をとるフードバンクは、全国でも類をみない。配達までの手間と労力は必要だが、活動そのものが、命と心に向かい合うことである。なぜこのようなフードバンクをつくってきたのか。その理由と背景を説明したい。

3 サバイバーに対する支援から

「フードバンクかわさき」は、非営利型一般社団法人ファースト・ステップが運営している。「ファースト・ステップ」とは、二〇〇二年に私が立ち上げた「サバイバー支援グループ」だ。ここでの「サバイバー」とはDV（ドメスティック・バイオレンス）や虐待などのファミリーバイオレンスの「被害当事者」を指している。

私自身が虐待・DVなどさまざまな被

害を受けてきた「サバイバー」だ。「被害者」と呼ばれたくはなかったし、自分たちが主体で動いていきたかった。誰かの支援が必要な「かわいそうな被害者」ではなく、「サバイバー」として生きていきたかった。

　自分自身がリアルタイムで経験していることをもとに、情報発信をインターネットで行い、アンケート、チェックリスト、メール相談、そして掲示板での情報意見交換を行う。インターネットの特性で、地域を乗り越え、情報や想いの共有ができ、全国、そして海外在住にいたるサバイバー仲間たちとつながっていった。インターネットは入り口の一つであり、パソコンインストラクターとしての本業で全国出張が多い形にし、各地のサバイバーと顔の見える関係を築きつつ、情報発信と現場でのサポートを行ってきた。

　サバイバーたちから、「気づき」から始まる相談を受け、逃れる際のポイントや脱出した後の生活の知恵を提供し、そして部屋探しから生活基盤を整える手伝い、就労に至るまでの伴走型支援を行う、これが「ファースト・ステップ」の活動だ。

　サバイバーたちの意見を集約し、二〇〇三年から二〇〇四年の「ＤＶ防止法」改正や「犯罪被害者等基本法」制定の際にロビイングを行った。

　ＤＶ防止法改正の際には、「サバイバーからの提言」として冊子を作り、議員から官僚、参加者にまで手渡していき、当事者だからこそ見える問題を可視化して訴えてきた。「犯罪被害者等基本法」制定の際には、ＤＶや虐待などの被害も犯罪被害の一つである、と訴えてきた。

　私たちが十数年にわたる活動のなかで出会ってきたサバイバーたちの生活は、心や体の問題をはじめ、食べることすらままならないというかなり追い詰められたものだ。家を離れる前でも自由に食べさせてもらえなかったり、お金を渡してもらえなかったりと、制限をかけられていることが多々ある。サバイバーたちは、「身を隠せ、知らない土地に逃げろ」と言われながらも、加害者に発見されることを恐れ、どこにもつながれずＳＯＳを発することも難しい状態で全国に点在している。

　明らかに犯罪行為であっても「自己責任」とされる特異性が、ＤＶや虐待などのファミリーバイオレンスにはある。「児童虐待」は問題にされても、児童の年齢を超えた後の虐待は、問題にされず、「なぜ逃げないの」と不思議がられる。犯罪の「被害者が逃げる」「家を追われる」という異常事態に疑問をもたない人が多い。

　ＤＶや虐待を受け、「逃げなさい」とせき立てられ、脱出したものの、後の支えは何もないということは多い。逃れたら終わりではなく、苦しみの入り口だったということも多々あるのだ。

　着の身着のまま飛び出さざるをえず、

DV脱出後のシェルターで生活保護を申請する場合もかなりある。仕事をもっていても、シェルターに入り、遠くまで離れると、仕事を失ってしまうこともある。知らない土地で家探し、職探しなど生活基盤を作っていくことを一からはじめなくてはならない。

貯金を持って脱出したとしても、貧困はまたたく間に近くにしのびよってくる。虐待から逃れようと早くに家を飛び出し、苦労することも多くあるし、児童養護施設から出た後に、お金の使い方や仕事、人間関係で苦労し、貧困に陥ることも数多くあるのだ。

心身が回復しないうちに働きはじめ、さらに体調を悪化させるケースもとても多い。過度なストレスからがんや膠原病などの病気を発したり、精神疾患から障害をもつようになったり、自死を選んだり、餓死したりすることも起きてしまう、そんな状況だ。

私自身、何度も何度も死を考えた。手に職をもっていても心身の不調から思うように体が動かなくなっていき、日常生活を送ることが困難になっていく自分にも絶望する。何度も何度も生活が困窮状態になり、電気・ガス・水道などのライフラインは繰り返し止まり、着る服、食べるものにも苦労してきた。

DVで失っていたであろう命、自死をはかっても生き残った命、その命で「せめて生きているうちにできることを」、そんな想いで動き続けてきたのが、「ファースト・ステップ」の活動であり、私のあしあとである。そして、それが「フードバンクかわさき」へとつながっていった。

4　機能しないセーフティネット

「フードバンクかわさき」での活動を通して、さらにみえてくる実態がある。メディア等では子どもの貧困の問題がクローズアップされるが、そもそもは世帯の貧困だ。とくにひとり親の貧困世帯は半数を超える。

「フードバンクかわさき」に連絡をもらった時点で、余裕がある人はまずいない。家賃を滞納している、電気、ガス、水道などのライフラインが止まっている、携帯など通信手段がない人も多くいる。

「生活が苦しい」状態は、ささいなことをきっかけに誰にでも突然やってくるのだ。「駅で走ってくる人をよけて転んでしまった」、そんなきっかけもある。転職、失業、家族の病気や介護、事故、犯罪に巻き込まれるといった、誰にでも起こりうることからはじまる。本人もなかなか気がつかないこともあり、「なぜこんな事態になったのか」と戸惑う人たちも多い。「働けば何とかなる」「まだ立て直しできる」。そう思っても、なかなかいまの社会の仕組みではうまくいかない。「何とかしなくては」と焦り始めたときには、事態はあっという間に悪化している。一見利用できるように思われる制度にも壁があり、悩んでいるうちにあっという間に厳しい状況になってしまうのだ。

厳しい状況になかなか周りは気づくことができない。「あなたが～だったから」と、自己責任論にすりかえられ、傷つけられることで相談すらできなくなることが多いのだ。また、お金に関する相談はタブー視されているところもあり、これも相談できない理由である。貧困者へのスティグマも大きな壁になっている。そのなかで、誰かに相談し、SOSを出していくことは難しいことなのだ。

私自身、貧困の当事者であるので、痛いほどわかる。身内や親しい友人にすらなかなか相談できないまま、食べるのにも事欠き、ライフラインが止まるような生活になってしまったのだから。

公の機関に頼ろうとしても、さまざまな壁がある。生活困窮者自立支援法ができても、実際に活用できる内容は決して多くはない。「生活保護」は最後のセーフティネットであるといいながら、必要な人の約八割が受けられていない。

その背景としては、当事者へのスティグマと扶養照会の問題が大きい。申請を家族が拒否してしまうのだ。そこで当事者を否定してしまう。周りの眼が気になり、子どもがいじめにあうからと我慢してしまう。

「若いから」「働いているから」「家族に頼れば」と言われ、申請すらさせてもらえないという、あってはならない現状がある。そのうえで再度、窓口に行き、相談を重ねるだけの気力体力は当事者には残っていない。心身ともに疲れ果てているときに、役所での手続きを行うことはとても難しく気力がいる。また、人を頼りにすること自体が難しいのだ。生活保護の申請ができたとしても、決定までは、二週間から最長三〇日かかる（最長を当たり前にしてしまっている行政もある）。決定までの期間が長いにもかかわらず、申請した日から「生活保護」（支給対象）としての扱いになるため、その時点から人からお金を借りることは禁止となる。保険証を自治体に預けてしまい、医療機関にかかれなくなることもある。お金が実際に支給される対象期間とみなされているにもかかわらず、苦しい生活が続くことになる。保護申請から決定までの、不安やみじめさなどのさまざまな思いを抱えながらの生活苦は耐え難いものだ（実際にその間に申請却下や心中事件も起きている）。

セーフティネットがセーフティネットたりえていないのだ。生活福祉貸付などを利用するために社会福祉協議会に行っても、実は壁がある。返すための担保がないと借りられない。保証人の問題もある。そして「緊急」であっても即日対応可能なわけではない。

5 フードバンクにできること

「八方ふさがり」、そう感じてしまわないように、「かわさき」がセーフティネットの一つ「食と心のセーフティネット」でありたい、そう考える。

「フードバンクにそこまでの能力はないから、他のネットワークを紹介すべきだ」という声もある。しかしながら、何カ所にもＳＯＳを出すこと自体が困難な場合には、ワンストップでのヒアリングが望ましい。当事者に何度も発するだけの力はもはや残っていない。ワンストップで状況を聞き取る。そこからかかわる人を増やしていく。その先に、地域や社会につなげていく。そのためには、発信しづらいＳＯＳを「見逃さない」たくさんの眼が必要だ。フードバンクはその一つであり、必要なアウトリーチを行える手段をもっている。

「フードバンク」という仕組みを通してのさまざまな援助をしていくこと。ファースト・ステップでのノウハウを生かし、さまざまな社会制度、ネットワークにつなげていくということ。「食と心を支えるフードバンク」。それが、「フードバンクかわさき」の意義だ。「もったいない食べ物をもらってもらうという機会」を利用して、心を支え、尊厳を取り戻し生活の質を改善していくきっかけをつくっていくということ、これが大切だ。

第一に、「もったいない食品をもらってください」というキーワードを活用することである。「施し」を受けるのではなく、「食品ロスを解決する一助を担っている」のだと、意識の変革を促し、アクセスしやすくしていくことが重要である。これにより、心の負担を軽減し、間口を広げて敷居を下げていくことができる。そこからつかんだＳＯＳのバトンをつないでいくこと、これが大切だ。見えない困窮状態を「可視化」していくことができるキーワードが「もったいない」なのだ。

第二に、きちんと困りごとを聴き取っていくことが重要だ。内容をきちんと聴き取り、何に困っているのかを把握し、一人ひとりにあった情報を提供していくことである。年金を払えていない場合には「免除申請」の案内を、医療については、「自立支援医療」や「限度額適用認定証」、無料低額診療の案内、「差額ベッド」代の仕組みを伝えＭＳＷ（医療ソーシャルワーカー）の紹介をしていく必要がある。就学援助の制度や障害年金、生活保護などの制度の詳しい案内をしていくことも重要だ。

「情報は力」である。情報を得ることにより、相談だけで困りごとをクリアできることもある。ヒアリングを行っていくなかで、ＤＶや虐待など、貧困の背景にある問題を共有していくプロセスもある。子どもの多い家では男性が避妊に協力しないという、一種のＤＶが貧困の元になっていることが多々ある。目に見えること以外に、困りごとの背景には何があるのか、何が妨げになっているのかをきちんと押さえていくことが重要だ。

第三に、社会的資源やさまざまなネットワークにつなげていくことである。必要な機関とかかわり、人とのつながりをつくっていく、取り戻していく、そして心と生活を安定させていくことで、生きていく希望と可能性を広げていくことにつながる。

世帯ごとにオーダーを聞いて選んでもらうことも、話したり相談したりする機会を増やすことにつながる。オーダー制にすることでより満足度を深めていけることに加え、ただ「受け取る側」ではない自主性が生まれてくる。メールやLINE、電話などでのオーダーや会話によって関係性を深め、その関係性を広げ、継続していくことの意義は大きい。直接配達で食品を渡していくことで、困りごとを抱えた親、子どもたちと会うこと、会話することができる。関係性を築いていくことができる。支援の現場では難しくなりがちな「家庭訪問」を、活動を通じて週に一度行うことができるのだ。

子どもへの心と体へのケアは必須であるとともに、その子を育てる親へのケアもあわせて大切である。親へのケアがいきとどけば家庭に余裕が生まれ、笑顔が生まれる。虐待してしまった母親も、ケアによって今はいい母子関係を築けてきている。一〇キロ痩せてしまった母親、栄養失調で倒れた母親が落ち着いてくることで、その子どもが安定した家庭環境を得られることの効果はとても大きい。

学校の先生、SSW（スクールソーシャルワーカー）、地域支援課の子ども担当、時には児童相談所、病院などと連携をとりながら、その家庭、子どもたちにできるケアについて考えていく。生活の質が向上していくように社会福祉協議会、行政などとも連携をし、生活自体の立て直しをしていく。抱えている問題を解決していくために、弁護士、行政書士、労働の相談などにつないでいく。

「フードバンク」という仕組みを活用しない手はない。しかし、現在のフードバンクはマイナス事業、つまり赤字である。フードバンクを支えていく財源、人手が本当に必要なのだ。

※フードバンクかわさき http://fb-k.jp
メールアドレス info@fb-k.jp

[注]

（1）農林水産省、http://www.maff.go.jp/j/shokusan/recycle/syoku_loss/foodbank.html（2017/12/5アクセス）

（たかはし　みお）

●女性労働問題研究会への入会のご案内

女性労働問題研究会の趣旨に賛同し，入会を希望される方は下記の申込書に所定事項を記入し，事務局へお送りください（コピーを使用してください。当研究会のHP http://sswww.sakura.ne.jp からもダウンロード可能です)。

会費等

年間 8,000円，学生 5,000円，非正規労働者および失業中の者 5,000円

会員には『女性労働研究』および「女性労働通信」が送付されます。

入会申込先（研究会事務局）

〒231－0023　横浜市中区山下町194－502

(有)学協会サポートセンター気付　女性労働問題研究会

TEL045－671－1525　FAX045－671－1935

女性労働問題研究会　入会申込書

申込年月日　　　　年　　月　　日

フリガナ 氏　名			
生年月日		性別　　男　　女	

連絡先	1．所属　　　　2．現住所

※連絡先（郵便送付先）をご指定ください

所　属

□名　称		
□ 所 在 地	〒	
□TEL：		□FAX：
Eメール：		□メーリングリストに登録する

現住所（自宅）

□ 所 在 地	〒	
□TEL：		□FAX：
Eメール：		□メーリングリストに登録する

学歴・専門

最終学歴・専攻	※差し支えのない方だけで結構です
関心のあるテーマ	
これまでの活動・研究歴	

推薦者（女性労働問題研究会会員）

推薦者氏名	

◎女性労働問題研究会では，名簿を作成し会員に配布しています。掲載するのは，氏名および上記の所属機関，現住所欄の項目です。所属機関・現住所で掲載を希望されない場合は，□に×を記入してください。

◎会員間の情報交換および連絡・通知のため，研究会のメーリングリストを作成しています。登録を希望される方は，□にチェックを入れてください。

◎推薦者が身近にいない場合は研究会sswww@sswww.sakura.ne.jpにお問い合わせください。

法廷から

資生堂・アンフィニ争議
外国人女性労働者とエンパワメント

伍　淑子（会員）

はじめに

二〇〇九年五月、㈱資生堂（以下、資生堂）鎌倉工場で派遣・請負会社㈱アンフィニが資生堂からの減産通告を理由に期間契約労働者二二人を指名解雇、組合加入を通告した直後に二人を契約期間満了として雇止めを行った。その後、七人が裁判に立ち上がった。

裁判において一貫して雇用責任を認めない資生堂に対し交渉を申し入れたが応じなかったため、東京都労働委員会に不当労働行為で訴えた。都労委は話し合いによる和解を勧告し、双方がこれに応じ、四度の話し合いを経て労働者側の要求項目すべてが合意にいたり、二〇一六年一月二五日に和解が成立した。全面勝利ともいえる和解内容は、①解雇・雇止めの撤回、②資生堂・アンフィニは本件に関し遺憾の意を表する、③両社は解決金を支払う、というものである。

本稿では、この資生堂のアンフィニ解雇争議を闘ってきた日本で働く外国人（台湾、中国）女性労働者たちが、どのような暮らしのなかで仕事をしてきたのか、仕事にどのような思いをもっているのか、解雇を告げられた女性たちが何を想い、どのような苦労があったのか、そして争議から何を得たのかなど、女性たちの語りを紹介したい。外国人女性たちにとって日本で働くことの困難が浮き彫りになる一方、解雇闘争を通じてエンパワメントされていく点も注目される。しかし、裁判で勝訴しても、外国人女性たちが日本で働くことの困難は変わらないことも女性たちのいまの生活状況から明らかになる。日本の労働市場で周辺化されてきた女性、外国人の労働条件をいかにして守り、向上させていくことができるのか。彼女たちの語りから読者も一緒に考えてほしい。

闘争そのものの経過については、本誌五四号、五八号に掲載されているので、あわせて読んでいただきたい。

（ご　よしこ）

台湾から来日して、働いて、たたかって三五年

池田　和代（元原告）

二〇一六年一月二五日、寒いとはいえ抜けるような青空が広がる冬の日。私の六年八カ月の長い闘いの幕がようやく下りました。東京都労働委員会という公式の場で私たちが求めてきた「解雇撤回」を㈱資生堂・㈱アンフィニが認めたのです。理不尽な解雇にあって何よりも資生堂とアンフィニに謝罪してほしい、それが労働者の誇りを傷つけられた私の望んだことでした。緊張と責任との狭間で無我夢中で走り続けてきたこの間の出来事が脳裏をめぐり、何よりも原告全員が揃って最後までこられたことも肩の荷が下りた思いでした。来日して三五年、まさか日本で解雇争議までするとは考えてもいませんでした。

私が資生堂鎌倉工場の口紅製造現場で働き始めたのは、二〇〇〇年一一月、藤沢職業安定所の紹介でした。そのときの会社は㈱リライアンス（のちに㈱コラボレートに名称変更する）、数年後、違法派遣で摘発されたクリスタルグループ傘下の派遣会社です。入社当時リライアンス社員は二五人、鎌倉工場の従業員は全体で千人ほどいましたが、ほとんどが資生堂の正社員とパート社員でした。資生堂鎌倉工場がはじめて導入した派遣会社です。口紅製造の作業でした。口紅製造は鎌倉工場だけが行っていました。

資生堂工場の一般作業員として仕事ができるようになると「検品」作業につくことが許されます。そのためには資生堂社員により一カ月ほどつきっきりの指導を受け、合格することが必要でした。それは「見極め」と呼ばれていました。「見極め」合格者のなかからさらに「見極め」を受けてサブ・リーダー（ＬＳＬ）やライン・リーダー（ＬＬ）になるのです。口紅の一般作業は、口紅製造・梱包作業における容器や蓋の供給、目視での疵確認、ゴミ検査、シール貼り、包装、日付押し、計量計算です。

私は「検品」作業に従事した後、二〇〇一年頃にＬＳＬ、翌年にＬＬになりました。ＬＬの一日の仕事は、定時出勤は八時一五分ですが、朝七時半に出勤（していないといけない）、作業着に着替え、作業前の日程表や材料を確認、八時一〇分からの体操、一五分から朝礼、作業者に一日の作業の説明、二〇分からラインベルト始動。それからは「標準書」に従って作業が進んでいるかすべてのベルトをチェックして回り、製品ごとにできあがったものにおい、色、ゴミ混入がないか確認、高級品の場合は念入りに行います。すべてが終わり「工程記録表」に

必要事項を記入して提出。その日の製品の材料、作業中の温度・湿度の変化、作業時間をコンピューターに入力、四時四〇分に終了し五分間の夕礼、これが通常の私の仕事の流れでした。すべて資生堂の社員に囲まれ、資生堂の指示によるものでした。新たにアンフィニが工場への労働者派遣に参入した頃には、私は口紅製造のエキスパートといってもいい知識と経験をもっていました。新入社員の教育もやり、資生堂の命令で台湾からの来賓の通訳もしました。

私は、二〇〇六年六月一日からコラボレートが撤退したことによって、アンフィニとの契約になりました。仕事の内容も労働条件もほとんど変わらなかったので、特別におかしいとは思っていませんでした。雇用契約についてもそれまでも、それ以降も、アンフィニの責任者が「いままでと変わらない。形式的に署名して」と言われたことを信じて契約書に署名してきました。私たちは資生堂の社員から「派遣さん」と呼ばれ、私はずっと派遣社員だと思っていました。しかし、実際には後で知ったことですが、請負業の期間社員となっていたのでした。

平穏な仕事の日常が突然破られたのは二〇〇九年四月一〇日。一年ごとの契約期間の途中で三カ月の短縮再契約が出されたことでした。なぜそうなったのか質問しても例の通り、資生堂の出勤時間が変わっただけだからとの答え。それがまもなく唐突に「希望退職の募集」が張り出され、希望退職に応じた人がいないからと、解雇者を指名してきたのです。あまりの早い対応に私たちは動揺しました。解雇の理由は、資生堂からの減産通告と説明され、指名の理由は休暇取得日数が多いというもので、私の場合は、前年、母の病気で台湾に帰国するため休暇を取っていたことが対象になったと説明されたのです。

そこで、藤沢労働基準監督署に相談に行きました。監督署は法に基づいて希望退職募集、解雇予告がされているから、監督署として指導はできない、不服なら裁判しかないと言われ、落胆して帰ってきました。後から聞いた話では、事前に会社が監督署に相談してこのような対応をしたといいます。行政機関に裏切られ、途方に暮れている私を見た子どもがパソコンで神奈川労連労働相談センターの電話番号を探してくれました。五月九日のことです。神奈川労連では、相談したSさんからすでに解雇予告期間満了が迫っていて、一日も早く労働組合に加入するように強く勧められました。それまで労働組合のことなどまったく知らないで働いてきたので、どうしていいかわからないまま、現場の仲間みんなに声をかけ、相談会に二四人が参加しました。結果的に一七人が組合に加入し、翌日、アンフィニに解雇撤回を求め文書で要求しましたが、会社は拒否、そして五月一七日、解雇されました。追い打ちをかけるように今度は労働条件を切り下げられ、再雇用条件を拒否した二人を雇止めにしてきたため、二人も労働組合に加入していることを公然化しました。そのうちの一人が、仕事のうえでもその後の労働組合活動のなかでも私と二人三脚でがんばってきたSさんでした。六月にアンフィニを相手に団体交渉が三回行われました。しかし、資生堂から減産通告があったからと回答をくり返し、結果的に交渉決裂となりました。アンフィニのあまりに不誠実な対応に心から怒りを感じました。

六月一七日には労働組合の結成大会を開いています。所属は全労連（全国労働組合総連合）・全国一般神奈川地方本部の分会でした。裁判には七人が立ち上がりました。それからは、毎日が解雇撤回のための行動の連続となりました。最寄りのJR大船駅の早朝宣伝、工場前宣伝、人の前で訴えることなどまったくの未経験、マイクを握って何を話したかも覚えていません。しかし、多くの人が優良企業の資生堂で起こった解雇事件を驚きとして受け止めていました。ピンクの横断幕に口紅のイラストは宣伝効果バツグンで最後まで全国で活躍しました。手作りゼッケン、財政活動の物資販売にも女性の会の知恵で、原告の一人趙さんの水餃子・中華まん、岩塩、東日本大震災の東北地域支援の海産物など最後には資生堂争議物販はどこに行っても有名になりました。銀座資生堂パーラー前宣伝も画期的な宣伝効果を発揮しました。全労連女性部の応援でクリスマス宣伝、ゆかた宣伝、ぬいぐるみや風船配り、銀座らしい宣伝をしました。その頃は中国からの観光客を乗せたバスが次々ときていました。中国語の横断幕と私の訴えに励ましの声も寄せられました。労働組合の行動を見たこともない中国の人が写真を撮る、これには勇気がでました。資生堂工場のある各国の大使館等への要請行動も忘れられません。

また、毎年六月に行われていた資生堂の株主総会に株主の一人として出席し、発言したことも忘れられません。一流ホテルの会場いっぱいの株主を前に「資生堂で働くことに誇りをもっていた。台湾では優良企業として名が通っている。一日も早く職場に戻りたい。話し合いに応じてほしい」と訴えました。私の訴えに励ましの声をかけてくれる株主の方が何人かいて、とてもうれしかった出来事です。

全国一般の重点争議に位置づけられ、全労連の組織に依拠した宣伝で全国を飛び回りました。同時に女性の争議ということで、日本婦人団体連合会や母親連絡会をはじめ多くの女性たちにも支援の輪がひろがりました。最終的に資生堂の利用者である女性の声が争議解決に発揮した影響力は大きかったと感じました。日本母親大会で一万人を前に訴えると、会場いっぱいの女性たちから大きな拍手。勇気をたくさんもらいました。

女性の会が二〇一四年に取り組んだ

「私も応援しています」署名は、裁判所に提出して争議の解決を迫る力になりました。本社要請行動では署名受け取りを拒否していた資生堂にも弁護団・支援する会、私が出席した最後の話し合いの場でこの「応援します」署名を直接渡すことができました。私は、万感の思いを込めて「これまで争ってきたのは、解雇理由が納得できなかったから。お金より謝ってほしい」と訴えました。思いを直接訴える唯一の場でしたが、胸がいっぱいで一言いうのが精一杯でした。

このたたかいを通じて、私は労働組合の力を実体験することができました。それと争議を闘った仲間の私に寄せてくれた信頼です。裁判は証拠主義、何より私たちの主張を証明できる証拠が必要です。几帳面で一途な心許せる相棒のSさんが持っていた資料と他の原告が自宅で見つけた資料、もうひとつは、一緒に働いた仲間Aさんからの資料提供でした。Aさんは別の社員を通じて、門前宣伝をしている私にそっとビラに隠して手渡してくれ、これは工場の上階から監視されるなかでの勇気ある行動でした。二〇一三年一月末、鎌倉工場閉鎖が発表され、二〇一四年九月にはパートの大量雇止めが行われ、二〇一五年三月末に完全閉鎖されました。Aさんは、私たちが工場閉鎖で正社員だけを対象に転勤先や転出先を紹介するやり方を批判するビラを配り、労働相談を行い、資生堂に改善を求めたことに励まされたからと言っています。

そして、何よりも家族の支えが途中何度もくじけそうな気持ちにがんばれ、と背中を押してくれました。勝利報告集会に参加し、家族が壇上であいさつをしてくれたことは忘れられません。

二〇一五年三月に閉鎖した鎌倉工場の跡地は、現在（二〇一七年八月）、建物も撤去され、更地になっています。そこには共同住宅、福祉施設、保育園などの建設が三年がかりで行われる旨を告げる告示が張り出されていました。

＊　＊

私は台湾から来日して三五年になります。故郷で過ごした時間より長く日本で暮らしたことになります。台湾での名前は蔡美怜、池田和代は通称です。

故郷台湾は、現在でも独立国として認められていません。一八九五年の下関条約により清朝から割譲され、台湾日本総督府が設置されてから一九四五年の第二次世界大戦の終結までの長い間、日本統治下にありました。その時代に生きてきた母は、台湾語と日本語を話していました。日本が統治した台湾総督府時代に生きていた多くの高齢者は、日本語が分かり、日本の文化も知っています。現在の大統領府の建物は、統治時代に日本軍が建てたため、日本の皇居の方を向いています。台湾は、一九四五年に蒋介石の率いる中華民国軍が上陸、四七年に国民政府による白色テロが起こり、一九五〇年に蒋介石が中華民国総統職に就任しました。蔣介石時代、日本のものがすべて禁止となり、国民が監視下に置かれました。現在でも台湾は二重国籍を認めていますが、この時代の名残です。このように私の育った台湾には、日本の言語や文化が身近にありました。私は、大学の工学部に入学、学生時代、周りのほとんどが男性でした。卒業後、日本のカシオ系列の企業に就職し、品質管理や購買の仕事をして、日本語翻訳もしていました。

　私は二六歳の時、語学留学をし、日本の大学を卒業して働いていた父の会社・東芝の同僚Eさんの家にホームステイしました。満洲から引き揚げる時、中国軍に追われ逃げ込んだ先の中国人にかくまってもらい命拾いをして日本に引き揚げたEさんが中国の人に恩返ししたいと申し出たのです。Eさんからの条件は、孫に中国語を教えてほしい、ということでした。世田谷にあるEさんの家は二五〇坪の敷地で、お手伝いさんが二人もいる裕福な家庭でした。これが日本に来るきっかけでした。

　台湾では、徴兵制があるため、多くの男性は徴兵終了後に語学留学をします。一年か一年半の留学を終えると帰国し、たいてい就職するか親の事業を引き継ぐかします。

　私は語学留学後に大学院に行く予定でしたが、Eさんが女性は結婚したほうがいいと言い、私にお見合いを勧めました。花嫁修業で池坊派の師範の資格も取りました。特に結婚したいと考えたわけでもなかったのですが、勧められた相手の真面目そうな人柄を感じて結婚。二七歳でした。結婚後、家の近くにあったIBM藤沢工場に正社員として働き始めました。とても働きやすい職場でしたが、一年ほどで妊娠したことで家庭に入り、しばらく子育てに追われる日々が続きました。子どもが小学校に入り、家計のために近くのアパレルメーカーにパートで働くことになりました。はじめは「いらっしゃいませ」と言えなくて苦労しました。時給は八〇〇円だったので一日三時間のパートではわずかな収入でした。

　二〇〇九年からの裁判をしている間の生活は、子どもふたりが大学進学の時期と重なり、経済的にやっていけないという訴えを受け止めて神奈川労連がアルバイトとして働く場を保障してくれました。会計の資格が必要な事務の仕事ということで、将来のことを考えて簿記の資格を取るため勉強しました。それなりに日本語は理解していましたが、専門書を判読するのに苦労しました。家族の協力もあって三回目の受験で三級の資格を取ることができました。私はいまも神奈川労連の事務所で忙しく働いています。争議行動には、これまでの恩返しをという思いで、できる限り参加しています。

（いけだ　かずよ）

第二の故郷日本で働き続ける

趙　淑蘭（元原告）

私は中国黒竜江省から日本に来ました。一九七〇年河北省に生まれ、家族は六人きょうだいでした。黒竜江省は中国でもロシアに近く、年間の三分の一は雪に覆われる寒いところです。中国でも有数の石炭を産出するところで、町に住む多くの人が炭鉱とその関連の仕事をしていました。夫は同郷の人で私の姉と友人だった関係で知り合い、結婚しました。夫の母親は一八歳で中国に渡った日本人です。戦争終結で、日本へ帰る途中、家族と離ればなれになり帰国することができなくなった義母を義父が助けたことでそのまま中国に残り、結婚・出産しました。その後日本に帰ることもなく、日本語を話すことも、外に自由に出ることもなく、ひっそりと子育てと家事に一生を送ったそうです。義母自身は生前ほとんど自分の事を語ることはなく、すべて後で聞いた話です。

そのことから、一九九七年、私たち家族は残留日本人家族として日本政府の援助のもとに来日しました。はじめは、所沢（埼玉県）の日本語学校で日本語を学び、その後、政府が用意した横浜の住宅に移りました。生活のため近くの電気部品の工場にパートで働き、時給七〇〇円でした。その後、出産し、子どもが一歳の時に新聞広告を見て㈱資生堂鎌倉工場に応募して働き始めました。雇用会社は㈱コラボレートです。入社してすぐに、タイムカードは時間ぎりぎりに押すな、中国語で話すな、と注意されたのを覚えています。二〇〇九年五月、希望退職に応じなかったので解雇されましたが、その時も「明日から来なくていい」と言われただけでした。理由は出勤率が悪いからというものでした。

同じ時に解雇された池田さんから労働組合に誘われました。はじめ、労働組合のことはまったく知りませんでした。でも、悪いことをしていないのに辞めさせられることはおかしい、何かやらなきゃ、と思い組合員になりました。

突然、私の収入がなくなり、夫の仕事も建設作業員なので収入は不安定、これでは親子三人食べていかれないとても不安になりました。夫は、異郷の地、日本で言葉もわからず、また、仕事でけがをするなど、思い通りにならない不安を私にぶつけてきました。はじめは争議のために時間外や休日に家を空けることに反対していました。

あちこちの集会に行って支援を訴えたり、財政活動の物資を販売したり、いつも子どもが一緒でした。私の作る水餃子と姉が作る中華まんが争議費用になりました。鎌倉芸術館での餃子パーティーやいろいろな労働組合の旗開きで争議支援を訴え、餃子を作ってみんなで食べたことも忘れられません。母親大会でも訴えました。

はじめは上手に話せなくて気がすすまないこともありましたが、少しずつ慣れていきました。勝利集会で「たたかった私たちこそ美しい」と言った私の言葉が資生堂・アンフィニ争議総括集のタイトルになりました。この言葉は資生堂の宣伝文句「一瞬も一生も美しく」をもじったものです。

解雇されたことで安定した収入が途絶えたため、小さな子どもをかかえ、家事・育児とパートの掛け持ちで寝る時間も削って忙しい日々を送りました。パートは早朝三時三〇分~七時までお弁当屋さんの仕事、終わって急いで帰り子どもと夫の食事、家事をすませ、九時から一七時三〇分の間は機械部品の組み立ての仕事をして、それでも月の収入は一五万円くらいでした。このパートの掛け持ちは今も変わりません。でも、五〇歳になりだんだん体がきつくなっているように感じます。裁判の日は休みになるので収入が減りました。その分、一生懸命働きました。

働くことは苦になりませんが、日本での暮らしは中国に比べて物価も高く、子どもの教育費もばかになりません。夏休みの塾代が三万六〇〇〇円で、びっくりしました。せめて子どもだけはきちんと教育を受けさせたい、それが私の唯一の願いです。表面的には中国人ということでの差別はありませんが、時々、周囲の態度で感じることがあります。でも、仕事をみんなに負けずにやることで周りから何も言わせないと思い、人一倍がんばりました。みんなの前で嫌な事を言われても、落ち込んでいても何も変わらない、頑張れば認められる、と考えられるようになりました。この間の争議が私を強くしたと感じています。

それまで私の裁判にあまり賛成していなかった夫ですが、二〇一六年四月一日に開催した「勝利解決を祝う会」には原告の家族も参加するようにと池田さんから言われ、夫に出てほしいと話しました。気が進まないようでしたが、何とか会場まで一緒に来て、会場いっぱいの参加者にびっくりしたようでした。たくさんの花束を受け、たくさんのお祝いの言葉を聞いていました。家に帰り「よくがんばった」と言ってもらったことが一番の贈り物でした。それ以来、少しですが、私のことを見直してくれたように思います。

組合に入って本当によかったと思っています。そうでなかったら、解雇されてそのまま終わっていたでしょう。裁判をしてたくさんのことを経験でき、いろいろな方々と知り合いになり、とても勉強になりました。

私の日本語は、日本語学校で教えてもらった以外は独学です。文字を自由に書くことは難しく、いまでも苦労します。裁判を始めた当時、子どもは五歳でした。いまは中学生です。子どものことを考え、中国に帰ることは考えていません。故郷は遠く、飛行機を乗り継いで途中一泊し、六時間かかるところです。ハルビンから列車だと九時間です。

資生堂鎌倉工場では二〇〇五年一一月から働いてきました。採用から一年後に資生堂の社員から一カ月の「検品」作業の教育を受けて「見極め」に合格、検品の担当になりました。その翌年には「中身溶解」の作業を二カ月間教わり、合格。検品と不良品の整理に加えて中身溶解の仕事をすることになりました。中身溶解の仕事は、口紅の材料を決められた温度にして充填の機械に入れる作業ですが、高温のため危険を伴う作業でした。資生堂の社員は親切に教えてくれましたが、「中身が不良だと何百万円という損害になってしまうから、失敗は絶対に許されない」と強く言われたことを覚えています。注意しても機械に入れるときに材料が手にかかり、やけどをしたことが何度かありましたが、労災の適用を受けたことはありませんでした。この仕事は誰でもできる作業ではないという、自信がありました。

何よりも家からも通えるし、更新のため契約書にはたびたび署名しましたが、そのたびに「形式だから。いつまでも働いていい」と言われたことを信じていました。

いまは、借金で家を建て、家族三人で暮らしています。中国に帰ることは考えていません。日本に住むことで子どもの将来は安心だと思うからです。故郷は遠く、よほどのことがないと帰れませんが、日本が第二の故郷だといまは思っています。いまでもパートで非正規のダブルワークなので、できれば早朝の仕事をしなくて済むような収入を得られる仕事に就きたいです。働くことは苦にならないので、これからも体に気をつけて働き続けたいと願っています。

（ちょう　しゅくらん）

法廷から

個人の尊厳と両性の本質的平等

富山夫婦別姓訴訟の意義と今後の課題

(弁護士)打越　さく良

はじめに

民法第七五〇条

夫婦は、婚姻の際に定めるところに従い、夫又は妻の氏を称する。

「婚姻の効力」の節にある条文だが、婚氏の選択は婚姻届の受理要件であり(戸籍法七四条)、夫婦同氏は実質的に婚姻成立の要件となっている。

また、「夫又は妻の氏」とある。しかし、婚姻の際に夫の氏を「選んだ」夫婦は、毎年一〇〇%近くの数字である。夫婦が対等に話し合った合意の集積が偶然その結果になったはずがない。女性は、女性であるがゆえに、改姓を強いられると実感してきた。それは思いこみではなく、民法七五〇条があるがゆえの差別の結果である。

働く女性は、夫婦同氏強制を不合理なものと実感している。たとえば、日経新聞社が一三年に二〇代から五〇代の働く既婚女性一〇〇〇人を対象として実施したアンケート調査[1]では、婚姻改姓後も仕事で主に旧姓を使っているのは二五・三%、その理由の一位(四二・六%)は「単純に名字を変えたくなかった」であった。そして、同アンケートでは、七七%が選択的夫婦別姓に賛成と回答した。

私たち弁護団は、婚姻改姓した女性たちの葛藤、さらには、やむなく法律婚を断念しているカップルの悩みや心配を聴いてきた。そして、民法七五〇条が、憲法一三条、一四条、二四条、女性差別撤廃条約一六条(b)および(g)に違反することは明白であり、国は民法七五〇条を憲法および条約に適合するように改正すべき作為義務を負っているにもかかわらず、法改正を拒絶しており、違法性の高度な立法不作為であるとして、国家賠償請求を求めた(いわゆる夫婦別姓訴訟。なお、一四条については、上告審で追加した主張である)。

本稿では、夫婦別姓訴訟を振り返るとともに、今後の展望を考えたい。なお、私は弁護団の事務局長を務めたが、以下は私見であることをお断りする。

1　訴訟提起に至った経過

夫婦別姓訴訟の提起は、二〇一一年二月一四日だが、選択的夫婦別氏(法的には選択的夫婦別姓)の必要性は一九五〇年代から議論がなされ、七〇年代から運動も始まっていた。

女性差別撤廃条約（日本は八〇年に批准）は、婚姻に際して自由かつ完全な合意のみにより婚姻をする同一の権利（一六条一項（b））と姓を選択する権利を含む夫及び妻の同一の個人的権利（一六条一項（g））を確保するために遅滞なく既存の法律を修正する措置をとることを締約国に義務付けた（二条（f）、一六条一項柱書）。女性差別撤廃委員会は、日本政府に対し、繰り返し、民法七五〇条を差別的な規定であると指摘し、条約に沿った改正を勧告してきた。世界各国は、七〇年代から夫婦の姓の見直しに取り組み、別姓選択制・結合姓選択制へなどの法改正を進めた。日本政府自ら、二〇一五年当時、「現在把握している限りにおいては、お尋ねの『法律で夫婦の姓を同姓とするように義務付けている国』は、我が国のほかには承知していない」と認めている。[2]

国内外の動きを背景に、一九九六年に法制審議会が選択的夫婦別氏を盛り込んだ民法改正案要綱を答申したが、同要綱は、現在に至るも内閣提出法律案として提出されていない。

男女共同参画社会基本法（九九年成立）は、「社会における制度又は慣行が、性別による固定的な役割分担等を反映して、男女の社会における活動の選択に対して中立でない影響を及ぼすことにより、男女共同参画社会の形成を阻害する要因となるおそれがあることにかんがみ、社会における制度又は慣行が男女の社会における活動の選択に対して及ぼす影響をできる限り中立なものとするように配慮されなければならない」との基本理念を掲げた（四条）。同法に基づく男女共同参画基本計画は、毎回選択的夫婦別氏の導入を含む婚姻制度の改正の検討を掲げている。

二〇〇九年、「政策集INDEX」に「選択的夫婦別姓の早期実現」を明記した民主党（当時）が政権交代を果たしたが、その後も実現せず、失望した女性たちは、司法判断を求めるしかないと思うに至った。七〇代の一人の女性（当時。現在八〇代）は、出産する前に婚姻届を出し、出産後には離婚届を出すことを繰り返したが、三人目の子どもの出産後、夫から離婚届を出すことを断られ、以後半世紀も苦悩してきた。彼女以外に、三〇代の女性三人、四〇代の男性一人（三〇代の女性のうちの一人と事実婚の夫）の合計五人が原告団となった。そして、私たち弁護団は、一一年、訴訟提起をした。

2 最高裁大法廷判決について

1 最高裁大法廷回付で高まった期待

第一審（東京地判平成二五年五月二九日判時二二九六号六七頁）および控訴審（東京高判平成二六年三月二八日民集六九巻八号二七四一頁）を経て、二〇一五年二月、第三小法廷が審理を大法廷に回付する決定を受け、喜び勇んだ。同年一一月の最高裁大法廷での弁論、さらには一二月の判決の前後、取材が殺到し、私たちは積極的に応じた。弁護団は、弁論に向け、推敲を重ね、リハーサルを重ねた。いまから振り返ると、我ながら痛々しい(3)。

2　大法廷判決の問題点

残念という言葉では言い足りない大法廷判決であった。同判決に関する文献(4)はすでに多数あり、本稿では、二四条論に絞る。

二四条一項違反の主張については、多数意見は、夫婦同氏は婚姻の効力の一つであって、婚姻の自由の侵害に当たらないと斥けた。現実をふまえない議論である。違憲と結論づけた岡部裁判官の意見（櫻井、鬼丸、山浦各裁判官が同調）は私たちの主張を理解し、「夫婦が称する氏を選択しなければならないことは、婚姻成立に不合理な要件を課したものとして婚姻の自由を制約するものである」と的確に指摘した（傍線は引用者）。

二四条二項違反の主張について、多数意見は、同項は個人の尊厳と両性の本質的平等に立脚すべきとする要請・指針を示すことで国会の合理的な立法裁量の限界を画したものとしたうえで、夫婦同氏制の趣旨やこの制度を採用することにより生ずる影響を検討し、合理性を欠く制度とは認められないとして斥けたが、以下の通り、不合理である。

多数意見が「夫婦同氏制は（略）明治三一年に（略）採用され、我が国に定着してきた」と指摘したが、明治三一年に採用されたのは、日本国憲法のもと廃止された家制度における「家ノ氏」である。私たちは、夫婦同氏制は女性を抑圧した家制度の残滓であると主張したが、多数意見は、なんと、明治三一年からの継続性を認識したうえで合理性を肯定する事情とした。

多数意見は、「氏は、家族の呼称としての意義がある」、「社会の自然かつ基礎的な集団」である家族の呼称を一つに定めることに合理性があるとしたうえで、同氏による一つの家族の一員であることを対外的に公示し識別する機能を有すること、「嫡出子であることを示すために子が両親双方と同氏である仕組みを確保することにも一定の意義がある」とした。「嫡出子とその父母」を家族の典型的単位とする考えは、最高裁が、婚外子相続分差別規定（旧民法九〇〇条四号但書）を違憲とする判断（最大決平成二五年九月四日民集六七巻六号一三二〇頁）のなかで、「家族という共同体の中における個人の尊重がより明確に認識されてきたことは明らかであるといえる」、「子を個人として尊重し、その権利を保障すべきであるという考えが確立されてきている」としたことと、矛盾する。この点の岡部意見も以下のように的確であった。

「離婚や再婚の増加、非婚化、晩婚化、高齢化などにより家族形態が多様化している現在において、氏が果たす家族の呼称という意義や機能をそれほどまでに重視することはできない。世の中の家族は多数意見の指摘するような夫婦とその間の嫡出子のみを構成員としている場合ばかりではない。民法が夫婦と嫡出子を原則的な家族形態と考えていることまでは了解するとしても、そのような家族以外の形態の家族の出現を法が否定しているわけではない」。

多数意見も、改氏による不利益を受けるのは多くの場合女性であることを認めたが、通称使用により不利益は一定程度緩和されるとした。岡部意見は「通称は便宜的なもので、使用の許否、許される範囲等が定まっているわけではなく、……公的な文書には使用できないという欠陥があるうえ、通称名と戸籍名との同一性という新たな問題を惹起することになる」と、多数意見を批判した。

外国法の動向を参照しなかったことも、不合理である。女性差別撤廃条約違反との主張も、形式論で斥けられた。この姿勢も、外国法の改正に言及し、日本が国連条約に批准し関連委員会が懸念を表明し改正を勧告してきたことをふまえて、婚外子相続分差別規定を違憲と判断した上記最大決とは全く相反する。

3　個人の尊厳と両性の本質的平等に立ち返れば

高橋和之東大名誉教授は、大法廷判決が、憲法二四条二項の「個人の尊厳と両性の本質的平等」は憲法一三条の「個人としての尊重」と共鳴する日本国憲法を構成するものであることを理解せずに、「個人の尊厳と両性の本質的平等」を立法裁量に際しての単なる指針にすぎないとし、根本規定を立法裁量の一要素に格下げしたと、厳しく批判する。憲法がその根本原理に関わる問題を立法裁量に委ねることはありえず、国が夫婦同氏を強制した結果、九六％の夫婦が夫の氏を「選択」しているが、この圧倒的な数字は自由な選択の結果であるはずがなく、この事態を十分承知している国に責任がないとはいえない。「最高裁は常に制度の範囲内での人権だという捉え方」をするが、本来人権が優先するのであり、人権が許す範囲内での制度でなければならない。(5)

「個人の尊厳と両性の本質的平等」に立ち返れば、岡部意見のように、「双方の協議によるものであるが、九六％もの多数が夫の氏を称することは、女性の社会的経済的な立ち場の弱さ、家庭生活における立ち場の弱さ、種々の事実上の圧力などさまざまな要因のもたらすところであるといえるのであって、夫の氏を称することが妻の意思に基づくものであるとしても、その意思決定の過程に現実の不平等と力関係が作用しているのである。そうすると、その点の配慮をしないまま夫婦同氏に例外を設けないことは、多くの場合妻となった者のみが個人の尊厳の基礎である個人識別機能を損ねられ、また、自己喪失感といった負担を負うこととなり、個人の尊厳と両性の本質的平等に立脚した制度とはいえない」と直視しえたはずである。

4　男性が多数を占める裁判所

多数意見は、選択的夫婦別氏制度に合理性がないと断ずるものではないとしたが、国会で論ぜられ判断されるべき事柄であるとした。長年国会が法改正しないので、訴訟したにもかかわらず、なんという肩透かしだろう。

国会だけではなく最高裁も男性が多数を占める。合憲の判断をした一〇人の裁判官はいずれも男性。三名の女性裁判官全員が違憲と判断した。国会や裁判所の男女の不均衡な構成は、夫婦同氏制を維持する社会の歪《いびつ》さを象徴する。女性の進出が必要であると痛感する。

３　最高裁大法廷判決後も闘いは続く

ボールが跳ね返された格好となった国会では相変わらず選択的夫婦別氏を実現していない。判決直後に閣議決定された第四次男女共同参画基本計画は、「家族に関する法制について、家族形態の変化、ライフスタイルの多様化、国民意識の動向、女子差別撤廃委員会の最終見解等も考慮し、（略）選択的夫婦別氏制度の導入、（略）等に関し、司法の判断も踏まえ、検討を進める」というにとどまった。

二〇一六年三月七日、女性差別撤廃委員会は、日本の第七回及び第八回合同定期報告に関する最終見解において、最高裁の合憲判断にもふれたうえで、民法七五〇条への懸念を表明した。

とはいえ、時代は確実に変化する。内閣府の世論調査では、五〇代以下の世代では選択的夫婦別姓容認の方が反対の割合より高い。だからこそ、右派は危機感を持ち、先回りして憲法二四条を改悪しようとしている。ところで、大法廷判決の「社会の自然かつ基礎的な集団である家族」というフレーズは、自民党改憲草案二四条一項と同じである。すでに同草案のもとに個人の尊厳が「集団」に劣後させられてしまうのか。そうなれば、働く女性は、その姓でキャリアを積んでも「家族」の姓へと改姓を余儀なくされ、育児介護も母・妻の役割で義務だといわゆるワンオペを強いられ、保育園も拡充されずワークライフバランスも是正されず賃金差別も是正されないのに「活躍」しろと酷使されよう。

二〇一七年九月一日、政府は国家公務員の旧姓使用を原則認める方針を公表した。女性職員の意欲向上につながるなどという。しかし、夫婦別姓を許さないからこその通称使用であり、負担がほぼ女性にかかる不平等は変わらない。夫婦別姓が選択できない不寛容な社会でいいのだろうか。

働く女性の自己実現が可能な社会の実現どころか、後退させせたくない。そう思って、二四条変えさせないキャンペーン(6)を立ちあげた。また、民法七五〇条の違憲性を争う新たな訴訟に向けて検討中でもある。これからも頑張り続けたい。

［注］

（1）「新姓・旧姓、職場で使うのは？ 旧姓派も四分の一　既婚女性一〇〇〇人調査」

https://style.nikkei.com/article/DGXMZO83983770V00C15A3TY5000

（2）糸数慶子参議院議員の選択的夫婦別姓に関する質問に対する答弁書（平成二七年一〇月六日付、内閣参皆一八九第三二一号）。

（3）小竹聡拓殖大学教授は、本件等の弁論を傍聴して、アメリカでは弁論とは「闘わせる」ものであり、裁判官と代理人との間の言葉による議論の応酬であるところ、裁判官が両当事者が用意した書面に目を落とし、弁論の進行とともに一斉に頁をめくるという日本の大法廷弁論は、前者を知る傍聴者として「何とも言えずつらいものであった」、そのうえ一二月に判決期日が指定された点についても、「わずか一か月余りで一五名の意見が集約される合議体とは、一体どれだけ勤勉かつ効率的な組織だろう」と皮肉をこめた感想を吐露する（小竹聡「最高裁大法廷での再婚禁止期間と夫婦同氏強制制度に関する二つの訴訟の弁論を傍聴して」『法学セミナー』七三二号、一頁ないし三頁）。

（4）判決当日の弁護団声明、二〇一六年一月六日付、弁護団団長榊原富士子弁護士「最高裁大法廷判決二〇一五（平成二七）年一二月一六日判決について」（いずれも別姓訴訟を支える会のHPに掲載）。高橋和之「同氏強制合憲判決にみられる最高裁の思考様式」『世界』二〇一六年二月号、一三八頁、高橋和之「憲法と家族　家族法に関する二つの最高最大法廷判決を通じて」『自由と正義』六七巻一二号、七八頁、床谷文雄「夫婦同氏の原則を定める民法七五〇条の規定は憲法一三条、一四条一項、二四条に違反しないとされた事例」『判例評論』六九四号、二六頁、二宮周平「夫婦同氏を強制する民法七五〇条の憲法適合性」『私法判例リマークス』五三号、五八頁、辻村みよ子『憲法と家族』日本加除出版、水野紀子「夫婦同氏を定める民法七五〇条についての憲法一三条、一四条一項、二四条の適合性」『家庭の法と裁判』六号、一五頁、ほか多数（いずれも二〇一六年）。

（5）高橋前掲「同氏強制合憲判決にみられる最高裁の思考様式」、高橋前掲「憲法と家族　家族法に関する二つの最高最大法廷判決を通じて」。

（6）私を含め呼びかけ人一一人、賛同人は個人七一一人、団体一九。二〇一六年九月二日のキックオフ集会後、ブログ(https://article24campaign.wordpress.com)、Facebook 等で発信を続けている。

（うちこし　さくら）

全希望者が地上勤務に　実現した産前地上勤務制度
JAL CA（客室乗務員）マタニティハラスメント裁判

茂木　由美子
（「未来の飛んでるママを支える会」事務局長）

はじめに

JAL CAマタニティハラスメント裁判（産前地上勤務訴訟）は、二〇一七年六月二八日に和解が成立し、約二年の法廷闘争を勝利的和解という形で終結した。

この裁判は、日本航空で客室乗務員（CA）として働く日本航空キャビンクルーユニオン（CCU）の組合員である原告が、妊娠によって乗務資格が停止されたために、地上勤務（産前地上勤務制度）を申請した際に、一方的に申請不許可となり休職発令（無給）となったことに対して、労働基準法六五条三項及び男女雇用機会均等法九条三項に違反するとして、休職発令の無効、未払い賃金並びに慰謝料を請求し東京地裁に提訴した事件である。提訴の形は賃金請求となっているが、原告の本来の要求は、一方的に無給休職発令される制度の改善であった。

1　CAの本来の仕事は保安要員

CAは、上空一万メートルの密室の機内という特殊な環境がメインの仕事場であり、「客室機内の安全を守る＝保安任務」が最大の仕事だ。保安任務には、機内火災や急減圧など緊急脱出に至る一連の不測の事態においての旅客の誘導や対応、機内秩序の維持、ハイジャックや粗暴旅客への対応、急病人発生時の救急看護などが含まれる。旅客への食事サービスを中心とした機内サービス業務も行うが、「サービスをしながら、時には消防士、警察官、看護師に」といわれるほど任務は多様である。また、手荷物の上げ下ろし、食事カートなど重量物を扱い、時差もあるなかでの長時間労働など、見た目の華やかさ（現在そうしたイメージは薄いかもしれないが）に比べて体力的にも精神的にもハードな仕事だ。労働組合も健康で長く働き続けられるよう賃金の向上を含め、労働環境の改善を求めてきた。

2　客室乗務員の要求で実現した産前地上勤務制度

産前地上勤務制度も、一人のCAの「妊娠してもCAとして働き続けたい」という要求からできたものである。一九七〇年代初頭の日本の航空業界において、CAは「三〇歳定年」「結婚退職」が当たり前とされていた。一九七四年、当時の日航客乗組合（現在のCCUの前身）はストライキ権を確立して闘い、翌七五年、「結婚退職制度撤廃」を勝ち取ったが、当時は、妊娠したら地上職へ職種変更（CAには戻れない）あるいは退職という選択肢しかなかった。妊娠した一人の客乗組合員の要求をきっかけに、「妊娠退職制度」の撤廃とともに妊娠中の取り扱いとして労基法六五条三項をもとに産前地上勤務制度を要求し、一九八〇年に制度が確立したのである。

3　理不尽な日本航空の産前地上勤務制度の改悪と制度の不利益性

日本航空では、CAに妊娠が確認されると、乗務資格が停止される。理由は、上記のようなCAの職場環境・業務内容と母体保護の観点であり、労使ともに同じ認識にたっている。制度確立以降二〇〇七年までは、妊娠すると希望者全員が、産前地上勤務に就くことができた。しかし、二〇〇八年にコスト削減施策の一環として制度が改悪され、規定に「本人が希望し、会社が認める場合に限る」という会社の許可要件が追加された。その結果、選定基準も不透明なまま一部の者しか就けない制度へと変更されてしまった。

産前地上勤務に就けない場合、妊娠確認の診断と同時に休職となり、産前産後休暇を除き出産後乗務復帰するまで無給となり、その間、勤続年数にも加算されず、賞与や退職金の算定、昇級・昇格にも影響を及ぼすことになる。また、その間の福利厚生の待遇資格も停止され、寮や社宅に入居していれば退去（現在は改善）、アルバイトも禁止されていることから、妊娠したと同時に即刻生活不安を抱えることになった。CA間では「産前地上勤務に就けるのは宝くじに当たるより難しい」「妊娠するなら二〇〇万の貯金が必要」と噂されるほど、妊娠・出産のハードルは高いものとなった。

4　本件提訴に至る経緯

原告神野知子も、二〇一四年八月に第一子妊娠判明と同時に産前地上勤務を希望したが、会社から「ポストがない」の一言で申請が却下され、一方的に休職発令された。その時の思いを原告は、「来月からどうやって生活していこう。家賃はどうやって支払おう。貯蓄を切り崩しても、出産費用を考えるとあっという間に底をついてしまう。いったいどうしたらいいのかと目の前が真っ暗になった。妊娠が判り女性として最も幸福を感じる時期に、生活不安を抱えるという悲しいものだった」と陳述している。

その後、原告は何とか問題を解決しようと、個人で労働基準監督署など行政機関にも相談し、労働組合も職場の要求として取り上げ、交渉を続けた。しかし、雇用均等室での調停には会社は出席さえせず打ち切りとなり、行政機関での解決も期待できず、社内交渉でも、会社は「（改善へ）努力する、配慮する」との発言を繰り返すばかりで、制度運用がどのようになされているのか、配置先、配置人数などの具体的数字も開示せず、誠実な交渉はまったく行われなかった。

この状況を打開するために、「労働組合との協議で解決が難しいのであれば、司法に判断を委ねたい。やれることは全てやってみたい」という原告の強い意思もあり、組合とも相談した結果、泣き寝入りではなく提訴の道を選んだのである。原告は、「自分が経験したような辛い思いを同僚やこれからの後輩にはしてほしくない。安心して妊娠・出産できる、長く働き続けられる職場にしたい。多くの女性が妊娠による不利益で不安な思いをすることがなくなるよう祈りを込めた」と提訴時の記者会見で述べた。まさに、女性の働く権利を守る決断であった。

5　本訴訟の経過と会社の変化

二〇一五年六月一六日に提訴してから、二〇一七年六月二八日に和解成立となるまでの約二年で、一〇回の口頭弁論（証人尋問を含む）、八回の進行協議があった。提訴当初から、私たちは一貫して「社内規定にある『会社が認める場合に限る』という一文は違法である」という点を主張した。

しかし、会社主張は、「①客室乗務員の労働契約は、職種限定・業務内容の契約であり、地上勤務は一部を除いて入っていないので、契約上の業務ができなくなれば『ノーワーク・ノーペイ』の原則に基づき、無給休職でもよい。②よって、労働契約ではない、地上勤務は労基法六五条三項の軽易業務の対象とはならない。③地上勤務を命じる客室乗務員は本人のキャリアアップのため同意を得て行っている。④あくまで、日本航空の産前地上勤務制度は、独自につくった恩恵的な制度であり、希望者全員が業務に就く必要ない」というものであった。

私たちは、その会社主張を覆すため、さまざまな角度から事実を明らかにしてきた。労働契約については、就業規則に地上勤務に就く場合の規定が定まっていること、それは年間であっても一日単位であっても定められていること、地上勤務は本人の同意を得ずに業務命令として行っていること、産前地上勤務に就ける職場は増やせること（会社は、自ら産前地上勤務の業務は、付随的・補助的な周辺業務と認めている）、そして、希望者全員が就いていた二〇〇七年までは一年の人員計画で七五人の枠を確保していたが、二〇〇八年以降は漸次減らされており、原告が希望した二〇一四年には九人枠しかなく、ほとんどの人が休職を余儀なくされていたことなどが明らかになった。また日本人CA約五〇〇〇人のうち、年間三〇〇人弱が妊娠していてそのほとんどが休職している事実もわかった。私たちの「噂」は、職場の肌感覚として正しかったといえる。証人尋問では、原告側証人としてCCU委員長、提訴以降の産前地上勤務経験者がたち、会社側は人事担当者であった。委員長は、組合調査で配置先を増やすことができること、地上勤務をしているものが同意を得ているわけではないこと等を証言し、産前地上勤務経験者は、実際に自分が経験した地上業務を細かく証言し、地上の職場からも喜ばれたこと、もっと産前地上勤務者を増やしてほしいと言われたこと等を述べた。

そして、会社側証人に対する尋問の際に、裁判長自らが、「休職発令された方というのは、どうやって日々の生活をしていくのか。会社の方で制度設計するときは何か考えはあったのか。（中略）貯金がたくさんある人だけではない」「端的に聞きたいのは、退職させるためのシステムに見える」と裁判長自らが証人に尋問したことは、特筆しておきたい。これに対し、会社側証人も「制度変更については、検討しても良いのではないかという思いは持っていた」と答えざるをえなかった。私たちの証言、主張が、裁判長に理解されたと感じた瞬間だった。

そして、改悪されていた産前地上勤務制度が、提訴以降、二〇一五年九月には産前地上勤務配置先を新たに設置し配置数を増やすなど、徐々に変更されていたことがわかった。さらに配置数を増やすため、二〇一六年四月には短時間勤務（五時間）を導入する制度変更を行った。しかしこの短時間勤務では、普通勤務より賃金が減額されるというデメリットもあり、組合は、通常の八時間勤務との選択とするよう要求を続けた。結果、二〇一七年四月結審の直前に、短時間勤務と普通勤務の選択できるように検討すると、会社より回答があった。

6　和解内容と成果

和解内容は、大きく分けて三点のポイントになる。

①二〇一七年度から原則として希望者全員を産前地上勤務に就ける運用を行う。

②二〇一八年度中に原則として普通勤務と短時間勤務の選択ができる運用にする。

③組合に対して、産前地上勤務の配置先、配置人数の開示し、産前地上勤務制度の円滑な運用や問題点については、組合との協議事項とする。

制度内容の①と②に関しては、提訴前二〇〇八年以前を上回るものであり、さらに、労使交渉で制度の運用実態も開示されずにいた状況を鑑みれば、③の開示事項の明記、さらに制度について組合との協議事項とさせたことは非常に大きい成果である。私たちが求めてきた制度改善の目標以上のものを勝ち取ったといえる。

7　勝利的和解へと導いたもの

1　制度の理不尽さ、不利益性が分かりやすく共感を持たれた

提訴後すぐに支える会を発足し、この裁判の内容、目的を知ってもらえるよう可能な限りの取り組みを行ってきた。記者会見、裁判所前宣伝、集会の開催、労働組合・各団体への支援要請、裁判所への要請行動、署名活動（団体署名一三〇一団体、個人署名三万三一一〇筆）、国

会議員へのオルグなどである。提訴時に、安倍晋三政権が「女性活躍推進」を謳っていたという情勢も追い風となり、記者会見は、テレビや新聞など各種報道機関によって報道され注目された。そして、支援要請時でも「妊娠してすぐ無給休職の日本航空の制度はおかしい」と、制度の不利益、そして会社の理不尽な対応が理解され、私たちの主張は共感を得ることができた。

2　基本に忠実な法廷闘争活動を積み重ねた

しかし、反響が大きくても一過性のものに終わらせるのではなく、地道にオルグを重ね、毎回の弁論日に裁判所前宣伝を行い、法廷をいっぱいにするという基本を忘れず、取り組みを継続していった。その活動の大きな力になったのは、航空内外の労働組合、女性団体、支援者、そして二〇一〇年に解雇された争議団の先輩方である。私たち原告、組合、支える会の代わりに街頭で訴え、航空外の署名活動など運動を広める下支えをしてもらった。法律論での闘いを展開しながら、支援の輪を広げるという運動論の重要性を改めて実感した闘いだった。

3　最大の勝因は、職場の要求と一致

日本航空を相手に個人が提訴することは、センセーショナルにも聞こえるかもしれない。しかし活動上も精神的にも相当な苦労を伴うもので、原告の負担は計り知れないものがあったと思う。そうしたなか自分を支えてたのは「労働組合」だったと原告の神野さんは語っている。「泣き寝入りするしかなかっただろうが、自分は支えてくれる労働組合があったから提訴という手段で訴えることができた」と提訴時の心境を述べている。

それは裁判中も彼女の力になっていた。職場の仲間が傍聴に駆けつけてくれる、産前地上勤務者が証人尋問で証言に立ってくれる、地上勤務の経験のありがたみや原告への感謝を綴った陳述書を提出する等、仲間の行動は、法廷での力になったのはもちろんだが、原告への大きな励ましとなったことだろう。

そして何よりも、原告も所属するCCU組合員だけではなく、組合の枠を超えて、客室乗務職の全体が原告の要求に共感し支持してくれたことが最大の勝因だったと思う。本来であれば、裁判（原告）を非難する社内報を出すことも可能なはずだ。今回会社がそのようなことを一切できないほど、原告の要求が職場から支持されていたことは、彼女が乗務復帰した後「私たちのために裁判に踏み切ってくれたんですよね」「お陰で産前地上勤務に就くことができました」と感謝の声が寄せられたことに現れている。まぎれもなく彼女の要求は職場の要求だったのだ。

4　全員で勝ち取った勝利和解

CAの職場だけではない。日本航空内の運航乗務員（パイロット）や整備、地上ハンドリングの職場でも女性職員の妊娠中の取扱いの調査を行ったり、労働組

合の団体交渉の議題にあげたりするなど、裁判支援への全面的な協力があった。原告、弁護団、労働組合、支援者、職場と全員で勝ち取った和解だったと思う。

8 本件の意義

この裁判を、制度改善という私たちが一番願う形で終結できたことは、大きな意味をもっている。いまでこそ政府も「仕事と家庭の両立」を謳い、法整備も進められているが、労働の現場では、まだ法律が遵守されているといえない実態がある。女性が働き続けることには、結婚・出産育児・介護と三つのハードルがあるといわれている。男女雇用機会均等法が成立して三〇年が経過しても、第一子出産後の女性の離職率は六割以上と変わっていない。この数字が如実に女性労働者の実態を表している。

日本航空は日本を代表する航空会社であり、約五〇〇〇人の日本人ＣＡの九九％が女性である。そして、原告が提訴までして改善を求めた希望者全員が働ける産前地上勤務制度は、残念ながら国内他社にはみられない。これほどに日本のＣＡの職場では、妊婦が働き続ける環境が整っていないのが現実だ。日本航空でこの制度を発展させていくことは、必ず他の航空会社へも影響することだろう。「産前地上勤務が改善されたのだから、他の制度も改善させられるのではないかという希望が湧いた」という職場の声が報告されている。この希望こそが、次につながる一歩であり、一人ひとりが立ち上がる、声をあげる勇気に通じるに違いない。

これからも、労働者を攻撃するさまざまな法改悪や会社の合理化は続くだろう。しかし、「健康で長く生き生きと働き続けたい」という労働者の要求が消えることはない。この勝利がさらに女性労働者の権利向上につながっていくことを願っている。

（もてぎ　ゆみこ）

書評

『グローバル化のなかの労使関係――自動車産業の国際的再編への戦略』

首藤 若菜著

霜田 菜津実
（法政大学大学院修士課程）

本書は、労働組合が多国籍企業に対していかにグローバルな規制力を築こうとしているのか、その取り組みを明らかにし、グローバル化に対応した労使関係のあり方の検討を試みたものである。まず、本書の内容を簡単に紹介する。

●本書の構成

序章では、企業の活動が国境を越えて広がっているいま、政府と労組のグローバル化が追いついていないこと、しかし同時にグローバル化に対応した新たな労使関係の構築が始まっていることを指摘する。そのうえで、本書が対象とする自動車産業に関して、大手自動車メーカーによる海外直接投資の拡大と労使関係の変遷を概観し、大半のメーカーが国内以上に海外で生産・販売している現状を整理する。

第一章では、グローバル化と労働をめぐる議論を紹介したうえで分析枠組みを示し、本書の位置づけを明確化する。グローバル化が雇用・労働条件に与える負の影響を縮小させる方法はいくつかある。労働力移動により「底辺への競争」に巻き込まれないようにする方法、権力により国際的な労働規制を構築する方法もあるが、本書は主に「国際的な労働運動の強化を求める」方法を検討する。労働者の国際連帯には必然的理由がありながら達成の困難さを多く抱えている。「企業全体の賃金やその他の労働条件を定める単一の基本協定を締結すること」を理想にして三つの発展段階をたどると構想したレビンソン説に基づき、日本企業はまだ第一の「国際労働組合が一国における労働組合のストライキや交渉を援助する」段階にすぎないとする戸塚［一九九五］の説を紹介する。なお、第二段階はストや団体交渉等の共同行動、第三段階は統一交渉および統一協定の締結である。これら先行研究に依拠しながらグローバル化に対応した労使関係のあり方の検討を試みるが、従来の労使関係、人事労務研究は主に職場の実態を詳細に描き出すミクロ的手法であったのに対し、本書の特徴は、社会、国家、国際関係というより広いマクロの視野で労組をとらえ直すことにある。多国籍企業に対する本社の労組および従業員代表の姿勢という観点は、国内労使関係に注目してきた労使関係研究にも、またＩＬＯ（国際労働機関）や国際産業別（以下、産別）組織といった多国籍企業と直接相対しない組織を対象としてきた国際労働運動研究にもなかった視点である。

　第二章では、労働分野における国際的な最低限の労働基準や労働規範にどのようなものが存在するのかを整理し、それらがいかなる経緯で成立してきたのかを概観する。一九九八年のＩＬＯ総会にて、「結社の自由及び団体交渉権」「強制労働の禁止」「児童労働の実効的な廃止」「雇用及び職業における差別の排除」といった四分野にある八条約が全ての国が遵守すべき「中核的労働基準」として位置づけられた。だが、賃金や労働時間といった労働条件の平準化に関する合意には至らなかった。同じく九〇年代に制定された欧州従業員代表委員会（ＥＷＣ）により、ＥＵ域内に限られるが、ＥＵ諸国の従業員代表には少なくとも年に一度は一堂に会し、経営中枢層から経営戦略やヨーロッパレベルでのグループ経営の見通し等について情報を受け協議する権限が付与され、事業所の移転、閉鎖、集団的人員整理など従業員に影響する事柄について従業員代表が情報を得る権利を有することになったことの意義も強調する。さらに、二〇〇〇年代に入ってからの国連による企業の社会的責任のルール化および企業自身の意識の変化にも触れている。そのなかで、子会社や下請けといったサプライチェーンにまで国際的ルールの適用範囲が広がっていることも確認する。ただし、一律に適用される労働分野の国際条約はＩＬＯの「中核的労働基準」に限られ、その遵守の監督や違反した場合の罰則については不明確なままであることにも注意を促す。

　第三章では、企業の社会的責任に対する動きが経営側によって一方的に進められていること等への批判から、労働組合も労働実態や国際的ルールに反する行為を是正する機能を果たすために動き出し、労使共同で社会的責任を公約する多国籍企業が一九八〇年代末から登場したことについて述べる。こうした公約を「国際枠組み協定」（以下、ＧＦＡ）と呼ぶ。ＧＦＡが従来の労使間協約と異なる点は、産別労組や企業別労組に限らず国際産別組織が締結主体となっている点、国境や企業を超え適用範囲が拡大されている点にあるという。中核的労働基準にとどまらない内容のＧＦＡも締結されている。ただし、日本本社の単組は、経営側との相互信頼を背景にＧＦＡを締結したがらない状況にある。最後に、ＧＦＡをめぐる結論として、それが国際労使関係の構築の契機となったこと、中核的労働基準を超えるＧＦＡが結ばれていることを評価したうえで、締結前後の役割の企業単位化が進む一方、国際産別組織によって企業を超えて協定内容の共通化が図られてきたという一見相反する現象を指摘している。

　第四章は、欧州に広まりつつある従業員代表委員会や労組を主体としたグローバルな労使対話の取り組みを紹介する。従来労組より機能が劣るとみられてきた従業員代表委員会の役割が拡大していることが示される。また、先進国である欧州にとって、基本的人権の遵守を主な内容とするＧＦＡは労働条件に大きな変化をもたらさないことから、ＧＦＡを超える協定の例を示す。これら協定は現状では強制性をもたず、国内の労働協約が優位であるが、こうしたグローバルルールが国内の法制度、労働条件等に変化を与える可能性を記す。今日の特徴として、労働協約締結以上にネットワークの構築が重要であること、労使紛争を未然に防ぐことに視点が移っていること、国際会合に経営を参加させるようになったことを挙げている。

　第五章では、視点を日系労組に向け、日系労組が国際連帯強化にどう向き合っているかを明らかにする。金属産業の国際産別組織であるＩＭＦ（現・インダストリオール）による企業ごとの世界協議会設立の呼びかけを受け、一九七三年に日系企業であるA社およびC社の労組による合同で「A―C世界自動車協議会」が発足した。定期的な会合では各国労組が参加しさまざまなテーマについて議論されたが、一九八〇年代後半より停滞する。現在はＩＭＦ主催で継続しつつも目的を情報・意見交換に限定した労組や、ＩＭＦが関与する協議会に意義を見出さずアジアに限定して独自に交流する労組等に分かれている。会合を続けるなかで労組間に信頼関係が醸成されているが、共通・不変なのは、企業への信頼を背景に、本社労組が労使協議に基づく安定的労使関係の伝授、および「共感」と「情報交換」に重きを置く傾向である。最後に、前章と関連させ日独のネットワークの違いを検討する。現地労組への姿勢として積極介入か相互不可侵か、グローバルなネットワークの構築を志向するかアジア地域に注力するか、ネットワークの財源負担が経営側か労組側か等の違いを挙げ、日系労組の方法について、今後変容する可能性も示唆しつつ限界を指摘する。

　第六章では、現在の国際的労使関係の特徴をまとめている。従来の国内の労使関係と区別される特徴として、①企業単位、②法的拘束力の弱さ、③労組の機能変化（本社労組、従業員代表委員会、国際産別組織の重要性が顕著に増していることや、国際産別組織が調整役を果たしていること等）、④ネットワーク（統一的な交渉や協定を明確には求めない緩やかな連帯）を挙げる。そして、問題解決のために、今後は労使協議で扱う最低限の事項を世界的に決め労使協議の頻度をルール化することが基盤となるという。同時に、今日の国際的労使関係は、労使関係の安定、ブランドアピール、世界市場でたたかう武器になるという点で使用者にとっても有意義なものである。最後に、企業ごとのルールでは各国の法規制や慣行が優位に立ってしまい実効性が危ういため、企業を超えたルールを形成することが求められると指摘する。

そして、終章では、国際的労使関係の到達点をまとめ今後の課題を探る。本書が論じたグローバル・ネットワークは、国際的に労使が対話し、本社経営陣が情報提供や協議の主体となる制度に発展してきているが、締結された協定に実効性を持たせることが課題である。また、日系労組は国際活動に対するより積極的な姿勢が求められている。とはいえ、未だ世界の多くの労組が海外事業所の労組に関心を寄せていないなかで、日本の自動車産業労組はいち早く海外事業所調査に乗り出したことが先駆的であった。また、従来のグローバル・ユニオンの運動はグローバルな労働法確立に結実しなかったが、近年の国際労使関係のもとで、ルールの適用範囲が拡大し国際産別組織が企業ネットワーク間をつなぐ役割を果たしていることを評価する。今日のグローバル・ネットワークは、企業ごとに分権化するとともに包括性、すなわちワーク・ルールが海外事業所やサプライチェーンにまで適用されるという特徴を兼ね備えている。そして、今後より国境を越えて統合されたグローバルな労使関係に進むか否かはまだ不透明であると述べ締めくくっている。

●本書の意義

本書を読み最も考えさせられたことは、日独のネットワークのあり方についてである。ドイツ等を本国とする欧州系の労組、従業員代表委員会等は自国内の従業員代表制度を海外事業所にも持ち込もうとし、そのために熱心に説明や研修などを行う。対して、日系労組は、企業別労使協議を基調とした安定的な労使関係を志向するとともに、海外事業所のことは現地の労組、労働者が考えるべきという姿勢から現地労組に対する介入に比較的受動的である。どちらが良い・悪いと単純に言えるものではないだろうが、企業を超えたグローバルな労使関係をめざすのであれば、ドイツ等を本国とする労組、従業員代表委員会がなぜ国際活動にこれほど積極的になりうるのかはキーポイントになる。私自身の不勉強であるが、人的、財政的資源や組織内部での教育等の詳細が気にかかる。

本書は自動車産業に的を絞ったもので、特に企業が国境を越え展開する製造業を中心とした産業ネットワークにおける今後の労使関係を考えるうえで、具体的なヒントを与えてくれる一冊である。

［参考文献］

戸塚秀夫　一九九五年「国際労働研究センターの発足にあたって」『労働法律旬報』一三七三号、一八―二八頁

（しもた　なつみ）

（ミネルヴァ書房、二〇一七年、本体五五〇〇円＋税）

書評

『ルポ貧困女子』

飯島 裕子 著

栗田 隆子
（「非正規」労働者）

●はじめに

二〇一七年九月一七日『琉球新聞』のウェブ版に掲載されていた論説に目が留まった。以下、少し長いが引用しよう。

「負け犬の遠吠え」という本がベストセラーになったのは今から一四年前。「未婚、子なし、三〇代以上の女性」を負け犬と定義したのは著者の酒井順子さんだった。

▼自虐的に「負け犬」と言いつつも、独身者はしがらみが少なく、時間的にも経済的にも自由で、前向きにその生き方を捉えていた。どちらかといえば酒井さんのように、経済的に自立している人の視点だった

▼国立社会保障・人口問題研究所の調べでは、二〇～六五歳（勤労世代）の独身女性の相対的貧困率は三二％に上るという。子どもの貧困の陰で、独身女性の貧困問題はあまり表に出て来ない

▼貧困の要因は女性の大学進学率が男性に比べ低いこと、四〇代前半以下の世代は就職氷河期と重なり、就職難だったこと、非正規雇用に女性が多いことなどが考えられる。根底にあるのは「女性はいずれ結婚するだろう」という前提だ

▼税金や社会保障制度は、将来女性は夫の扶養下に入ることを前提にしている。女性の生涯未婚率は年々上昇し二〇一五年は一四・〇六％と過去最高を更新。旧型のモデルは見直し、多様な選択肢を示す時期に来ている

▼「負け犬」「勝ち犬」、「子なし」「子有り」、「正社員」「非正社員」など女性を二分しては問題の本質を見失う。既婚・未婚を問わず、生きづらさを感じる女性の「つらさ」を解消せずして女性の活躍推進は進まない。

（https://ryukyushimpo.jp/column/entry-576880.html）

最後の「女性の活躍推進は進まない」の一行を抜かせば、まるでこの『ルポ貧困女子』の要約のような論説であった。いや、もしかしたら本書を参照にしているのかもしれないとさえ思った。もちろん、これはあくまで私の推測である。

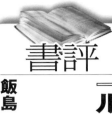

そういう推測をしたくなるくらい、この『ルポ貧困女子』は読まれてしかるべき本だ。とりわけ女性の貧困を社会構造から考えようとする人、そしてこれからどうするべきかを探る人には必読だ。

いきなり結論めいてしまった。ただし、論説の最後の一言「女性の活躍推進は進まない」のところだけは、違う。そもそも活躍推進とは何なのか？　活躍できる女性とできない女性を分断することにつながるのではないのか？　そんな女性同士の関係性をも重視するのがこの本の特徴でもある。

私が最初にこの本を読んだ時、悲鳴をあげてしまった。いや、実際に今回読み返した時も、自分の部屋で悲鳴をあげていた気がする。そうして、なぜそんな反応をしたかといえば、ここに書かれていることは、それほどまでに「私の人生」と重なっているからだ。

●「貧困女子」の可視化

この本は、単身女性の深刻な貧困状況の報告からスタートする。二〇一一年一二月、『朝日新聞』の一面トップに「単身女性、三人に一人が貧困」という記事が掲載されたこと、その後「貧困女子」と呼ばれて、週刊誌やワイドショーなどで度々取り上げられたものの、「彼女たちがなぜ貧困状態におちいっているのか、構造的な問題に踏み込むことはなく、対策や支援につながる大きな動きもないまま、今日に至っている」。

そういう意味では、私も「戦犯」の一人だったかもしれないとヒヤッとする。『高学歴女子の貧困』という本を著し、自分の半生を描いたものの、そこから社会的構造の分析をなしえたとはいえず、女性の貧困が個人の問題としてみなされる書き方に、結果的とはいえ、なってしまったかもしれないからだ。

そんな私だからこそ、この本はとても貴重だと声を大にして言いたい。なぜなら、女性の貧困を個人の問題にせず、また個人の努力不足に帰することなどもせず、社会的構造を明らかにしようとして、書かれたものであるからだ。

しかしながら、その構造を見抜くのは極めて困難であったという。著者曰く「一人ひとりの状況は異なっていても、多くの人に会うことによって、共通項のようなものが見えてくると思っていたのだが、予想に反し、貧困の実態はなかなか見えてこなかった。むしろ女性たちに会えば会うほど、それぞれが抱えているさまざまな問題に引き込まれ、頭は混乱する一方だった」。

確かにこの本には多種多様な女性たちが登場する。メンタルヘルスで悩む女性、学校時代から人間関係につまずきを覚え、苦労してきた女性、経済的理由で家から出られない女性、正社員であっても会社に酷使される女性、家族からの暴力により、家から出ざるをえず、ホームレス状態に陥る女性、セックスワークをして、生き延びてきた女性、バイトを複数掛け持ちしている女性など、その生い立ち、家族構成、年齢、学歴、職歴等、バラバラである。

ただこのバラバラの状況のなかから飯島さんは分析の糸口を見出す。それは女性の貧困は、「貧困」という言葉では認識されておらず、「当たり前」「デフォルト」であったということだ。そこには「男性稼ぎ主モデル」が深く影響している。男性が稼ぎ、女性は家にいる、ないしは補助的な労働を行うのが当たり前だったからこそ、そしてその補助的な労働は低賃金だったからこそ、女性には貧困という名前さえ遠いものとなってしまったというのである。本書を『ルポ貧困女子』としたのは「貧困にすらなれない女性たち」を可視化させることからはじめなければならないと考えたからなのだ。

また、本書において「所得の多寡だけではなく、家族や友人など頼れる人間関係はあるか、教育を受ける機会があったか、健康で社会参加することができるかなど、人や社会との関係に着目して貧困を捉える『社会的排除』という概念が一般化されつつある」と語られているように、賃労働以外の要因が深く女性の貧困にかかわっているのである。

とくにメンタルの問題は、個々人の資質の問題へと還元されがちだ。だが、本書では、メンタルの問題もまた女性にかけられた圧力と関係していると金井淑子氏の言葉が本著で引用されている。

「『働け』と『産め』というダブルバインドの中、そこからこぼれ落ちた女性たちがアイデンティティ・クライシスに見舞われても何の不思議もありません。不本意にも労働による自立から排除され、社会通念が誘導する女の幸せにも同一化できない――自立不全感と展望のなさが、今日の女性たちのメンタル的な諸兆候の背景にあると思うのです。」

展望のなさ、という言葉に私はぐっと身につまされる。展望のない事実を日々「考えて」生きているわけではない。というよりむしろ展望や、今後の未来など深く考えても仕方がない、考えていたら生きていけないほど、展望がないというのが私の経験である。そうでしか生きてこられなかった人間にとって「展望を持った人間」の生き様とはどういうものなのか想像するしかない。ただ不思議に思うのは、年配者の方がはっきりいっていわゆる社会運動界隈においても、生活においても元気なのである。それこそ少し体の調子が良い時に近所の公園を「散歩」（走るなどとんでもない）していると、公園には高齢と思われる方々が大勢いて、「ランニング」で抜かされることを何度も経験した……そんな時に「展望のある人の人生」を感じたといえば、やや突飛な発想にすぎるだろうか。

●強いられる「多様な選択肢」

先ほどふれた「バラバラ」な状態を「多様性」とみる人もいるかもしれない。現に本書ではこのような記述がある。

「女性には多様な選択肢があると言われることが多い。橋木俊詔は、前述の

『女女格差』*のあとがきの中で『女性の方が人生の様々な段階で選択肢に直面する機会が多い』と記している。選択肢とは、結婚するか、専業主婦になるか、子供を持つか、フルタイムかパートタイムかという選択肢だという。そして『女性の方が選択肢が多い柔軟な人生が送れるのであるから、それがうまくいけば、満足度も男性より高い人生ではないか』と結んでいる。

　しかし、この『多様な選択肢』という考え方がくせ者ではないかと私は思っている。結局のところ選択肢の多くは、『結婚』もしくは『将来するであろう結婚』を前提としたものであるからだ。さらにこの場合の結婚は男性が主な稼ぎ手となる結婚である。そうでなければ、専業主婦やパートタイムは選べないからだ。多様な選択肢ゆえに『女性は気楽だ』と言われてきたし、女性自身もまたそう信じ込まされてきた」。

　そこから著者は婚姻の有無を問わず、女性が「世帯主」としての意識を身につけることが貧困の可視化につながると提案する。そして「当然、意識だけではなく、税や社会保障など世帯単位のものを個人単位に変えて行く必要もある」とする。世帯単位だとそこに組み込まれる女性が見えなくなってしまうためだ。

　このバラバラというものはまた、権利要求をするための組織をつくることだけが問題の解決のすべてではないとしても、権利要求の主体としての組織を立ち上げにくい事態をも生むと思われる。

●おわりに

　本書において、「バブル崩壊以降、派遣という働き方は急速に広まって行くことになるが、労働者派遣法が成立したのは、男女雇用機会均等法が成立した一九八五年のことだ。（略）『男性並みに働く総合職女性』と『非正規貧困女性』という二極分化の萌芽が、この時すでに存在していたということができるだろう。同時にこの年は第三号被保険者制度が創設された年でもある。法政大学准教授の藤原千沙は一九八五年を「雇用分野の男女平等を標榜しつつ、他方で家族責任の分断・性別分業の強化・非正規雇用の拡大への道を開いた〝貧困元年〟である」と語られている。

　貧困元年のこの時代は、国鉄の民営化、総評（日本労働組合総評議会）の解体など、労働運動が崩されていく時とも重なるが、同時に女性というだけでつながることが困難となった「分断元年」ともいえるのではないか。貧困の問題とは、経済のことであると同時に、私たちにとっては運動の内外で連帯や信頼関係などを問うものであると、この本を通して確認したのだった。

＊東洋経済新報社、二〇〇八年。

（くりた　りゅうこ）

（岩波書店、二〇一六年、本体八二〇円＋税）

『正社員消滅』

竹信 三恵子 著

林 亜美
（お茶の水女子大学大学院博士課程・会員）

●本書の概要

本書は、現在の日本が直面する「正社員消滅」がテーマである。この「正社員消滅」は二つの意味を有しており、非正規社員の増加によって労働現場から正社員が消滅する文字通りの「正社員消滅」と、正社員の「安定と安心の生活」をまったく担保しなくなった従来の正社員という概念の消失としての「正社員消滅」である。以下、全六章からなる本書の各章の内容を簡単に紹介していく。

第一章では、正社員が消えた職場で何が起こっているのか、取材により明らかにしている。前者の意味合いである「正社員消滅」として、非正社員だけで事実上業務が行われている職場で正社員が消えた風景を描き出す。パートでの働き方は気楽で好きな時に辞められると言われてきたが、いまはパートが店長を務め、基幹労働力になっている大手スーパーや「配達なんて誰にでもできる」と言われ続け、自尊心を砕かれながら働く郵便局の非正社員の実情。そして、公務職場であるハローワークにおいても支援担当職員のほとんどが非常勤職員である実態。新卒から非正規で働き始め、働くルールなどを知る機会を持たない働き手の増加に加え、身をもって示す正社員もおらず、ルールやモラルを教える労働組合もない現状が明らかにされる（五二頁）。

第二章は、正社員がいなくても業務が回る職場で、正社員とはそもそも何だったのかを考え、後者の意味合いである「正社員消滅」から、日本社会における正社員のあり方を検証する。正社員とは、一九七〇年代では戦前からの身分制度的な要素もひきずりつつ、戦後の国際社会が基本とした要件を備えた「あるべき働き方モデル＝正社員」であった。戦前からのメンバーシップ型契約として「正社員＝高拘束」の労務管理があり、一九九〇年代以降には「正社員＝高拘束社員」の再定義はさらに勢いを増した。正社員は「安心して働ける社員」から「非正規よりも過酷な体験を引き受ける社員」へ転換された。「正社員＝高拘束」の労務管理は、戦後に芽生えた「あるべき働き方の復権回復」の動きを押し返し、返す刀で、こうした高拘束を受け入れない、または受け入れられないのであれば非正規の待遇の低さはしかたない、と合理化するために流用された（八四頁）。村尾祐美子［二〇一三］によると、「いわゆる正社員」であることと「企業拘束性の高さ」が結び付けて論じられ、説得力あるものとして世に受け入れられるようになった背景には、非正規雇用者との賃金格差を正当化する根拠を必要とする日本社会があったことを指摘している（七九頁）。

第三章では、正社員の定義の変化によって、非正社員も含めた働き方の過酷化がどのように進んできたのか、正社員であることが安心・安定を担保しなくなったいまの時代の保障なき「高拘束」職場の実態を明らかにする。残業代なし、営業成績を達成できなかった社員への制裁や寺院での山籠り企業研修での冬の川行、会社命令による自己費用負担での東日本大震災被災地への「ボランティア」強制、月一回の社長との食事会の強制などのパワハラの横行が列挙される（八七—九〇頁）。雇用保障を求める社会的な圧力が減り、「高拘束」だけが残ったいま、働き手には無限の服従を求め、雇う側は無限に免責されるというダブル・スタンダードの世界が生まれようとしている（一〇〇頁）。

第四章は、政府の政策において、正社員追い出しビジネスとして、「正社員消滅」作戦とも呼べそうな動きと、それに呼応した労働者派遣法の改正、助成金政策の転換によって、雇用維持より雇用流動化を後押ししようとする現状が述べられている。政府と派遣会社による正社員追い出しビジネスの実例として、所属組織にかかわらず参加できる実行委員会「働く者の集い」における、ある女性の語りを紹介している。その女性の男性同僚は将来への不安から会社を希望退職した。そして、株式会社パソナからの再就職支援サービスを受けたが、正社員での仕事はなかった。そのうち失業手当が切れてしまった。そこで、株式会社パソナから派遣を勧められ、結局、元の会社の子会社へ派遣され、以前と同じ仕事を不安定な雇用で、加えて低賃金で引き受けることになった（一一九頁）という。

第五章は、「働き方改革」路線の内実として、正社員を守るような働き方改革を取り上げる。政府が二〇一五年以降に打ち出した、「正社員復活」政策についての検証である。限定正社員とは、東京大学佐藤博樹教授（当時）の主張した「無限定型の無期雇用」（一六〇頁）を指す。それは、いまの正社員（転勤残業を無制限、その代わり無期雇用）を一割に圧縮し、いまの非正社員（転勤残業はないが雇用契約は短期）を現行の四割から一割に減らし、限定正社員（残業、転勤は無制限でなく、無期契約）を八割くらいにする、という提案であった。しかし、著者によると規制改革会議の議論を見る限り、佐藤の提案する「多様な正社員」のそれなりの安定雇用に向いているのではなく、働き手を解雇しやすくするための規制緩和のほうに向けられていたと指摘する。

結論となる第六章では、「正社員消滅」の動きから、働き方や生活を守るために何が必要なのか、提案を行う。働き手の安心の姿だった正社員像が消滅の瀬戸際にあり、非正社員の給料は低いまま「拘束度は高くて重い仕事」へ転換されている現状をどのように乗り越えていくのか。二〇一六年八月の厚生労働省報告書を取り上げ、「自営業」として基本的に自己責任で解決させ、仕事を失ったときも、公的職業訓練や失業手当という国の責任によるものではなく、民間企業からのサービス購入で自力解決させるといった、ＡＩに便乗した仕事の個人事業主化への政策を指摘する（二〇一―二〇二頁）。多くの政府が、国境を越えて企業利益の極大化をはかる多国籍企業の資金力と、一票を持つ働き手たちの生存権を守ろうとする動きとの綱引きの間で揺れていることから（二三〇頁）、おかしいと思った政策にノーと言える自分をつくり上げ、働き手の側から正しく綱を引けるようにしておくための自分づくりを行うことを推奨する。そして、「正社員消滅」時代を乗り越えることはそこから始まる、と締めくくられている。

●働き手目線からの改革

第六章では、「働き手の側から綱を引くための自分づくり」（二三〇頁）として七点が挙げられている。①「正社員の身分を守る」という発想から抜け出そう、②自分の法律顧問を持とう、③働き手のネットワークをつくろう、④情報を収集しよう、⑤辞める権利と辞めない権利を生かそう、⑥ライフスタイルを点検する、⑦企業や政府からの「働き方改革」に振り回されるのではなく、働き手の目線からの改革を提唱していこう。

これらは自己防衛対処法といえる。一つずつ検証していこう。①「正社員の身分を守る」という発想から抜け出す、とは正社員という「身分」への固執をなくすことを示すと思われるが、働き手自身に対しても企業に対しても向けられている言葉とも受け取ることができよう。②自分の法律顧問をもつことについて、「正社員がこれほど揺らいでいるいま、働き手を守る権利は必須アイテム」として、労働組合、ＮＰＯ、労働弁護団などとのネットワークを挙げている。非正社員の場合は、労組などの組織とのネットワーク構築が一般的に弱く、たとえ「変だ」と思ったとしても支援へアクセスする力が脆弱であることも念頭におく必要がある。③働き手のネットワークも、②と同様であることが指摘できる。弱い紐帯が豊富な人は転職先も見つけやすいとしているが、日本において「弱い紐帯は、その紐帯を通じて自分よりもハイアラキー構造の高い位置にいる他の人々に接近する場合に限り、より良い仕事を生み出すことが期待される」［渡辺 二〇一六〕という。社会階層の格差拡大や断絶が進む日本において、自分よりもハイアラキー構造の高い位置にいる人と接することは困難になっているのではないか。ちなみに、渡辺によるこの「紐帯」の仮説検証は男性労働者を調査対象としており、女性労働者は対象になっていない。④情報収集を勧めているが、シンポジウムや集会に参加し、多角的な情報収集ができる人は一定水準以上のリテラシーがあることにも注意が必要であろう。⑥ライフスタイルの点検として、夫の家事・育児能力の育成を推奨しているが、一人親や単独世帯が増加している現在、妻と夫からなる「家族」のみならず、「個人」にとってのライフスタイルも前提にする必要がある。⑦働き手目線からの改革の提唱については、発言をしていくためには労働組合など組織的な連帯の必要性がさらに増すと思われる。今後、読者とともに、多様な働き手の目線から、この七項目をより実効性のあるものとすべく検討を重ねていきたい。

本書を振り返ると、「正社員消滅」へ至る過程が膨大な資料と詳細な取材をもとに鋭く描き出されており、説得力があった。個人的な所感ではあるが、ジェンダー視点からの言及があった場合、本書はさらに有益なものになったと思われる。むろん紙面の都合によると思われるが、論じられている「正社員」とはあくまでも男性が前提であり、正社員＝高拘束＝男性といえる。「正社員」である男性は、配置転換や長時間労働という高拘束を受け入れ、定年までの人生を会社に捧げることで家族扶養賃金と安定した生活を得ていた。そして、家族とは夫の高拘束な労働継続に必要不可欠である家事労働を、無償で提供し続ける妻とその子どもで構成されていることが前提である。このように働き手とは、男性「正社員」が前提とされていることは多くの先行研究からも明らかとなっている。しかし、未婚や非婚化、少子高齢化など家族の多様化が進む現在の日本において、もはやそれは成り立たなくなっており、正社員＝男性という前提も消滅することは自明であろう。正社員の高拘束を合理化するための非正社員との処遇格差は年々拡大している。多様な働き手の働き方やその生活を守るためにどうすればいいのだろうか。それにはまず、政府や企業側の意識改革こそ喫緊の課題である。

本書は、働くことの内実を明示し、そのあり方を社会に問うという大きな意義をもつといえよう。

〔参考文献〕

今野浩一郎　二〇一二年『正社員消滅時代の人事改革』日本経済新聞出版社
渡辺深　二〇一六年「グラノヴェター『転職―ネットワークとキャリアの研究』」『日本労働研究雑誌』四月号（No.六六九）、四〇―四三頁

（はやし　あみ）

（朝日新聞出版、二〇一七年、本体七六〇円＋税）

読書案内

『劣化する雇用——ビジネス化する労働市場政策』

伍賀一道・脇田滋・森﨑巌著

中澤秀一（静岡県立大学教員・会員）

●劣化した雇用を良質なものに

今日、国民や労働者が抱えるさまざまな問題の最も根本にあるのは、「雇用の劣化」であると言っても過言ではないだろう。雇用がかくも破壊されたことが、われわれの社会に及ぼした影響はきわめて深刻である。雇用の劣化の実態やそこに至った要因について解説し、さらに雇用の劣化を阻止し、どうやって新たに良質な雇用を創り出していくかについて、その道筋をできる限り平易に、かつコンパクトに示したのが本書である。

簡単に本書の構成にふれておくと、これまでの三〇年間に起こった雇用と労働市場政策の変貌について概観するのが第Ⅰ章である。続く第Ⅱ章では、雇用の多様化を「半失業」の観点から改めてとらえ直し、本書のサブタイトルともなっている「人材ビジネス」がいかに労働市場に蔓延し、雇用の劣化を招いているかを明らかにしている。そして第Ⅲ章では、これまでの雇用政策が労働市場の変貌にどう作用してきたのかを解説している。これらをふまえたうえで、第Ⅳ章では、どんな労働市場政策をめざすべきなのか、その具体案を提示している。

本書でも述べられているように、雇用の劣化の源流は、一九八〇年代半ばにまで遡る。今日にみられる雇用の破壊は三〇年以上の長きにわたってじわじわと進行してきたのだ。それほどまでに長い時間をかけて破壊され続けてきた雇用を、短期間で良質なものに戻すことは容易ではないだろう。それは解決しなければならない課題が数多く、また課題ごとに大きな抵抗勢力が存在するからである。

さしあたり、本書で提言しているのは、①労働時間に関する規制（抜本的短縮、インターバル規制）、②非正規雇用のリスク縮小措置（間接雇用と有期契約の制限、無期雇用への転換）、③最低賃金の実質化、④均等待遇、同一価値労働同一賃金原則の確立、⑤失業時の生活保障、⑥職業訓練・能力開発の条件整備、人材ビジネスの規制、公的職業紹介の充実、⑦職場における労働組合の発言権・交渉権の確保の七つの項目である。なかでも、同一価値労働同一賃金原則の確立について、Ⅳ章の5では労働運動の最重要課題であるとしている。

「雇用は、直接雇用・無期雇用が原則であるはずですが、もはや原則と例外が入れ替わるという雇用崩壊の事態が進行しています。今こそ労働者が団結して労働者全体の労働条件の底上げを実現することが重要です。諸外国で法制化している『同一価値労働同一賃金原則』が日本ではいまだに実現していません。これらは、日本の雇用の正規と非正規の分断の原因であり、非正規増大の大きな要因でもあります。『同一価値労働同一賃金原則』確立の課題をしっかりと労働運動の最重要課題として位置づけていくことが重要です。」（二三〇頁）

どの項目も重要な課題であり、優先順位をつけることは難しく、同時並行的に取り組まねばならないだろう。とはいえ、同一価値労働同一賃金原則の確立は、これまで遅れてきた分野であり、その波及効果を考えると、特に取り組みが望まれるのである。具体的な内容については本書をご一読いただきたい。

●労働運動にかけられた期待

本書が主にターゲットとしているのは、労働者、労働組合関係者である。先に取りあげた七項目は、労働者が働くうえでの最低限のルールであり、最低限のルールが確立していないがために、生活困窮に陥る労働者が増え続けているのだ。すべての働くものに働きがいのある人間らしい仕事を保障するために、本書が込めた労働運動への期待は大きい。

さて、本書では労働市場政策に課題が生じた背景には、二つの「歪み」が存在したということを指摘する。一つは、政策の意思決定方法における「歪み」である。安倍晋三政権で政府の成長戦略づくりを担ってきた産業競争力会議（現在は廃止）のメンバーには、民間議員として大企業経営者や新自由主義者が多く選出されており、ここでの「大企業寄り」の議論がそのまま政府の基本方針に反映されることになり、現下の労働市場政策に課題を残すこととなった。いま一つは、政策議論の出発点における「歪み」である。現下の労働市場政策の出発点となったのは、「労働時間規制を望まない労働者のニーズ」「行き過ぎた雇用維持型」「日本の正社員は世界一守られている」「人材ビジネスの方が効率的」「労働時間規制が柔軟な働き方を阻害している」などの誤った認識である（いずれも本書では誤った認識であることが的確に解説されている）。これまでの労働市場政策がかくも推し進められてしまったのは、資本側が意図的に拡げてきた主張に対して、労働側が明確に反駁してこなかったことも要因であろう。今後の労働運動には、まやかしを論破する力が求められている。

（なかざわ　しゅういち）

（旬報社、二〇一六年、本体一六〇〇円）

『裸足で逃げる　沖縄の夜の街の少女たち』

上間陽子著

飯島　裕子（ノンフィクションライター）

●暴力の連鎖のなかで

沖縄を舞台にキャバクラなどの風俗業界で働く一〇代、二〇代の女性たちの現実が綴られている。彼女たちに共通しているのは、経済的、養育環境的に恵まれない家庭に育ち、一〇代で妊娠、出産を経験。家族や恋人からの日常的な暴力にさらされている点だ。救いようがないと感じるほど、彼女たちの置かれた状況は厳しい。それでも彼女たち自身のやり方で日々をやり過ごし、生き抜いていく。

著者の上間陽子は沖縄出身の教育社会学者だ。本書は、二〇一二年から始めた沖縄の風俗業界で働く若年女性の仕事や生活全般にわたる調査がもとになっている。六人の少女の物語が紹介されるが、そのうち五人が一〇代で出産し、一人で子どもを育てている。若者の高学歴化や就職難などによって、大人への移行が長期化している一方、この物語の少女たちは若くして大人になることを余儀なくされる存在でもある。

最初に紹介される優花は一六歳で妊娠。結婚して男の子を産むが、その後、離婚し、夫側の両親に息子を奪われてしまう。キャバクラで働きながら実家で生活していたが、二〇歳で新しい恋人ができて再び妊娠する。しかしその恋人はDV（ドメスティック・バイオレンス）の前科がある男だった。妊娠中の優香にも暴力を振るうようになり、優香は家を出る。しかし実家にもまた暴力を振るう兄がいた。実家で暮らしていた時から彼女には安心できる居場所はなかったのだ。

「（兄に暴力を振るわれて）家出するさ、家出して男のところに行っても、にぃにぃに見つけられて、くるされて（＝ひどくなぐられること）、それが怖くて、また逃げて……。いつも逃げる、いつもだよ。怖くて逃げる。逃げる、くるされる。……なんで私はいつも逃げるかね……」（四二頁）

著者は、暴力は身体のみならず、自分を大切に思う気持ちを徹底的に破壊してしまうと指摘する。また暴力被害を受ける子どもの多くは、生活に困窮した家族のなかで育っており、その結果、自尊心が傷つきやすい状態におかれてしまうのだという。そこでは些細な出来事によって暴力が発動し、弱いものがその犠牲となる。暴力はさらに循環し、世代を超えて連鎖していく場合も少なくない。

暴力はDV男からだけではない。生活保護を申請しようと向かった役所窓口で、中絶手術を受けようとする病院で、大人たちから心ない言葉が発せられ、暴力的な対応がなされる。著者は憤るが、少女たちはこうした状況を当たり前のように受け止めている。彼女たちを救ってくれる大人はほとんどおらず、公的な制度につながることもできない。

●調査対象者に寄り添う

一般的に調査や取材では、対象者に対して介入や支援を行うことは少ないが、著者は状況により、積極的にこれを行っている。女性たちと一緒に警察や病院へ行ったり、出産に立ち会ったり、家族や恋人との話し合いに同席するなど、当事者にかかわっていく。調査者、取材者としてではなく、著者は時に姉のように、母のように彼女たちのかたわらに居続ける。せめて彼女たちに著者がいたことが唯一の救いであると思えるほど、その状況は孤立無援だ。

著者はインタビューのトランスクリプトを作成し、本人に確認する作業を丹念に行っている。原稿を読み上げていると当時のことが思い出され、共に涙することもあったという。「起きてしまったことがどんなにしんどいものであったとしても、本人がそれをだれかに語り、生きのびてきた自己の物語として了解することに、私は一筋の希望を見出している」（二五五頁）。

ここまでインタビュー対象者に寄り添ったルポを読んだことがない。研究の世界やジャーナリズムの世界で、当事者の話を聞くことは最善の方法であると考えられている。一方、調査やインタビューは、当事者にとって〝搾取〟になりかねないこともまた事実である。内容がセンシティブであるほど、トラウマを呼び起こす危険は高くなる。当事者の声を聞くという〝正義〟を振りかざし、その心を置き去りにしてしまうことは決してあってはならない。著者の当事者との関係のつくり方、寄り添い方をそのまま真似することはできないまでも、その姿勢は大いに見習うべきことであると感じる。

本書では、女性たちの厳しく苦しい状況に対して、解決策が示されているわけではない。彼女たちの多くは地元を離れることをせず、困難を引き受ける。友だちや職場であるキャバクラの従業員らに助けられながら、少しずつ居場所を見出していく。それは数年にわたって彼女たちに寄り添い続けたからこそ見えてきた一筋の光明でもあるだろう。しかし女性たちの頑張りだけが一筋の光明であってはならない。さまざまな困難が集中する彼女たちの状況を構造的に把握し、具体的な解決策をつくっていくことが求められている。

（いいじま　ゆうこ）

（太田出版、二〇一七年、本体一七〇〇円＋税）

文化レビュー

「逃げ恥」考
再生産労働は「夫婦を超えてゆけ」るか

■ はじめに

「逃げるは恥だが役に立つ」は、二〇一六年一〇月から一二月にかけて、TBS系列で火曜夜一〇時から放送されていた全一一話のテレビドラマで、原作は月刊『Kiss』（講談社）で二〇一二年から二〇一七年にかけて連載された海野つなみによる同名漫画である。この枠のTBSドラマの視聴率はずっと一桁止まりだったのが、「逃げ恥」は毎回一〇％台を記録し、最終回は二〇％を超えたという。主演の星野源が歌うエンディング曲「恋」も、ユニークな振付とともに話題になった。本稿では、テレビドラマ版をもとに論をすすめたい。

「逃げ恥」の主人公は、大学院を出ているが就職難で派遣社員になり、それも派遣切りによって職を失った森山みくり。父親の伝手で、ITエンジニアの津崎平匡《ひらまさ》のところで週一回、家事代行のアルバイトをするところから物語がはじまる。几帳面だが合理的な考えの持ち主の平匡の下で家事の仕事をすることにやりがいを感じるようになった頃、定年退職した父親が田舎に古民家を買って引っ越すことにしたと宣言する。一人暮らしをする経済的余裕のないみくりは、家事のアルバイトを辞めて親についていくしかない。そんななか、「主婦の労働を貨幣換算すれば年収三〇四万」というニュースがきっかけで、みくりは「契約結婚しませんか」という妄想を平匡の前で口にする。ところが思いがけず、この提案を平匡は受け入れたのだった。「従業員」と「雇用主」として、合理的な「勘定」をしながら事実婚のかたちをとって共同生活をはじめた二人だが、しだいに恋の「感情」が芽生えていく。二人の関係が、周囲の人間模様との交差のなかでどう変わっていくのか……というのがこのドラマの筋である。

「勘定」と「感情」はドラマのなかで使われていた表現ではなく、私のオヤジギャグである——だがこのドラマが話題になったのは実際、合理的「勘定」と恋愛「感情」のあいだで揺れ動くみくりと平匡の不器用で可愛い、いわゆる「ムズキュン」な関係のためであろう。そこで本稿では、この二つの「カンジョウ」に関わる問題に絡めながら「逃げ恥」について考えてみたい。

■ 再生産労働とその「支払い」をめぐって

大学の授業において家事やケアの問題を扱うとき、私は「再生産労働」の概念をとりあげることに

大橋 史恵
（武蔵大学教員）

している。再生産労働とは何か。『大辞林（第三版）』（三省堂）では「労働力を再生産するための労働」と定義されており、「家事労働」が参照されている。そこで「家事労働」を引いてみると「家庭内でなされる炊事・掃除などの家事を、労働として把握するとき用いられる概念。育児・介護などを含む場合もある」とある。

だが辞書的な定義と異なり、実際に再生産労働を通じて再生産されるのは「労働力」とは限らない。食事作り、掃除、洗濯、子育て、介護といった営みは、人間としての他者が、「労働するか否か」にかかわらず生存していくための基盤であり、ひいては次世代の育成にもつながる。人間の生命サイクルを支える労働としてとらえるべき営みであろう。一方で「家事労働」で定義される「家庭内でなされる」という箇所も、この労働を説明するのに十分ではない。なぜなら家事やケアの多くの部分は、家庭の外でも営まれうるからだ。

「再生産労働」という概念は、施設における保育や介護を射程に入れることができる。レストランやクリーニングも、一般には「再生産労働」とみなされないが、実際には家庭のなかでなされる食事作りや洗濯と同様に「人間の生命サイクルを支える労働」としての側面をもつ。こう突き詰めて考えていくと、これまで学術領域や政策などで議論されてきた「労働」とはいったい何なのかがわからなくなってくるかもしれない。

授業では、再生産労働はかならずしも家庭内でおこなわれるとは限らず、また家族関係のなかで（つまり「母」「妻」「嫁」「娘」といったジェンダー役割において「自然に」）営まれるわけでもないということを説明する。家族関係のなかに埋め込まれた再生産労働は往々にして「不払い」の労働になる。一方で家庭内でおこなわれていても、家族関係外から労働力が充当されるのであれば「支払い」はある。

■「逃げ恥」の再生産労働論

さて、ここで再生産労働をめぐる「支払い」の問題が「逃げ恥」にどう描かれるかをとらえてみたい。このドラマにおけるみくりと平匡の関係は、第一〇話までは「従業員」と「雇用主」である。すなわち、みくりがおこなう家事は「支払い」の対象となっていた。ところが終盤でお互いの気持ちを確かめあい、平匡がプロポーズをするところでドラマは急展開する。

――結婚すれば雇用契約は必要なくなります。今までみくりさんに支払っていた給与分が浮いて、生活費ないしは貯蓄に回すことができます。

――結婚すれば、給料を払わずに私をタダで使えるから合理的、そういうことですよね？（……）それは好きの搾取です。

「ハグの日」広告（『日本経済新聞』2017年3月28日）

好きならば……愛があれば……なんだって出来るだろうって。私、森山みくりは愛情の搾取に断固として反対します！（第一〇話）

みくりが「愛情の搾取」という言葉で示した問題提起は、家族から家事をすることを当たりまえのように期待されてきた多くの女性たちの反響を得た。平均視聴率二〇％という人気ドラマが、婚姻関係におけるジェンダー役割の「自然」を軽やかに否定してみせたことの意義は大きい。

しかし「逃げ恥」における再生産労働のとらえかたには、功罪相半ばする問題があると私は考える。ここでは、大きく二点に分けて指摘したい。

一点目はみくりの「労働者」としての位置の問題である。

みくりと平匡の二人のあいだの契約では、ＯＣ法（Opportunity Cost Method／機会費用法）に基づいた月あたり一九万四千円の「支払い」が定められている。[1] 手取りと考えれば大卒初任給よりもよい、しかも平匡が雇用主ならば「ホワイト企業」だとして、インターネット上ではみくりをうらやむ声もあったという。

だが、みくりのような家事労働者は法的には「労働者」の地位から外れている。日本の労働基準法は第一一六条第二項において、個々の家庭によって直接雇用される「家事使用人」を適用対象外としている。第二次安倍政権の目玉プロジェクトとして二〇一六年に始まった国家戦略特区での「外国人家事支援人材」受け入れや、時期を同じくして拡大している数々の家事代行ビジネスも、この問題と隣り合わせにある。(2)「労働者」の地位からの除外は、最低賃金など「勘定」の部分のみでなく、労働時間や休暇の取得、安全と衛生などさまざまな問題に波及する。使用者との対等な関係も法的には保障されないことになる。

ドラマの流れにおいて、みくりと平匡は「従業員」と「雇用主」として良好な関係を保とうとする。だが、実際には契約関係を超えた行為が目立つ（お茶を入れることからキス、ハグまで！）。それらは「勤務時間外のこと」だから問題ないとされているのだが、みくりの日常がどこまで「勤務時間」でどこからが「勤務時間外」でないかを厳密に判定することは難しい。そもそも住み込みの家事労働者は、その労働時間を正確に把握することが困難である。介護や育児など対人ケアにかかわる業務であれば、ほぼ二四時間体制で必要に応じるよう求められる可能性もある。

二〇一一年のＩＬＯ（世界労働機関）総会で成立した国際条約「家事労働者の適切な仕事に関する条約」（第一八九号条約）は、第一〇条において「可能性のある呼び出しに対応するため、家事労働者が自由に使用することができず、また家庭が当該家事労働者を使用できる状態が継続している時間については、国内法令、団体交渉の合意又は国内慣行に適合する手段によって定める範囲で、労働時間とみなす」としている（残念ながら日本はこの条約を批准しておらず、このことも家事労働者の社会的・法的位置づけの弱さを露呈している）。

このような規定が国際条約の条文に入れられる必要があるほど、家事労働者の労働時間は拡張しやすい性質をもっている。しかしドラマの展開上、彼女の「勤務時間」と「勤務時間外」は恣意的に区分され、その恣意性は「感情」によって正当化される。

二点目は、再生産労働が二人の関係性の問題に帰せられていることである。

結婚すれば家事が「タダ」にな

るという平匡の身勝手な「勘定」を、みくりは「愛情の搾取」として強く批判した。後日、この言葉を解釈するくだりにおいて、みくりは以下のように語った。

――一般企業なら人が大勢いて人事異動もあります。昇給や賞与など、客観的に従業員を評価するシステムもある。でも夫婦の場合、一対一なんです。夫が評価しなければ妻は誰からも評価されない。つまり現状の専業主婦の労働の対価は、この基本給プラス雇用主の評価（愛情）ということになります。（中略）そうなんです、きわめて不安定な要素なんです。雇用主の気まぐれでいつでもゼロになりうる。労働時間の上限もないんです。ヘタをすればブラック企業になりかねません。（第一一話）

主婦労働の評定の難しさや、「愛情」という要素の不安定さ、労働時間の際限のなさ（先に述べたように実際は有償家事労働者にもつきまとう問題である）に、みくりは気づいている。この説明を受けた平匡は、彼なりに理解して以下のように提起する。

――主婦も家庭を支える立派な職業である。そう考えれば、夫も妻も共同経営責任者……この視点で僕達の関係を再構築しませんか？　雇用関係ではない、新たなるシステムの再構築です。愛情があればシステムは必要ないとも思いましたが、そんな簡単なことではなかったようです。うまくいくかは分かりませんが。（第一一話）

こうして最終話、みくりと平匡は、家庭を経営する二人のCEO（最高経営責任者）として外働きと家事を分担しながら両立しようと画策していく。「共同経営責任者」システムでのみくりと平匡の関係は対等である。だが実際には時間の調整の難しさや、家事の要求水準の違いをめぐり、二人の間には摩擦や葛藤が生じる。物語の結末はハッピーエンドながらも明快とはいえない。お互いをそのままに認め合いながら、ときには別れの可能性もありながら、人生のさまざまな選択や複雑さを乗りこえていくというものである。他の登場人物が絡む伏線でセクシュアリティやエイジングの問題を交えながら、結婚は人生のゴールではないという視点を提示しているところに、好感をもったという声は多かった。

だがこの展開には、見落すべきではない問題がある。それは、家族関係を超えて、家庭内での営みを超えておこなわれうるはずの再生産労働が、「夫婦の問題」へと収斂されている点だ。物語は「従業員と雇用主」の契約関係からはじまったのだが、最終的には「夫婦関係」に終わっており、そのことはむしろ肯定的にとらえられているようだ。そう考えると「逃げ恥」というドラマは、人間の生命サイクルが親密関係のなかに包摂されることを自明視してしまっているようにみえる。

物語の中盤で離婚するみくりの友人「やっさん」こと田中安恵も、幼い娘を育てていくうえで「実家に戻る」という選択をせざるをえない。経済力をもたない女性が、婚家か生家かの二択を強いられる構図は、それ自体、あまりに暴力的である。現実に日本社会では、この選択は当たり前のこととみなされてきたし、それどころかシングルマザーに対しては往々にしてスティグマが課せられてきたのであるが。

■「家事労働に賃金を」

フェミニズムは、人間の生命サイクルを支える労働をいかに可視化するか、誰がどのように負担しうるのかをめぐり、長年にわたって議論を重ねてきた。なかでも一九七〇年代初頭、イタリアの女性運動のなかで掲げられた「家事労働に賃金を」の要求はよく知られるところである。誤解されがちであるが、このスローガンは再生産労働をおこなう主婦に対して夫なり国家なりが賃金を支払うべきだという意味ではない。彼女たちの主張は、具体的には以下のようなものであった。

> いわゆる「家庭内」労働が女性に「自然に」帰属する属性であるという考え方を私たち女性は拒否する。それゆえ主婦への賃金の支払いのような目標を拒否する。反対に、はっきりと言おう。家の掃除、洗濯、アイロンがけ、裁縫、料理、子どもの世話、年寄りと病人の介護、これら女性によって今まで行われてきたすべての労働は、他と同様の労働であると。これらは男性によっても女性によっても等しく担われうるし、**家庭というゲットー**に結び付けられる必然性はない。
>
> 私達はまた、これらの問題（子ども、年寄り、病院）のいくつかを、**国家によるゲットー**を作ることで解決しようとする資本主義的あるいは改良主義的試みも拒否する。
>
> （パドア女たちの闘い「地域における主婦の闘いのための綱領的宣言」、強調は原文）[3]

つまり彼女たちは、再生産労働

を、親密関係（家庭というゲットー）に帰する問題からも、施設ケア（国家によるゲットー）に帰する問題からも解き放とうと訴えたのである。この目標のためのアジエンダとして、彼女たちは地域で洗濯や食事をわかちあうためのさまざまなしくみのほか、「生産性や労働時間とは切り離された、保証賃金」が必要だと考えた。つまり「家事労働に賃金を」は、家事の価値を事細かに「勘定」して賃金付与することを要求したのではなく、人間の生命サイクルの維持それ自体に基本所得（ベーシック・インカム）が給付されるべきだと論じていたのである。

「家事労働に賃金を」。もし私たちが再生産労働をこのような認識枠組みでとらえているのならば、「逃げ恥」のストーリー展開は大きく変わってくるはずだ。もし物語の冒頭で、両親と同居せずに暮らしていけるだけの所得がみくりに保障されていたとしたらどうだろうか。やっさんが、子どもと二人で生きていけるだけの所得を保障されていたとしたらどうだろうか。また、基本所得がないとしても、地域のなかで人びとが生存を支え合う基盤がしっかりしており、民主主義やジェンダー公正が根付いていれば、単身女性やシングルマザーが「家庭というゲットー」に繰り込まれる必要はないのではないか。そして現行の社会制度下では法的・社会的な地位を獲得していない家事労働者も、まったく異なる自律的な労働者性をそなえうるのではないか。

■ おわりに

「逃げ恥」最終話のタイトルは「夫婦を超えてゆけ」であった。星野源の歌うエンディング曲「恋」の一節からとったものなのだろう。

実際のエンディングにおいて、みくりと平匡のふたりの物語は、タイトな親密関係へと閉じている。はじまりの時点では再生産労働は親密関係から切り離され、合理的な契約関係の問題（勘定）に置き換えられていたのだが、最終的には二人での折り合いや分かち合いの問題（感情）へと再転換されてしまった。

うーん、「感情」は、「恋」は、「ムズキュン」は、たしかに多くの人にとって愉しいものなのだろう。しかしいくら可愛くても、パートナーが自分以外の男と接触することを嫌がるような男は、ごめんこうむりたい。フェミニズムが再生産労働と同じく長年にわたって論じてきた親密関係におけるジェンダー権力の問題を、「ムズキュン」の愉しさでごまかしてはならない。

そして何より、私たちは何十年も前から「家庭というゲットー」からの解放を求めてきたのではなかったのか。そもそも男性よりも低く想定された女性の機会費用を基準に、主婦労働の貨幣価値を確認するだけで終わらせてしまっていいのだろうか。「勘定」でも「感情」でもないところで、私たちは議論しつづけなければならない。再生産労働は「夫婦を超えてゆけ」るだろうか。

［注］

（1） 第一話において平匡が作成した「試算表」による。これは、日本の女性が一般企業で働いた場合の一時間あたりの時給一三八三円を基準に計算した額であり、日本社会の男女の所得格差をそのまま反映している。いうまでもなく、みくりの実際の労働量や技術を考慮に入れた試算ではない。

（2） 国家戦略特区における「外国人家事支援人材」は、現時点では認定を受けた特定の家事代行業者によって直接雇用される形態での受け入れであるため、労基法の適用外となる「家事使用人」にはあたらない。しかし渡航費や日本語の語学研修といったコスト負担もあるなかで、「最低賃金を下回る賃金も認めてほしい」という声をあげる業者もある（『朝日新聞』大阪版「家事代行海外からも人材!?」二〇一五年一月三〇日記事）。またそれ以外の家事代行サービスの現場で働く人びとは、業者と雇用契約を結んでいるわけではなく、またサービス利用者にも雇用されていない。実態としてはほとんどの場合、被雇用者ではなく、個人事業主という位置づけになるだろう。近年の報道によれば、こうした家事代行サービスの現場で働く女性たちのなかに、永住者や、日本国籍者の配偶者等の在留資格によって日本に暮らす外国人女性たちが増えているという。

（3） 引用は、山森亮『ベーシック・インカム入門―無条件給付の基本所得を考える―』（光文社、二〇〇九年）八四―八五頁。

（おおはし　ふみえ）

2016

■8月

3　働き方改革担当大臣を新設。［内閣府ＨＰ］

16　外国人実習生の受け入れ企業の三六九五事業所で、労働基準法関係法違反があったと厚生労働省が発表。［8／17朝日新聞］

23　二〇一六年の地域別最低賃金の結果が出揃い、全国平均二五円増の時給八二三円と厚生労働省が発表。［8／24読売新聞］

31　過労でうつ病になり解雇された女性が、㈱東芝に約一億円の損害賠償を求めた訴訟の差し戻し控訴審で、東京高裁は㈱東芝に対し休業損害や慰謝料、見舞金などと遅延損害金あわせて六〇〇〇万円以上の支払いを命じた。［9／2日本経済新聞］

■9月

2　受け皿となる保育園は拡大するも、待機児童は二年連続増加して、二〇一六年四月時点で二万三五五三人、昨年度と比較して三八六人増加。［厚生労働省ＨＰ］

15　第一子出産後も仕事を続ける女性の割合は五三・五％で、初めて五割を超えると国立社会保障・人口問題研究所が出生動向基本調査の結果を発表。［同研究所ＨＰ］

23　二〇一〇年に日本航空㈱の解雇回避を求める労働組合活動を妨害した不当労働行為事件について、最高裁が会社側の上告を棄却、会社敗訴が確定。［9／25しんぶん赤旗］

30　内閣府男女共同参画局のホームページに、「女性役員情報サイト」開設。上場企業約三六〇〇社の女性役員の人数や割合が業種別などで確認可能になる。［内閣府ＨＰ］

■10月

1　従業員五〇一人以上の会社で週二〇時間以上働く人にも厚生年金保険・健康保険の加入対象を拡大。二〇一七年四月一日からは、労使で合意された場合、従業員五〇〇人以下の企業でも社会保険加入対象を拡大。［厚生労働省ＨＰ］

7　政府は過労死等防止対策推進法に基づく「過労死等防止対策白書」を初めて発表。一カ月の残業が過労死ラインとされる八〇時間を超えた正社員がいる企業は二二・七％。［10／7日本経済新聞夕刊］

12　自由法曹団は安倍晋三政権の「働き方改革」を批判し、働くルールの確立を要求する意見書を発表。「働く人の立場にたった改革」との言葉に反して、「正規労働者と非正規労働者の差別を固定化する」、長時間労働の是正と矛盾する「残業代ゼロ・過労死激増」の法案成立を図る危険性をもっていると指摘。［自由法曹団ＨＰ］

18　東北大学が非常勤職員約三二〇〇人

を二〇一八年三月末から順次雇い止めにする問題で、大学当局が東北大学職員組合に対し、「無期転換に関する人事方針の見直し」を表明。［東北大学職員組合HP］

※一二月九日文部科学省は、大学の非常勤職員雇い止めに関して、「無期転換を避ける目的の雇い止めは法の趣旨に照らして好ましくない」旨の文書を発信。

26　世界経済フォーラム（WEF）は二〇一六年度ジェンダーギャップ指数（GGI）を発表。日本の指数は一四四カ国中一一一位（前年は一〇一位）。［WEF HP］

29　内閣府は、日本国籍を有する一八歳以上の五千人に個別面接聴取した「男女共同参画に関する世論調査」の結果を発表。女性の就業について「子供が出来ても働き続ける」が一九九二年の設問設定以来で初めて半数を超える五四・二％。［10／30読売新聞］

■11月

1　日本商業新聞社の元記者が妊娠を理由に退職勧奨を受け、未払い賃金の支払いを求めた東京地裁の労働審判は、会社が解決金を支払うことで和解。［11／1産経ニュース］

14　国際労働機関（ILO）は、世界的に拡大している非正規雇用に関する初の包括的報告書を発表。［11／15東京新聞］

■12月

20　国家公務員幹部に占める女性比率は四・一％と過去最高となるが、省庁によるばらつきが鮮明となる。［内閣人事局FB］

27　厚生労働省は二〇一五年度に労働基準法違反で是正指導した結果を発表。サービス残業是正指導を行った企業は一三四八社。［厚生労働省HP］

2017

■1月

1　改正男女雇用機会均等法と改正育児・介護休業法が施行。マタニティ・ハラスメント防止を企業に義務付ける。

11　イオンの子会社でアクセサリーの輸入・販売を行うクレアーズ日本㈱における育児ハラスメント裁判（降格処分で年俸半減、通勤に一時間半かかる店舗への異動など）は、東京地裁で原告勝利和解。［プレカリアート・ユニオンHP］

※不当労働行為に関しても二月一六日和解。

20　㈱電通の高橋まつりさんが過労自殺した問題で、高橋さんの遺族と㈱電通は再発防止や慰謝料などで合意書を取り交わす。［1／21朝日新聞］

■2月

17　二〇一五年に亡くなった弁当販売会社の女性（当時五〇歳）について、山口労働基準監督署が労災（過労死）と、二〇一七年二月に認定。女性の残業時間の平均は国の過労死認定ライン未満だったが、死亡前の半年で四日しか休めなかったことなどを考慮した。［5／6産経WEST］

■3月

16　東京の私立中学・高校に勤務する女性教諭が運営法人に旧姓使用などを求めた訴訟の控訴審は、東京高裁で学校側が旧姓の通称使用を認める内容で和解が成立。［3／17京都新聞］

17　残業時間の上限を繁忙月は「一〇〇時間未満」とする政労使合意。［厚生労働省HP］

28　日本IBM㈱の第四次ロックアウト解雇訴訟は、解雇無効と未払い賃金の支払いを命じる東京地裁の判決が確定。第三次ロックアウト解雇訴訟も四月二五日に和解が成立。［全日本金属情報機器労働組合（JMIU）日本IBM支部HP］

■4月

3　本年度から外国人による一般家庭での家事代行サービス解禁。地域を限定して規制緩和をする「国家戦略特区」を利用して行うもので、東京都、神奈川県、大阪市の都市部が対象。［4／3毎日新聞］

18　稲田朋美防衛大臣は女性自衛官配置制限を四月から撤廃すると発表。撤廃されるのは陸上自衛隊の普通科中隊、戦車中隊、偵察隊等。これにより各自衛隊のほとんどの職域で女性を起用可能となる。［防衛省HP］

18　厚生労働省は雇用保険の教育訓練給付金について、二〇一八年一月から適用対象期間を離職後最大四年から二〇年に延長（出産、育児、けが、病気などの延長理由が継続している期間）。［厚生労働省HP］

20　学校法人青山学院の教職員三一三人がボーナスに当たる一時金を一方的に減額されたとして、支払いを求めていた訴訟が東京地裁で和解。［4／22日本経済新聞］

■5月

10　違法残業で書類送検された企業名の一覧を厚生労働省が初めて公表。［厚生労働省HP］

11　「地方公務員法及び地方自治法の一部を改正」成立。地方公共団体の臨時・非常勤職員（約六四万五千人）の「特別職」の任用と「臨時的任用」を厳格化する一方、これまでその任用等に関する制度が不明確だった「一般職」の非常勤職員について新たに「会計年度任用職員」の規定を設ける。

15　日本教職員組合は、臨時・非常勤教職員実態調査結果を発表。インターネットによるアンケート調査で約二千人（勤務先は小学校が六〇％、中学校が二四％、高校が一一％、その他）が回答。小学校勤務の場合は半数が担任をしており、中学校勤務の場合は約七割が部活動の顧問をしていると回答。［同組合HP］

17　最高裁は、東和工業㈱のコース別雇用管理を適用した男女間賃金格差の違法性を問い、損害賃金格差相当として慰謝料の支払い等を求めた上告を棄却、二審判決（男女賃金格差があったと認め、年齢給分の支払い、職務給に関しては差別を認めず）が確定。［5／19北陸中日新聞］

31　二〇一六年一月に新潟市民病院の女

性研修医（当時三七歳）が自殺したのは過労が原因だったとして、新潟労働基準監督署は労災認定。［6／1毎日新聞］

■6月

15　犯罪を計画段階で処罰する「共謀罪」の構成要件を改め「テロ等準備罪」を新設する改正組織犯罪処罰法が成立。施行七月一一日。

22　被害者の告訴がなくても加害者を起訴できる「非親告罪」化など、性犯罪を厳罰化する刑法改正成立。施行七月一三日。

28　妊娠によって無給休職となったのはマタニティ・ハラスメントで違法だとして客室乗務員が、日本航空㈱に休職命令の無効と未払い賃金など約三三八万円を求めた訴訟は東京地裁で和解が成立。［JAL　CA　マタニティ・ハラスメントFB］

■7月

18　神奈川県労働組合総連合の労働相談（二〇一六年六月）をきっかけに未払い残業が明らかになったヤマトホールディングス㈱は、これまで判明した「ヤマト運輸」のセールスドライバーなど従業員の残業代未払い分約二三〇億円について支払いを行った。［7／19日テレNEWS24］

27　「高度プロフェッショナル制度」を盛り込んだ労働基準法改正案を条件付きで容認する意向を示していた日本労働組合総連合会は、容認撤回を決定。［7／27朝日新聞夕刊］

（女性労働年表サブ研）

［注］

・［　］は情報の出所を示すが、法律の成立や閣議決定、省令などは出所を省略。
・HPはホームページの略、FBはフェイスブックの略、URLおよびアクセス日は省略。

第32回女性労働セミナーに参加して

（会員）堀内　聖子

二〇一七年九月二四日、東洋大学白山キャンパスにおいて「介護における女性労働のゆくえ—グローバル化と揺らぐ準市場—」というテーマで第三二回女性労働セミナーが開催された。

はじめに笹谷春美さんが「フィンランドのケアワーカー：〝ラヒホイタヤ〟養成の理念とスキル—日本への示唆—」というテーマで報告した（本誌、特集1参照）。北欧型福祉国家はイギリスやアメリカそして日本とは異なるものの、構造改革や再編が進められている。そのなかでラヒホイタヤという社会・保健医療分野の共通資格制度が構築されてきた。ラヒホイタヤは看護や介護の基礎技能だけでなく人間関係や多文化を受け入れる能力などを要件としており、「広汎性」や「フレキシビリティ」にすぐれているという。こうしたケアワーカーの資格制度を中心に、質が高く労働条件も高いフィンランドの事例から、笹谷さんは日本への示唆として資格制度のあり方の再考を促している。

二人目に山根純佳さんが「日本型準市場における介護労働のゆくえ—低賃金女性労働を支える構造—」を報告した（本誌、特集1参照）。準市場をめぐる議論を紹介したうえで、準市場論におけるアクターとしての労働者の不在を指摘する。そのうえで日本型準市場における介護労働の特徴を歴史的に検討した。日本では、介護保険制度によって介護の業務化や短時間化が促され、女性パート労働者による不安定で低処遇の雇用によって介護労働が担われている現状を明らかにした。

三人目に高畑幸さんが「日本におけるフィリピン人介護者の働き方—結婚移民とEPAによる介護福祉士候補者を中心に—」を報告した（本誌、特集1参照）。日本人と結婚して日本で介護者になったフィリピンの方やEPAによる介護福祉士候補者として来日したフィリピンの方たちへの聞き取り調査をもとにした研究である。フィリピン人介護労働者といっても双方は背景も目的も異なるが、外国人として受ける差別や偏見そして言葉の壁などといった精神的負担、仕事の大変さに比べた賃金の低さなど共通の問題点が浮き彫りになった。EPAで来日した方のなかには日本を経て英語圏への多段階移動する方々もあり、優秀な人材はむしろ日本を離れてグローバルに移動する状況も報告された。

四人目に米沢哲さんが「介護労働の実態」と題して報告を行った（本誌、特集1参照）。まず厚生労働省や介護労働安定センターの統計資料等から明らかなように、介護職が圧倒的に女性、しかも若年層が少なく、非正規が半数を占め政府がいうような賃上げが実現されていない実態を示した。そして全労連（全国労働組合総連合）の「介護施設で働く労働者のアンケート」（二〇一四年）からは、公休や休憩がとりづらいそして勤務時間が長いといった過酷な勤務状況により、仕事に対するやりがいを感じているにもかかわらず辞めたいと思う割合が高いという、ジレンマを抱える職場実態について明らかにされた。

五人目は、藤原るかさんが現役のホームヘルパーである立場から「介護保険制度が壊す在宅介護現場──ヘルパーの働き方と課題──」を報告した。ホームヘルパーがまさに分刻みの過密ともいえるスケジュールのなか、介護受託者の生活に深くかかわりながらまさに寄り添うようにして働く姿が伝えられた。利用者宅間を自転車等で移動して一日に朝から晩まで何件も一人で介護サービスを提供し、土日でも休みづらい実態が明らかとなった。利用者は高齢のため認知症や糖尿病やうつ病などを抱えるケースもあり、性格のみならず病症などあらゆることを考慮しそして配慮しながら、要求に応え、やるべきことを時間内にこなしていくことは、とても「ボランティアでもできる」というものではない。

そして、藤原さんはお小遣いを貯めながら「世界のヘルパーさんと出会う旅」を自費でしている、と語っていた。同じヘルパーの「仲間」が世界でどう働くのかを自分の目と耳で確かめているという。とても魅力的で素敵な方だ。日本の介護保険制度はそうした思いやりあるホームヘルパーの方たちに時間的にも賃金的にも負担を押し付けながら成り立っていることがわかった。

最後に、足立眞理子さんがコメントを行った。共通認識として、公的セクターによる医療・保健・福祉サービスの給付は近代福祉国家の正当性の根拠となってきたが、こうした給付状況が悪化したり揺らいでいくことは福祉国家の基盤が揺らぐことにつながっているのではないかという問題提起を行った。そのうえで「日本型準市場」の特徴である選択できる消費者としての利用者・当事者を前提とした準市場モデルの再考を行うことや、移民女性にとって言語習得を伴う資格設定そのもののもつ意味を批判的に検討することが必要だといった非常に鋭いコメントをした。会場からも日本の介護労働をめぐってさまざまな観点から質問や意見が出され、盛況のうちに会を閉じた。

（ほりうち　まさこ）

読者の声

労働現場と結びついた研究会

君嶋　千佳子（会員）

私の立場は、公務労働者・大学院生・県会議員と変わってきました。それぞれの段階において、女性労働問題研究会の存在は魅力的でした。

女性労働研究会のテーマはいつもタイムリーでした。

この十数年非正規雇用の増大は量だけではなく、雇用や働き方の質を変えるまでに至っています。一連のセミナーのテーマも会誌の記事も、これら具体的な課題に応え得るものでした。かつてのセミナーにおける伍賀一道さんの誠実な語り口などを思い出します。

二〇一五年のセミナーでとりわけ印象的であったのが、「日本では政府の所得再分配が貧困を深める」と題した大沢真理さんの報告でした。生活の困難を語る時の日本の「悲しさ」は、政府がその貧困と格差に拍車をかけていることです。格差を正すべき政府が、です。

この点はさまざまな現状と施策をとらえる視点として、欠かせないものです。

私は、公共職業安定所を定年退職した後、雇用問題を深めたく、大学院に進みました。ところが間もなく立候補の要請があり、現在は神奈川県議会の議員をしています。この二年間は厚生常任委員会に属しています。

介護労働者不足への対応を議会でとりあげようとしている時に、それに合わせるかのように二〇一七年のセミナーのテーマは「介護における女性労働のゆくえ」でした。

「フィンランドのケアワーカー」で、国の懐の深さを知り日本への示唆を得、さまざまな屈辱にさらされながら揺れる「日本におけるフィリピン人介護者の働き方」にふれ、常に問題とされている介護の低賃金の成り立ちを「低賃金女性労働を支える構造」で学び……といった具合です。

これらの学びは立体的で、さまざまな現象をどう把握し分析するかという点で、興味深く有用です。通常の学会などに比べ現実を直視する視点が息付き、かつそれが多角的に検討されているように思います。

現実的な視点がタイムリーに提供されることを可能にしているのは、アカデミズムと労働の現場が結びついているこの研究会の成り立ちだと思います。私はこの貴重な営みを今後も続けたいと強く願っている一人です。

（きみしま　ちかこ）

女性労働問題研究会 活動報告 2017 1▶12

●委員会報告

二〇一六年度総会

九月二四日、東洋大学にて開催。会員の現勢と構成、活動、会誌販売状況、決算および監査の報告・承認、二〇一七年度活動方針と予算の提案・承認。新役員選挙結果報告、承認。

企画運営委員会

研究会の執行機関として、研究会の活動と運営、会誌編集方針、会誌企画・立案についての検討、企画運営委員の推薦等を行った（計六回）。

運営委員会

総会方針、企画運営委員会の決定事項の実施、「女性労働通信」の発行、HPによる情報発信（計五回）。

編集委員会

『女性労働研究』第六一、六二号編集作業（計六回）。

●会員参加のサブ研究会

職場の日頃の問題を解決する会（責任者：伊東）

「橋本宏子さんのお話を聞く会」と題して橋本宏子会員が自著『切り拓く―ブラックリストに載せられても』を報告（計一回）。

女性労働年表サブ研（責任者：池田）

月一回の定例会を設け、「女性労働この一年」の年表作成、会誌六二号掲載。

原稿の検討、読書会（藤田宏「貧困クライシス：年収三〇〇万円未満層と『一億総活躍社会』」〔『経済』二〇一六年六月号〕、小杉礼子・宮本みち子編著『下層化する女性たち：労働と家庭からの排除と貧困』〔二〇一五年〕（年一〇回）。

●会員以外も参加できるイベント

北海道ジェンダー研究会

一一月一〇日、北海道女性プラザ・プラザ祭にて「憲法改正草案から家族と子ども・女性の人権を考える」と題し「憲法カフェ２」を開催。

春の研究例会の開催

三月一一日に東洋大学にて「著者と語る『ルポ貧困女子』」（講師：飯島裕子会員）を開催した。

本誌第六一号読者会の開催

六月一七日に東洋大学にて「介護・看護労働の実態と課題」と題して開催。寺田典子氏「介護を担う女性労働の実態と課題―『明日の介護をつくる会』の活動から―」寺園通江氏「看護職員の労働実態と課題」。

第三二回女性労働セミナーの開催

九月二四日に東洋大学にて開催。テーマは「介護における女性労働のゆくえ―グローバル化と揺らぐ準市場―」。

※当研究会HPも参照ください

投稿規定

『女性労働研究』への掲載稿論文を下記の要領で募集します。投稿希望者は，執筆者名，連絡先（住所・TEL/FAX・E-Mail）を付し，プリントアウトした原稿を下記送付先まで簡易書留でお送りください。

【投稿規定】

1．投稿者は，原則として女性労働問題研究会の会員とする。なお，会員以外の方は，論文の応募の際に入会手続きをとることにする。
2．投稿原稿の種類は，論文・研究ノートとする。
3．投稿論文等は，未発表のものに限る。
4．投稿論文・研究ノートは，査読（レフェリー）にもとづく審査により編集委員会が採否を決定する。投稿論文の締め切りは，当研究会ホームページ（http://www.sswww.sakura.ne.jp）を参照されたい。
5．原稿の分量は，16,000字以内（図表を含む）とする。
6．投稿原稿は，当研究会指定の「女性労働研究執筆要領」にもとづいて執筆すること。なお，「女性労働研究執筆要領」は研究会のホームページを参照されたい。
7．掲載原稿は原則として１年間は転載を禁ずる。また，転載にあたっては事前に編集委員会の承諾を得ること。

【送付先】

〒231-0023　神奈川県横浜市中区山下町194-502　㈲学協会サポートセンター気付
女性労働問題研究会『女性労働研究』編集委員会宛
FAX　045-671-1935

編集後記

第一九六通常国会では、残業時間に年七二〇時間までの罰則付き上限規制を設けることなどを盛り込んだ働き方改革関連法案が提出された。しかし、安倍首相が衆院予算委員会で「裁量労働制で働く方の労働時間の長さは、平均的な方で比べれば一般労働者よりも短いというデータもある」と答弁し、そのデータが不適切なものであったことから謝罪に追い込まれ、裁量労働制の拡大部分について法案から切り離されることとなった。二〇〇七年に出版された小倉一哉氏の『エンドレス・ワーカーズ』で、管理監督者や裁量労働制の適用者など「時間管理の緩やかな労働者」は「緩やかではない」労働者よりも労働時間が長く、所定外の労働や仕事の持ち帰りが多いことはすでに指摘されている。不適切なデータ使用は論外としても、裁量労働制の拡大や高度プロフェッショナル制の導入など、労働時間管理の規制を緩やかにするとなぜ「生産性向上」するのか。労働者の時間と報酬を含めた生活実態はどうなるのかなど疑問は解消されない。すでに裁量労働で働いている私の経験から言えば、土日や夜の勤務に対する経営側のコスト意識はなくなり、ケアとの両立が労働者自身の問題にされやすい。

法案に残された高度プロフェッショナル制や長時間労働規制，同一労働同一賃金の「規制」についても私たちの労働と生活にいかなる影響を与えるのか、女性労働問題研究会では運動と研究を積み重ね発信を続けてきた。これからも労働現場に根差した運動と研究、発信を続ける必要性を改めて実感したニュースであった。

（金井　郁）

Edited and Published by the Society for the Study of Working Women
c/o Support Center for Societies
194-502 Yamashitacho, Naka-ku, Yokohama-shi, Kanagawa-ken, 231-0023, Japan
TEL: 045-671-1525 FAX: 045-671-1935

Sales Agency: SUIRENSHA Inc.
3-14-3-601 Kanda-ogawacho, Chiyoda-ku, Tokyo, 101-0052, Japan

JOSEI ROUDOU KENKYU
〈62〉

The Bulletin of the Society for the Study of Working Women

Questioning Care as a Profession: The Pitfall of Globalization

女性労働問題研究会

〒231-0023 神奈川県横浜市中区山下町194-502
(有)学協会サポートセンター気付
TEL. 045-671-1525　FAX. 045-671-1935
http://sswww.sakura.ne.jp/

女性労働研究 第62号

「職業としての介護」を問う
—— グローバル化の陥穽 ——

2018年3月30日 第1刷発行

編集・発行
女性労働問題研究会

発売
株式会社すいれん舎
〒101-0052 東京都千代田区神田小川町3-14-3-601
TEL. 03-5259-6060　FAX. 03-5259-6070

印刷・製本
藤原印刷株式会社

装丁
小玉 文（BULLET Inc.）

ISBN978-4-86369-533-7　Printed in Japan

セクシュアル・ハラスメント事件資料Ⅰ

日本女性差別事件資料集成 *11*

資料集の特色

1 日本初、セクシュアル・ハラスメント事件の詳細で歴史的な裁判資料集。

2 原告、代理人、支援者から提供された貴重な裁判資料。

3 判決文のほか訴状、控訴状、原告・被告双方の準備書面、陳述書、鑑定意見書、本人調書、証人調書など裁判資料を多数収録。

4 原告代理人、鑑定意見書執筆者による丁寧でわかりやすい解題を作成、別冊解題資料に掲載。

全8巻B5判・上製本　別冊1
揃定価（**本体240,000円**+税）
＊分売不可　ISBN978-4-86369-364-7

解題：**林弘子**（宮崎公立大学学長）
中野麻美（弁護士）

11期収録資料

福岡セクシュアル・ハラスメント事件	1992年 4月	福岡地裁判決
A短期大学事件	1998年10月	高裁判決
甘木市社会福祉協議会事件	2002年 4月	最高裁決定

セクシュアル・ハラスメント事件資料Ⅱ

初期セクハラ事件とキャンパスセクハラ事件の歴史的資料。性暴力被害者のＰＴＳＤからの「回復」記録。

日本女性差別事件資料集成 *12*

全8巻B5判・上製本　別冊1
揃定価（**本体240,000円**+税）
＊分売不可　ISBN978-4-86369-381-4

解題：**中野麻美**（弁護士）

12期収録資料

金沢セクシュアル・ハラスメント事件	1997年 7月	最高裁判決
京都大学矢野事件	1997年 3月	京都地裁判決

株式会社 すいれん舎
〒101-0052東京都千代田区神田小川町3-14-3-601
TEL03-5259-6060　FAX03-5259-6070
E-mail:masato@suirensha.jp